人工智能在智能制造领域的应用现状与趋势

项目编写组　著

北　京
冶 金 工 业 出 版 社
2023

内 容 提 要

本书以互联网、物联网、云计算、人工智能等新一代信息技术与先进制造技术的融合为切入点，从人工智能在智能制造领域的应用和发展的视角，深入探讨现代制造业的转型升级之路。全书共5章，主要内容包括：智能制造中的人工智能、国内外人工智能研究与发展综述、人工智能在智能制造中的应用、人工智能在智能制造中的应用前景和发展趋势分析、不同层面解析人工智能在智能制造领域应用的前景趋势。

本书可供从事人工智能在智能制造中应用的相关专业技术人员阅读，也可供大专院校自动化专业的师生参考。

图书在版编目(CIP)数据

人工智能在智能制造领域的应用现状与趋势/项目编写组著. —北京：冶金工业出版社，2023. 7

ISBN 978-7-5024-8606-8

Ⅰ. ①人… Ⅱ. ①项… Ⅲ. ①人工智能—应用—智能制造系统—制造工业—研究 Ⅳ. ①F407. 4-39

中国版本图书馆 CIP 数据核字(2020)第 244352 号

人工智能在智能制造领域的应用现状与趋势

出版发行	冶金工业出版社	**电　　话**	(010)64027926
地　　址	北京市东城区嵩祝院北巷 39 号	**邮　　编**	100009
网　　址	www. mip1953. com	**电子信箱**	service@ mip1953. com

责任编辑　戈　兰　美术编辑　彭子赫　版式设计　孙跃红

责任校对　石　静　李　娜　责任印制　窦　唯

北京捷迅佳彩印刷有限公司印刷

2023 年 7 月第 1 版，2023 年 7 月第 1 次印刷

710mm×1000mm　1/16；13. 5 印张；260 千字；200 页

定价 89. 00 元

投稿电话　(010)64027932　投稿信箱　tougao@cnmip. com. cn

营销中心电话　(010)64044283

冶金工业出版社天猫旗舰店　yjgycbs. tmall. com

(本书如有印装质量问题，本社营销中心负责退换)

《人工智能在智能制造领域的应用现状与趋势》
编　委　会

前 言

以云计算、大数据、物联网、数字孪生、区块链为主的智能技术正在带动新一轮工业革命。在新技术浪潮的影响下，新工业革命以科技革命和产业变革为主要方向，立足于信息通信技术和网络空间虚拟系统，有机结合个性化制造和规模化协同创新，全方位、全角度、全链条地驱动企业生产力的升级、工业生产方式的转变和社会经济形态的变革。

新工业革命的主要变革场景聚焦于工业制造领域，推动着制造业相关的组织、生产、制造、销售朝着数字化、网络化和智能化的方向发展。制造行业是国家社会经济发展的压舱石，其发展水平直接决定了国民经济的发展潜力和高度。随着经济逆全球化涌动，强韧完备的制造业体系将会是一个国家经济最重要的稳定器。在新工业革命的背景下，新型制造业体系具有横向、纵向、端到端智能集成的特点，能够实现生产过程的全环节信息链接、全价值链资源整合以及产品的全生命周期跟踪，有效突破传统制造业模式下的生产力瓶颈和协同生产壁垒，推动企业转型升级，形成全产业制造优势。新工业革命的发展不仅是时代背景下的必然要求，也是一个国家制造业核心竞争力提升的必然选择。可以预见，新工业革命将全面重塑国际生产分工格局，深度重构全球价值链，是新兴经济市场和发展中国家在21世纪最重要的发展机遇之一。

智能制造是新工业革命发展的大趋势。为巩固在全球制造业中的地位，抢占制造业发展的先机，各制造强国积极制定智能制造发展战略。美国政府2018年发布《先进制造业美国领导力战略》，提出开发和转化新的制造技术、培育制造业劳动力、提升制造业供应链水平三大目标。2019年11月，德国政府发布《德国工业战略2030》，主要内容包括改善工业基地的框架条件、加强新技术研发和调动私人资本、在全球范围内维护德国工业的技术主权，认为当前最重要的突破性创新是数字化，尤其是应用人工智能加快中小企业数字化进程。日本在《制造业白皮书（2018）》中，明确了“互联工业”是日本制造的未来，提出支持实时数据的共享与使用政策；加强基础设施建设，提高数据有效利用率；加强国际、国内协作，鼓励智能工厂建设。

中国是制造业大国，2021年我国制造业增加值规模31.4万亿元，占GDP比重27.4%。为推动智能制造，工信部和财政部2016年发布《智能制造发展规划（2016—2020年）》，明确发展目标、强化保障措施，强调加快智能制造装备发展等重点任务。2021年工信部发布《国家智能制造标准体系建设指南（2021版）》，指导未来一段时期内智能制造国家标准和行业标准立项及制修订工作，重点关注推动技术创新和关键领域以及中小企业的智能化发展，培育智能制造生态，建设标准体系等。

当前我国智能制造面临严峻挑战，主要表现在：全国制造业智能化整体水平较低，企业普遍缺乏完整科学的战略性思维与规划，在智能化面前往往畏葸不前；我国制造业的基础较弱，创新研发体系不完善，核心技术与高端装备极度依赖国外同行，企业核心竞争力弱，成本竞争优势不明显；智能制造尚未形成良好的生态，企业与供应链上下游的智能化转型相互掣肘；智能制造的高端复合型人才较为缺乏，补足人才缺口需要较长的培养周期与较高的储备代价。

人工智能技术的快速发展得到了各行各业的广泛关注。在新一轮技术革命和产业变革的背景下，将人工智能全方位应用于制造企业的设计、生产、管理、服务等各个环节对我国制造企业的转型升级和产业优化等具有不可替代的重要作用，是我国制造业实现智能化的关键技术保障。

现代制造业从生产、流通到销售，正越来越趋于数据化、智能化，海量的数据是否得到有效的利用是智能制造领域的关键性问题。人工智能可以有效利用过程数据，帮助制造企业打通数据链，实现数据联通和全局化利用，在智能制造生产计划、调度、数据解析等方面起到支撑作用，促使制造设备更加智能化，提高产品质量和生产效率，有力对冲劳动力成本上涨的影响，进而提升制造业数字化、网络化、智能化的水平和制造企业的竞争力。

本书立足于第四次工业革命带来的发展契机，以互联网、物联网、云计算、人工智能等新一代信息技术与先进制造技术的融合为切入点，基于中国各大制造企业的实际现状和转型需求，从人工智能在智能制造领域的应用和发展的视角出发，探讨现代制造业的升级之路。第 1 章在系统梳理智能制造特征的基础上，结合人工智能对智能制造的支撑作用，给出了人工智能在智能制造中的定义、特征、分类、结构和功能，讨论了智能制造中的人工智能核心技术。第 2 章系统性介绍了人工智能理论、人工智能技术等方面的研究现状与趋势，探讨了国内外企业关于人工智能在智能制造中的应用情况。第 3 章分别面向钢铁、机械、航空、石化、资源、物流等不同行业，论述了人工智能在智能制造中的应用，综合分析了人工智能技术在各行业智能制造应用过程中的挑战，并给出了相应的解决方案和发展建议。第 4 章在近年来人工智能发展战略的基础上，阐述了人工智能与行业领域深度融合的路径，揭示了人工智能在智能制造中的前景和趋势。第 5 章从政策制定的角度，为引导相关产业基于人工智能进行智能制造升级提供建议，主要内容包括智能制造中人工智能的发展方向、制约智能制造发展的因素、人工智能在智能制造应用中的关键技术环节以及人工智能发展智能制造的路径规划。

本书可为人工智能技术在智能制造领域的新模态塑造、新路径开拓以及新生态重构提供重要参考和依据，对推进智能制造发展具有重要意义。

衷心感谢在本书编写过程中为我们提供无私帮助的各位专家、学者。由于我们专业水平所限，书中不妥之处还望广大读者批评指正。

项目编写组

2023 年 6 月

目　录

第1章　智能制造中的人工智能

1.1　研究背景与意义

制造业在国民经济中属于典型的基础工业，能够反映一个国家的经济和技术发展水平。改革开放以来，我国经过40多年的快速工业化过程，当前已经成长为世界第一制造大国。然而，与世界消费市场不断升级的需求相比，与世界上主要发达国家的工业制造水平相比，我国的制造业在很多方面仍然存在较大的差距。例如，我国制造业“大而不强”的问题仍然较为突出，制造业的整体创新能力、技术素质和产品竞争力与发达国家相比还有明显差距。

党的十八大以来，习近平总书记多次对中国制造的转型升级做出重要论述，强调中国要从制造业大国迈向制造业强国。党的十九大报告也指出，需要“推动互联网、大数据、人工智能和实体经济深度融合”。当前，通过工业大数据、人工智能为代表的新一代信息技术，实现制造过程的智能化，推进智能制造，助推我国传统制造业的转型升级，从而实现从制造大国向制造强国的转变，已成为新时期我国经济和社会发展的一项重大战略任务。本研究课题将对人工智能技术在制造业智能制造各环节中的应用及其发展趋势进行深入分析，从而为智能制造在我国的发展提供借鉴。

智能制造是以移动互联网、物联网、大数据、云计算、人工智能等为代表的新一代信息技术与先进制造技术的深度融合，它面向产品全生命周期，贯穿于设计、生产、管理、服务等制造过程的各个环节，是具有自感知、自学习、自决策、自执行、自适应等智能化功能的新型生产方式。

从国际发展趋势角度看，智能制造集成了制造技术、信息技术和人工智能技术，是高端装备制造业的未来发展方向。当前世界各主要国家的政府均高度重视智能制造的研发和应用，美国、日本、欧洲在智能制造方面已有一系列的研究成果，德国“工业4.0”规划正在积极推动该国制造业向智能化的转型。我国政府也充分认识到智能制造的重要战略地位，已出台实施的“中国制造2025”，主要解决数字化制造、网络化制造和智能化制造三大核心问题。

从科学技术角度来看，近年来制造过程的自动化程度有了很大的提升，但面对小批量、多品种、高质量、快速更新的产品市场需求，制造企业生产过程自动化程度的提高还面临着信息处理难度大、制造环境柔性要求高、协同生产困难等许多问题。这些问题使得当前我国的制造过程距离智能化还有较大距离，迫切需要应用人工智能等新型技术，对制造过程的全系统进行分析、判断、推理、构思和优化决策，实现制造过程的智能化。

从企业需求角度来看，市场预测、生产决策、产品设计、原料处理、制造加工、生产管理、原材料储运、产品销售、成本研究与发展等环节彼此影响，构成产品生产的全生命周期，其自动化程度取决于上述各环节的智能集成和优化水平。当前，国内许多制造企业还缺乏这种“智能集成”的制造技术。

人工智能技术对于制造业升级和智能制造的推进方面具有重要作用。首先，借助人工智能技术，可以更准确地理解客户需求信息，使得产品研发的针对性更强，从而大大缩短新产品的研发周期；其次，人工智能技术应用于制造企业的生产过程中，将能够极大满足个性化定制、网络化协同制造、数字化车间（智能工厂）的建设要求，实现制造企业生产组织的高效和智能化；再次，基于人工智能技术支撑的智能物流，将能够有效减少制造企业生产过程中的库存，提高物流配送的效率和降低成本，提升制造企业的竞争力；最后，通过人工智能技术，制造企业将可以对产品的全生命周期进行管理和优化，通过远程运维提升客户满意度，提升产品服务的质量。

基于以上分析可以看出，工业大数据和人工智能作为创新技术，广泛应用于制造企业的设计、生产、管理、服务等各个环节，对我国制造企业的智能升级和产业布局优化等具有不可替代的重要作用。为了达到工业4.0对智能制造的要求，实现大数据分析、业务流程的智能集成与优化改造，都离不开人工智能的技术支撑。因此，人工智能在制造业中的成功应用，为我国制造业实现智能化，提供了关键技术保障。研究人工智能技术在智能制造各环节中的应用及其发展趋势，对我国如何更加有效地发展人工智能技术并将其引入到制造业转型升级过程中，加快实现我国制造企业的智能制造升级，具有非常重要的指导意义。

1.2 智能制造的内涵与特征

1.2.1 智能制造的定义

当前，随着互联网和计算机技术的快速发展，专家系统、深度学习、优化算法等技术进步，人工智能技术在制造系统的各环节已经有较为广泛的应用，这使得利用人工智能从制造过程中提取知识进行优化决策成为可能。2011年6月，美国智能制造领导联盟（Smart Manufacturing Leadership Coalition，SMLC）发表了《实施21世纪智能制造》报告，该报告指出：智能制造是能够对制造系统进行智能强化应用、快速开发新产品、及时响应动态产品需求，以及对工业生产和供应链网络进行实时优化的制造技术的集成。它能够将从工厂到供应链的所有制造过程融合起来，实现对产品制造全生命周期的追踪、优化、监测与诊断。

智能制造的整体框架如图1-1所示，从中可以看出，智能制造贯穿制造系统生产与管理的各个环节中，它主要以计算机为工具，基于制造企业的实时和历史数据库，通过大数据分析等人工智能技术，对制造过程全生命周期（设计、制造、管理、服务等）进行建模与优化，从而实现企业整体制造过程的智能化，提高生产和物流效率、降低生产成本、提高产品质量和市场竞争力。

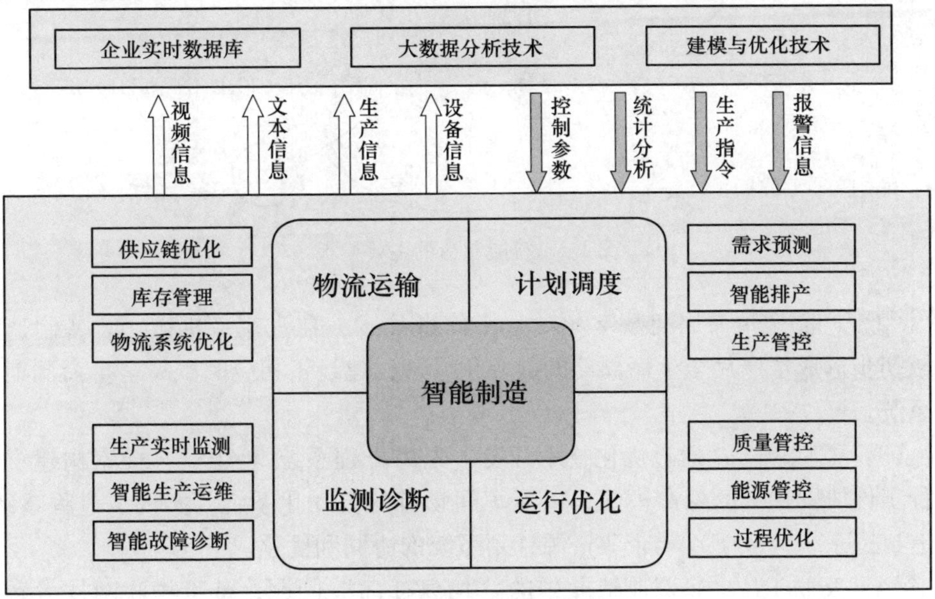

图 1-1 智能制造的主要框架

因此，从工程的观点看，智能制造是通过人工智能等先进信息技术的应用，将产品制造的全生命周期连接起来，其特点是具有信息深度感知、智慧优化决策和精准协调控制的能力，并且其智能标志主要包括以下八个维度：计划排产智能、生产过程智能、设备互联智能、资源管控智能、质量控制智能、决策支持智能、原料采购与市场营销智能、资金与运营智能。

1.2.2 智能制造的模板

近年来，在工业和信息化部的组织下，智能制造试点示范专项行动持续进行，在专项行动中针对一批试点示范项目进行先行先试，这些项目的实施有效推动了智能制造在我国的发展。通过对制造项目的总结与梳理，可以归纳出八种典型模板，如图 1-2 所示[1]。

（1）大规模个性化定制：针对当前用户的个性化需求，制造企业通过模块化设计来构建能够满足用户个性化需求的定制服务平台和产品库，实现了产品个性化定制与企业生产过程中的设计、排产、供应链等信息系统的集成。

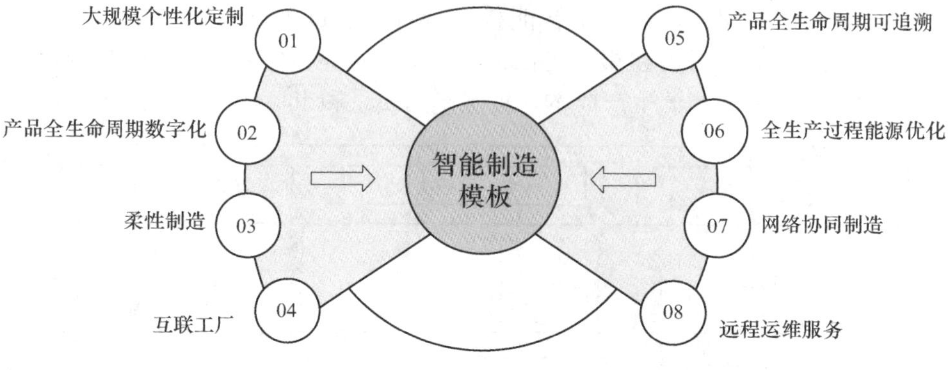

图1-2　智能制造的主要模板

（2）产品全生命周期数字化：基于信息技术，在汽车、机械、装备制造等领域初步形成了产品全生命周期的数字化管理，建设了相应的产品全生命周期管理系统。

（3）柔性制造：通过优化技术开发了先进排程系统（APS），探索构建了多品种工件协同加工的生产模式，以及车间物流的自动化系统，实现了过程系统、制造执行系统（MES）和企业资源计划系统的协同和优化。

（4）互联工厂：针对制造业中的“信息孤岛”问题，基于物联网技术和大数据等信息技术，打通了不同部门和工序的数字壁垒，实现了不同工序和部门之间的信息共享。

（5）产品全生命周期可追溯：基于移动互联网和大数据技术，初步探索形成了面向产品全生命周期的质量管控体系，实现了对产品质量的全生命周期的监测、预警和质量问题追溯。

（6）全生产过程能源优化：在以石化、有色、钢铁等为代表的流程行业，通过大数据和优化技术，基于生产过程的能源数据采集和分析，构建了MES系统中的能源管理与优化模块，实现了生产过程的高效能源利用。

（7）网络协同制造：以供应链优化为目标，在航空、汽车制造等领域初步构建了网络协同制造模式，主要做法是建设跨企业制造资源协同平台，实现企业间研发设计、运营管理、数据分析、知识管理、信息安全等服务，实现制造资源的动态和柔性配置。

（8）远程运维服务：在机械设备、汽车、家电等制造领域，基于移动互联网和大数据技术，探索构建了新型的远程运维服务模式，通过智能数据采集、通信和分析，实现了装备的远程智能维护。

上面这几个模板可以互相组合，综合利用。

1.2.3 智能制造的内涵与特征

1.2.3.1 智能制造的内涵

从以上所介绍的智能制造的模式来看，智能制造的技术内涵主要包括测试技术、传感技术、数据采集与处理技术、数据库技术、互联网技术、深度学习与神经网络等人工智能等与产品生产全生命周期密切相关的关键技术。

在实际生产中，通过信息物理系统将实体机器与业务流程结合起来，再通过人工智能的应用，使得智能制造能够以智能工厂的形式呈现，日益覆盖了通常由人类进行的复杂优化决策。智能工厂并不是简单的自动化，它是一个柔性系统，能够对整个网络进行自主优化，根据新的环境条件对整个生产流程进行自适应调整。智能工厂的强大之处在于它能够根据企业的动态需要对自身进行学习和成长，这些动态需要包括客户需求变化、新市场开拓、新产品或服务开发，以及更新的运行和维护方法、新流程或工艺的引入和变化。由于具备了更强大的计算、分析和优化能力，并拥有更为广泛和整合的智能互联系统，智能工厂能使制造企业以过去相对困难甚至不可能的方式来适应市场、需求、生产中的动态变化[2]。

智能工厂的主要特征如图 1-3 所示，即互联、大数据、优化、透明、前瞻和敏捷。这些特征可以帮助企业进行优化决策，协助企业对生产流程进行优化改进。由于不同制造领域的智能工厂必然存在差异，因此制造企业在实际中可以依据特定的需求，针对智能工厂的不同特征进行重点发展。

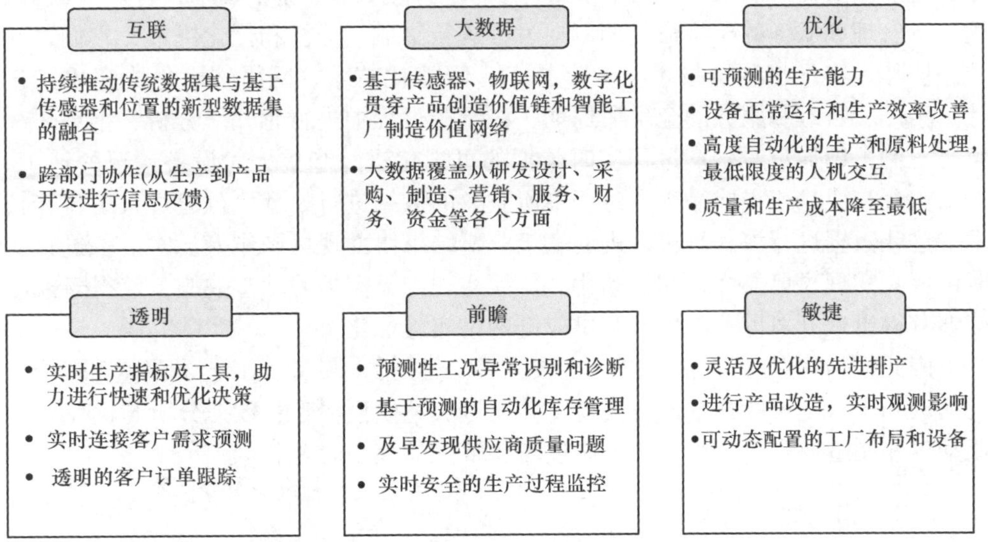

图 1-3 智能工厂的主要特征

在制造企业内部实现智能制造的目标，主要需要由数字制造部门和智能制造部门共同协作来完成，基于二者协作的智能制造内涵如图 1-4 所示。

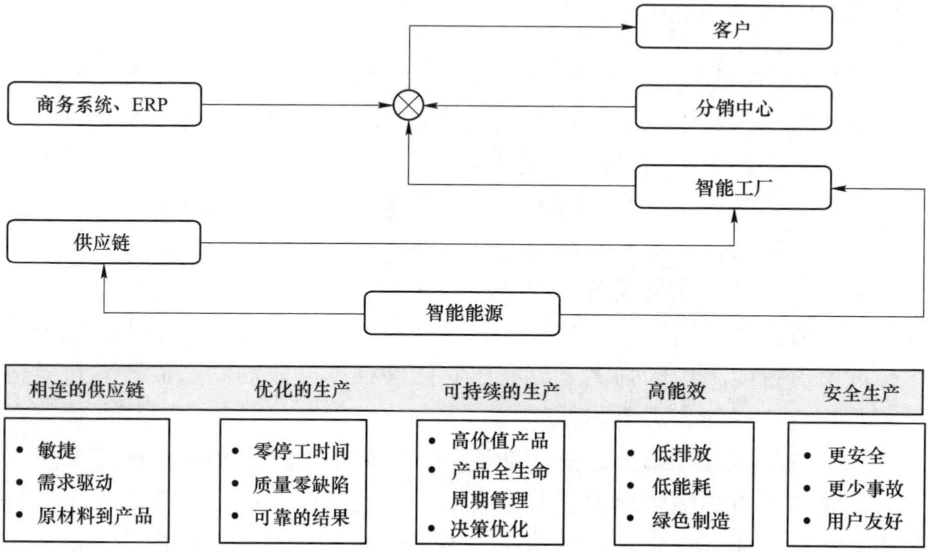

图 1-4 智能制造的主要内涵

其中，企业的数字制造部门在智能制造发展的侧重点主要是通过基于计算机集成系统将企业生产流程中的设计、制造、管理和服务等的不同要求进行连接，以完善产品的全生命周期与价值链的数字化。而智能制造部门在智能制造发展中的侧重点主要是利用大数据分析技术、人工智能技术、优化技术，对产品设计、生产、管理和服务的全生命周期制造过程进行集成、分析和优化决策，它们之间共同协作，实现将制造技术与数字技术、智能化技术、网络技术集成应用于设计、生产、管理和服务的全生命周期，在制造过程中进行感知、分析、推理、决策与控制，即通过对生产过程实时数据的可视化进一步扩大对设备情况的认识，将从流程与成品或半成品生产过程中所获取的数据进行处理，再通过人工智能技术对这些数据进行深入解析，进而基于分析结果协助现场操作人员对设备进行实时监控，实现决策的优化和自动化，从而实现产品需求的动态响应，使得新产品能够获得迅速开发以及对生产和供应链网络实施优化。

因此，如何对制造系统中的重要要素（材料、装备、工艺、测量和维护）的活动利用人工智能技术进行建模，并通过决策模型构建、数据分析与优化技术驱动这些制造要素，是当前智能制造需要解决的核心问题。

1.2.3.2 智能制造的特征

智能制造的特征在于生产过程数据的状态感知、实时分析、自主优化决策、人机交互融合、动态精准执行等几个方面，如图1-5所示。

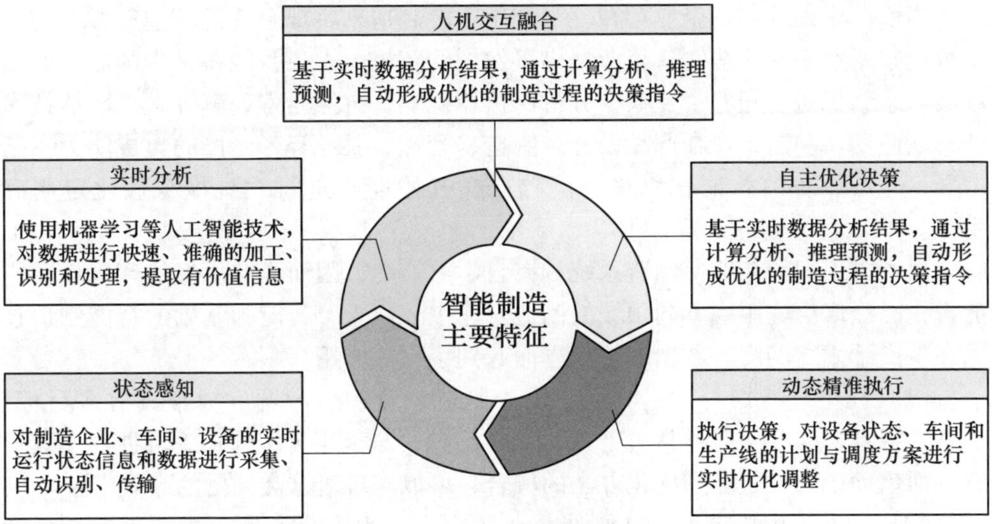

图1-5 智能制造的主要特征

(1) 状态感知：智能制造需要大量的数据支持，需要利用传感器进行企业、车间、设备的实时运行状态信息的采集、自动识别，再通过高速网络实现数据和信息的实时传输、存储和结构化处理，最后将这些数据传输到分析决策系统。

(2) 实时分析：基于所获取的实时企业运行数据、生产过程数据、设备状态数据等，使用机器学习等人工智能技术，对这些数据进行快速、准确的加工、识别和处理，从中提取出有价值的信息。

(3) 自主优化决策：基于实时数据分析的结果，通过面向产品全生命周期的海量异构信息的挖掘提炼、计算分析、推理预测，结合建模与优化算法，自动生成优化的制造过程的决策指令，保障生产能够始终运行在稳定和优化的状态。

(4) 人机交互融合：智能制造的本质并不是简单地利用机器来代替人，而是要将人与智能设备融合起来，发挥各自的优势，形成新的生产能力与创造力，正如德国人工智能中心罗斯基博士指出"工业4.0并不致力于追求无人化工厂，而是通过更理想的操作，把人的自身能力与信息物理系统紧密结合起来"。因此，智能制造所追求的是人与智能设备的交互和最优组合。

(5) 动态精准执行：根据决策指令，通过执行系统对设备状态、车间和生产线的计划和调度方案等做出实时优化调整，从而对制造过程进行闭环优化控制，实现稳定、安全运行和动态优化调整。

1.3 人工智能对智能制造的支撑关系

当前，中国的制造企业都在寻求利用智能制造来实现企业的转型升级，而人工智能技术刚好为这些制造企业提供了发展的契机，人工智能将是中国制造业发展的一个新机遇。随着工业数据分析、机器视觉、自然语言理解等人工智能技术的不断应用，制造企业在产品设计、制造、管理、服务等各阶段的集成能力不断增强，生产设备的智能化水平不断增强，开始能够进行大规模个性化定制和生产。

由于人工智能能够使制造系统具有自学习能力，因而具有更好的环境自适应能力，已经广泛应用到不同领域的制造企业中。以人工智能为基础的智能制造技术在生产计划、调度、数据解析等方面起到了支撑作用。

（1）在生产计划与调度方面，由于制造企业的生产调度通常具有多目标、动态等特点，这些问题通常属于 NP-Hard 问题，难以用传统优化手段进行高效求解。而借助于人工智能和优化方法的融合，可以实现对这类问题的高效求解。

（2）在数据解析方面，在制造企业的生产过程中会产生大量的生产过程数据，通过对大数据的分析和挖掘可以了解问题产生的过程，造成的影响和解决的方式。人工智能技术能够使这个过程自发自动的循环进行。从这个关系中不难看出，问题和知识是目的，而在人工智能下的数据解析是支撑达到目的的手段，其具体在数据解析方面的应用有以下几点：

1）利用大数据技术对多传感器的多源异构数据进行融合与处理。

2）利用数据挖掘等机器学习技术挖掘和获取生产过程的工艺知识。

3）利用深度学习技术对生产过程中的视频和图像进行处理和挖掘。

4）利用自然语言处理（NLP）等技术对制造过程的知识进行获取、组织、检索，实现工程应用。

1.4 智能制造中人工智能的定义

人工智能诞生于20世纪50年代，经过几十年的发展，人工智能涉及众多的技术和派系，其间经历了两次高潮和低谷，从2010年开始迎来第三次发展浪潮。当前，人工智能作为一门前沿和交叉学科，在它的定义上也一直存在不同的观点。例如，《人工智能——一种现代方法》[3]中将人工智能定义分为四类，即能够像人一样思考的系统、像人一样行动的系统、理性地思考的系统，以及能够理性地行动的系统。在《人工智能标准化白皮书》[4]中将人工智能定义为“利用数字计算机或数字计算机控制的机器模拟、延伸和扩展人的智能，感知环境、获取知识并使用知识获得最佳结果的理论、方法、技术及应用系统”。

智能制造中的人工智能是让计算机通过深度学习和神经网络从大量制造过程

数据中获取知识，从而认识复杂的制造环境，挖掘相关的知识，从而改造制造过程，以提高制造业的生产和管理水平。从当前人工智能在制造业中的应用和发展情况来看，可以将智能制造中的人工智能分成技术支撑层、基础应用层和方案集成层，如图 1-6 所示。

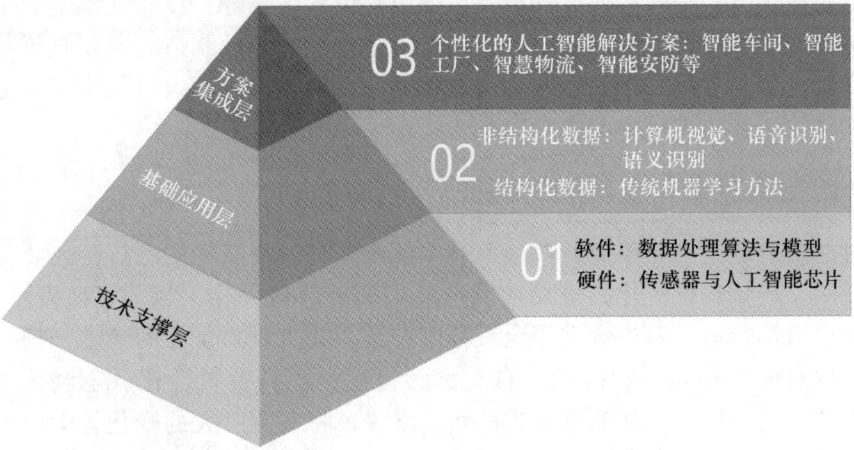

图 1-6 智能制造中人工智能技术功能分层

（1）技术支撑层：技术支撑层主要由软件和关键硬件两部分构成。软件部分主要由数据处理和分析算法、数据和优化决策模型构成，主要是针对采集的工业过程的多源异构数据，进行数据的清洗、对齐、集成等操作，形成统一的数据平台；关键硬件主要包括用于采集生产过程数据的各类传感器，以及用于模型训练的具有高性能并行计算能力的各种人工智能芯片，如 GPU、FPGA、NPU 等。

（2）基础应用层：基于应用层主要由深度学习等机器学习与人工智能算法模型构成，基于技术支撑层处理后的结构化数据和非结构化数据，分别通过传统机器学习以及计算机视觉、语音识别、语义识别方法，对数据进行训练、知识提取并获得相应的质量预报、生产过程监测与诊断、设备健康状态监测与诊断、能源监测等数据分析模型，从而提升生产过程中机器设备的自主学习能力。

（3）方案集成层：方案集成层主要是针对不同行业以及不同应用场景的需求构建个性化的人工智能产品与解决方案，包括智能车间、智能工厂、智慧物流、智能安防等。

从以上智能制造中人工智能技术的分层情况可以看出，制造企业利用人工智能技术实现制造过程的智能化，与以往制造业通过控制技术实现自动化生产有本质区别，生产过程的自动化追求的是保障机器自动进行生产，其本质是用机器来代替人；而智能化则是追求实现机器的柔性配置和生产，其本质是实现人机的协同。智能制造就是要将人工智能技术嵌入到制造业的设计、生产、管理、服务等产品的全生命周期过程中，其主要作用就是要使生产设备所有的状态信息都是能实时获取和快速响应的，所有的决策都能保证是优化的和及时的，所有的产品特征变化（个性化需求）都是能获得充分满足的，所有的产品都是高质量高附加值的，所有的制造过程都是高效安全的，所有的设备维护都是主动、预测式的，所有的企业运营都是高利润、低成本、绿色环保的，等等，以实现制造企业生产效率的提升。因此，智能制造中的人工智能就是能够帮助制造企业实现设计、生产、管理、服务等产品全生命周期智能化的一系列数据处理、机器学习、建模与优化的理论、方法与技术的集合[5]。

1.5　智能制造中人工智能的特征

智能制造是新工业革命的核心，既要使设备高效和高精度运行，还要保证设备的使用合理化和智能化，进而使制造业实现价值最大化，涵盖了研发、生产、产品、渠道、销售、客户管理等全流程生态链。从工业和企业的角度来说，智能制造不仅具有规模化、标准化、自动化的特性，还具备柔性化、定制化、可视化、低碳化的新特性；从商业模式的角度来说，将发生巨大的变化，生产者影响消费者的模式转化为消费者需求决定产品生产的模式[6]。

1.5.1　制造系统的智能化体现

制造系统的智能化体现包含了五个方面[7]，如图 1-7 所示。

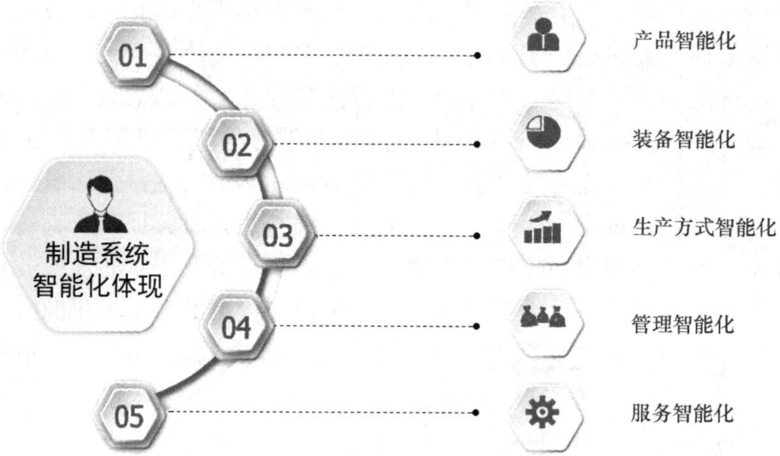

图 1-7　制造系统的智能化体现

产品智能化：在产品设计过程中，将传感器、处理器、存储器、通信模块、传输系统等集成，使产品具备动态存储、感知和通信能力，实现产品的可追溯、可识别、可定位。

装备智能化：通过先进制造、信息处理、人工智能等技术的集成和融合，实现智能生产系统自组织化和自适应化，生产设施网络化和协同化，具备感知、分析、推理、决策、执行、自主学习及维护等能力。未来装备智能化将在单机智能化、以及单机设备互联集成的智能生产线、智能车间、智能工厂两个方向发展。

生产方式智能化：生产模式呈现出个性化定制、最小化生产、面向服务制造、云制造等新形态、新模式。在工业时代，产品的价值是由企业来决定的，用户会购买企业生产的任何产品，主动权掌握在企业手中。而智能制造能够实现个性化定制，产品价值不再由企业定义，而是由用户来定义，打掉了中间环节，加快了商业流动。只有用户认可的、用户参与的、用户愿意分享的产品才具有市场价值。

管理智能化：企业数据的时效性、完整性和准确性随着纵向集成、横向集成和端到端集成的不断发展而逐渐提高，对企业数据管理的准确性、高效性和科学性提出了更高的要求。

服务智能化：智能服务是智能制造的核心内容，制造企业越来越关注于“生产型制造”到“生产服务型”的转化。近年来，传统制造业不断拓展服务，与此同时，消费互联网进入产业互联网，使得线上服务与线下服务相向而行，协同发展。随着未来生产方式的转变，个性化研发设计、综合集成等全生命周期管理的新型服务产品将不断出现。

1.5.2　制造系统的人工智能特征

智能制造系统中人工智能的特征主要表现在数据的实时感知、优化决策、动态执行、可视化、系统自学习与维护、自组织超柔性、人机一体化等方面，如图1-8所示。

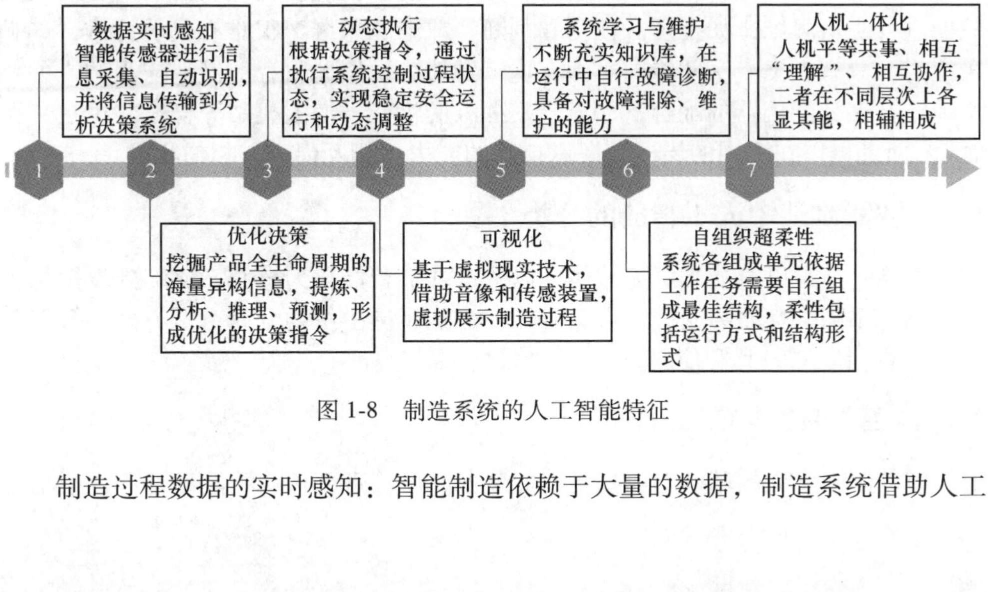

图1-8　制造系统的人工智能特征

制造过程数据的实时感知：智能制造依赖于大量的数据，制造系统借助人工智能理论，结合微处理器所拥有的智能感知技术，将实时采集和自动识别海量信息，并将信息传递到分析决策系统。

制造过程决策优化：借助人工智能技术，提取、计算、分析、推理预测产品全生命周期中的海量异构信息，形成最优决策指令。随着信息采集和收录技术的发展，制造过程中收集到的数据量级不断攀升，然而与问题相关的数据往往只占所采集数据的很小一部分比例，需要像大海捞针一样，从中挑选出有效的特征子集，这时传统数据处理方法不再适用。关联分析、特征提取、数据挖掘等人工智能方法将发挥作用，帮助采集者从海量数据中去除大量的无用数据。

制造过程动态执行：依据决策指令，通过执行系统控制制造过程的状态，实现系统的动态调整和跟踪优化，达到安全稳定运行的目的。构筑自动控制与感知、工业互联网等基础设施，采用人工智能技术，使设备和系统之间实时通信，多智能体动态调度，相互协作。

制造过程可视化：以虚拟现实技术为依托，以计算机为基础，集信号处理、动画技术、智能推理、预测、仿真和多媒体技术于一体。借助音视频和传感设备，虚拟展示制造过程和未来产品，从感官和视觉上获得完全真实的感受。按照人的意志设计人机结合的新一代智能界面，是智能制造的一大特点。

制造系统自学习与维护：在智能制造系统的实际运行中，不断丰富和完善知识库，进行自主学习。同时，在运行过程中进行故障诊断、故障排除、维护。这一特性使智能制造系统能够自我优化并适应各种复杂的环境。

制造系统自组织超柔性：基于人工智能技术，智能制造系统的各个组成单元可以根据工作任务的需要自行形成最优结构。它的柔性不仅表现在操作方式上，而且表现在结构形式上，因此被称为超柔性。就像一群人类专家一样，也有生物特征。

制造系统人机一体化：智能制造具有人机混合智能。纯人工智能的智能机器只能进行逻辑思维，如推理、预测和判断，或形象思维，很难有灵感思维，即顿悟能力。只有人类专家才能同时拥有这三种能力。因此，智能制造应强调人的核心地位，在智能机器的配合下，充分发挥人的潜能，使人机平等合作，相互“了解”。两者可以在不同的层次上展示自己的能力，相互促进，相辅相成。

1.6　智能制造中人工智能的分类

智能制造是以智能工厂为载体，以关键环节智能化为核心，以端到端数据流为基础，以网络互联为支撑。人工智能在智能制造中主要分为三个方面：智能装备[8]、智能工厂[9]和智能服务[10]。

1.6.1　智能装备中的人工智能

智能制造发展的基础与前提是智能装备，由物理部件、智能部件和连接部件构成，涉及跨媒体分析推理、自然语言处理、虚拟现实智能建模及自主无人系统等关键技术，具体包括自动识别设备、人机交互系统、工业机器人以及数控机床等[11]。智能组件包括传感器、微处理器、数据存储设备、控制设备和软件，以及内置的操作和用户界面。连接组件由接口、有线或无线连接协议等组成，物理组件由机械和电子零件组成。智能部件可以提高物理部件的功能和价值，而连接组件进一步加强智能组件的功能和价值，使信息在产品、操作系统、制造商和用户间连通。

智能产品具有监测、控制、优化和自主等四个方面的功能，如图 1-9 所示。系统监测是指智能设备通过传感器和外部数据源对产品的状态、运行和外部环境进行全面监控。在数据的帮助下，无论环境和运行状态何时发生变化，产品都会向用户或相关方发出警报。控制是指可以通过产品内置或产品云中的命令和算法来实现的远程控制。算法使产品能够对特定的条件和环境变化做出响应；优化是指对实时数据或历史记录进行分析，然后嵌入算法，显著提高产品的产出率、利用率和生产效率。自主是检测、控制和优化功能的集成，达到前所未有的自动化程度。

图 1-9 智能装备产品的特点

1.6.2 智能工厂中的人工智能

智能工厂是基于物联网、自动化设计、智能软件等各种技术手段，实现工厂的办公、管理以及生产的自动化，从而提高了企业竞争力和效益[12]。智能工厂以物联网平台和数字设计平台为基础，以数字化工厂为载体，在保证工业网络安全的前提下，提高产品质量、简化工艺流程，以及提高工艺可控性，减少生产线运转过程中的人工干预，实现产品、资产和生产管理的完美统一，建设成为可持续发展的现代人机交互式工厂。智能工厂标志着高度互联和智能化的数字时代的到来，具有柔性制造、互联互通、数字化、大数据、智能供应链等特点，如图 1-10 所示。

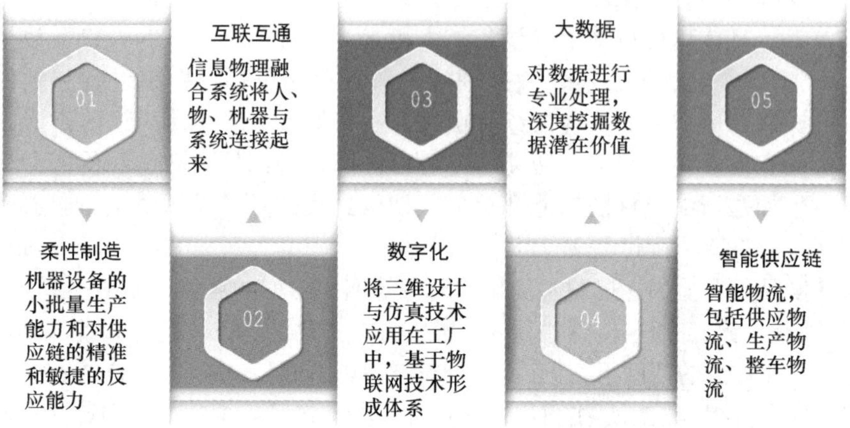

图 1-10　智能工厂中的特点

柔性制造主要考虑两方面因素，一方面是机器设备的小批量生产能力，体现了生产能力的柔性反应能力。制造自动化系统的生存能力和竞争力主要取决于其能否在短时间内生产出质量更高、成本更低的各种产品。因此，适应市场动态变化的生产逐渐取代了大批量生产。另一方面，表现在生产制造过程中对供应链的精准和敏捷的反应能力。在柔性制造中，供应链系统的处理方式是将传统“以产定销”转变成“以销定产”，主要针对单个需求做出生产配送的响应。

互联互通可以理解为通过信息物理融合系统将人、物、机器与系统连接起来，基于物联网技术，通过传感器和无线传输方式（RFID、二维码和无线局域网）等实现信息采集，通过可编程控制器和本地及远程服务器实现人机界面的交互，以本地服务器和云服务器为存储方式，从而实现数据读写。以 ERP、PLM、MES 和 SCADA 等为平台，实现了无缝对接，达到人机的智能和信息的畅通。一方面，这些技术的广泛应用，能够使得智能工厂内部各部门衔接得更流畅，如订单、采购、生产与设计等环节。另一方面为了确保生产信息、服务信息等的同步，实现互联互通，采购供应商可以随时提取生产订单信息，客户也可以随时提交自己的个性化订单，也可以对自己订单的生产进展情况进行查询，服务商与客户等的沟通也更加方便。

智能工厂的数字化主要体现在以下，两个方面：一方面，将三维设计与仿真技术应用在工厂规划设计、工艺装备开发及物流中，消除了设计中存在的问题，减少后期不必要的投入，从而设计成本与质量达到最优，实现数字化制造对质量、成本、交货期的多目标控制，通过仿真运营降低 10%～30%的成本，提高了 15%～30%的劳动生产率。另一方面，借助于传感器、定位识别、数据库分析等物联网基础数字化技术，使得从研发到运营，乃至商业模式形成体系。因此，智能制造战略成功的关键在于数字化的实现程度。

大数据主要指传统数据库软件工具处理能力范围无法进行获取、存储、管理、分析的大规模数据集合。整个大数据的架构从大数据、物联网的硬件基础、连接技术到中间数据存储平台、数据分析平台，使得底层硬件数据采集到顶层数据分析得以纵向整合。大数据的战略意义主要是对数据进行专业化处理，而不在于掌握庞大的数据信息，通过对不同类型的数据进行特征提取、分类、建立模型并进行分析，对数据背后的潜在价值进行深度挖掘。

智能供应链主要表现在智能物流方面，其中包括供应物流、生产物流、整车物流，每个环节实施物流信息都需要实时采集、同步传输、数据共享，物流设备在实时数据传输下自动运行，从而实现智能物流，达到精准可视化，资源有效共享的目的，同时确保了订单能够按时交付，减小了不必要的存储空间，降低了生产成本，优化了质量和价格，达到双赢的效果。

1.6.3 智能服务中的人工智能

智能服务指能够自动识别出用户的显性和隐性需求，并且能够满足其各种需求的服务[13]。按需和主动的智能是实现智能服务的一大特点，即在获取用户的原始信息后，通过后台数据的积累，建立需求结构模型，并对数据进行分析。除了用户习惯和偏好的显性需求分析外，还可以进行时空、身份、工作生活状态等多维度的隐性需求分析，主动给用户提供高效、精准的服务。智能服务不仅仅是传递和反馈数据，更是多维、多层次的感知和主动、深入的系统识别。

智能服务系统包括三个部分，如图 1-11 所示。第一个部分是智能层，收集

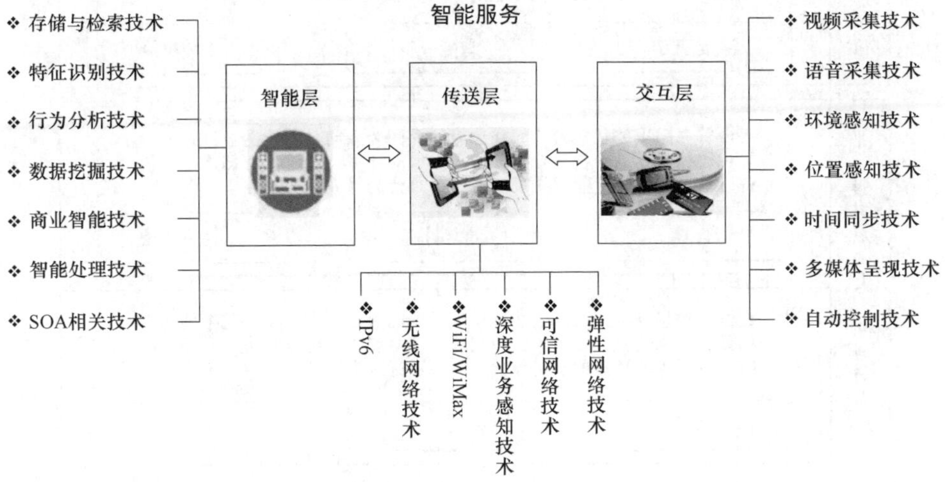

图 1-11 智能服务系统

和储存服务相关的环境、状态、属性和行为数据，建立用户的特征库，深层次挖掘服务对象的显性和隐性需求，进而建立服务需求模型，发出服务指令。第二个部分是传送层，通过有线或无线网络，将交互层获取的用户信息传输到智能层。第三个部分是交互层，系统的输入输出接口，借助各种软硬件设备，实现服务提供者与服务对象之间的双向交互，向用户提供服务内容，实现服务目标。综上所述，智能服务融合了跨平台、多元化的人工智能技术，根据用户的需求进行服务和商业模式的创新。

1.7　智能制造中人工智能的结构

人工智能在智能制造领域主要通过智能制造系统进行应用。智能制造系统以先进制造为本质诉求，以人工智能为灵魂，实现基础包括网络化、数字化和自动化等信息技术，其载体包括智能装备和软件系统等。

人工智能在智能制造能够得到成功应用，必然以制造全流程中收集的数据为前提基础，生产制造过程中产生的工业数据是人工智能发挥效能的核心资料和关键支撑；而以云计算、边缘计算为代表的大数据平台算力为高效处理海量工业数据提供了有力保障；最后，以深度学习、神经网络等为代表的人工智能算法是实现从海量工业数据中挖掘知识，进而对制造过程进行智能化改造和优化决策的技术基础。

因此，智能制造中的人工智能，从结构上可分为三个层次：数据支撑层、平台算力层、算法应用层，如图 1-12 所示。

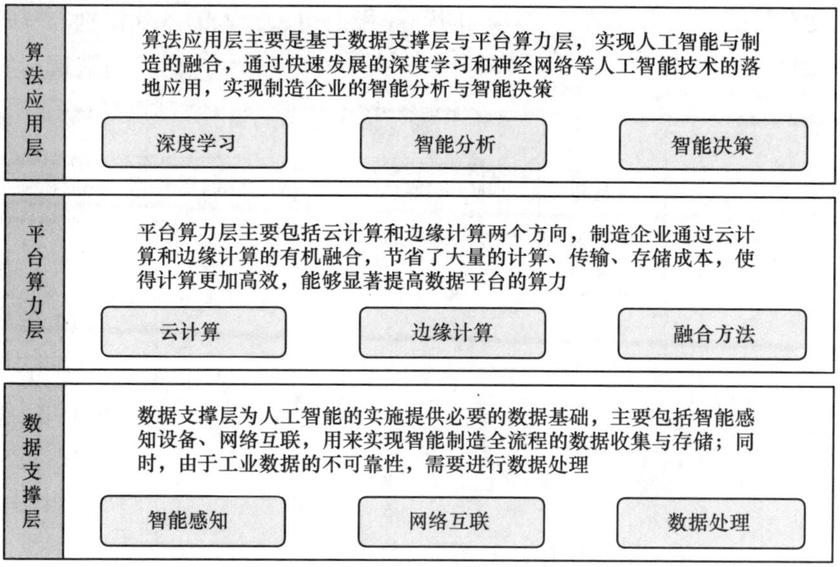

图 1-12　智能制造中人工智能的结构

1.7.1 数据支撑层

数据支撑层为人工智能的实施提供必要的数据基础，主要包括智能感知设备、网络互联，用来实现智能制造全流程的数据收集与存储，其核心是数字化、网络化，是制造过程实现智能化的基础。打造以数据驱动为基础、以人工智能为核心的新一代智能制造系统，其焦点难题是将物理世界与数字世界有机融合，将从设备、人、机器、流程、生态链等物理对象采集的海量数据进行分析，基于人工智能算法实现智能决策以指导生产，并转化为有效的服务提供给客户[14]。

利用人工智能实现智能制造，其输入和起点是制造过程中的数据感知，这也是人工智能发挥作用的基础。数据感知通过传感器和人机交互等实现人与信息的连接，获得建模及算法所需的制造全流程数据，如订单数据、库存数据、原料数据、工艺数据、设计数据、过程控制参数数据、物流数据等，使得各个制造环节产生的数据，以及产业链上下游和跨界的数据，能够被实时监测、收集和分析，从而在此基础上做出智能决策。

值得注意的是，与传统大数据相比，工业制造过程的大数据具有明显的不同特征。首先，由于制造环境影响使得制造过程采集的数据存在很多噪声，同时传感器在长期使用中由于设备因素也存在数据失真现象，因而在工业大数据中存在许多的噪声数据和异常数据，这些数据是不可靠的，不能直接进行应用，这就要求在实际使用中对这些数据进行预先的处理、识别和剔除；其次，工业大数据中的特征之间通常具有复杂的非线性耦合关系，增加了建模与分析的难度；最后，工业大数据通常具有较大的时间滞后性，即某些工艺变量发生改变后，通常需要较长的时间才能通过工况数据表现出来，因而在进行数据分析之前需要与工艺机理相结合，进行数据的对齐操作。

网络互联是制造企业实现智能制造的关键使能技术之一，工厂/车间内各种网络的互联互通是智能制造系统中信息处理与优化的基础与前提。通过新一代信息技术，将制造过程中的各种智能设备联通，如同人体的经脉，使得数据得以流通产生价值。没有互联互通和数据采集与交互，工业云、工业大数据都将成为无源之水。在智能制造的整个过程中，通过各类感知技术对各种生产过程数据进行收集，在此基础上利用各类数据解析和人工智能技术手段提供生产制造方案，再通过工业以太网等通信手段实现设备及数据间的互联互通，将智能装备有机连接起来，实现生产过程自动化，最终实现生产制造智能化。

1.7.2 平台算力层

人工智能应用于智能制造时，通常需要处理海量的工业全流程数据，而深度学习等大规模并行计算使得传统的芯片计算架构已无法支撑计算需求，这就需要新的底层计算硬件来更好地储备数据、加速计算过程，这些是支撑人工智能应用的硬件前提。

当前，数据平台算力的发展主要朝着两个方面进行：一是对数据资源的集中化，二是对数据资源的边缘化。针对数据资源的集中化处理技术，云计算是典型的代表。传统的云计算架构主要采用集中的方式进行云计算中心的建设和运营，资源都集中在制造企业的总部。然而，在制造企业中，由于前端生产过程中采集的数据量巨大，并且数据中包含大量的过程级时序数据，如果按照传统模式全部上传，将会导致成本高、效率低的问题。因此，以边缘计算为代表的资源边缘化处理方式开始在制造企业中广泛应用。边缘计算的思想是将数据的初步处理放在物联网感知设备等终端，即将数据的存储和计算部署在云计算中央节点之外的终端设备上，对数据或者部分数据进行处理和存储，使得海量终端设备实现自治，从而实现节约资源、降低成本、提高效率，并满足数据本地存储与处理等安全合规的要求。制造企业通过云计算和边缘计算的有机融合，节省了大量的计算、传输、存储成本，使得计算更加高效，能够显著提高数据平台的算力。

1.7.3　算法应用层

人工智能核心是算法。作为人工智能的底层逻辑，算法是产生人工智能从而实现智能制造的直接工具。算法应用层主要是基于数据支撑层与平台算力层，实现人工智能与制造的融合，进行落地应用，实现制造企业的智能分析与智能决策。

真正的智能是决策系统的智能，基于人工智能的决策系统根据各种感知系统收集的数据，依靠云计算和边缘计算等平台算力进行复杂的决策计算，通过人工智能算法获得优化的合理指令，指挥控制系统来驱动执行系统，从而最终实现制造系统的复杂和智能行为。

基于人工智能算法的智能决策系统是目前智能制造发展的瓶颈。目前，针对工业领域并没有很好的通用解决方案，但这已经引起了工业企业的广泛重视，针对人工智能算法的制造场景应用已经通过不同的方式进行探索，并取得了一些较好的成果。当前，随着深度学习和神经网络等人工智能相关算法在制造过程分析、语音、语意、计算机视觉等领域实现的技术性突破，这些算法将加速应用到制造企业的不同制造场景中，加速推进制造过程的智能化转型和升级，与数据、算力一起，成为智能制造发展的重要驱动力。

1.8　智能制造中人工智能的功能

新一代智能制造系统的特点是以人工智能为核心和灵魂，获得了认知和学习的功能，其信息系统不仅具有感知、计算分析与控制能力，还具有学习提升、产生知识的能力[15]。

智能制造是人工智能技术集成应用的环境，人工智能是借助计算机模拟人类智能活动，进行分析、判断、推理、构思和决策，取代或延伸制造环境中人的部分脑力劳动，并贯穿于设计、计划、生产等各个制造环节。在智能制造中，人工智能技术尤其适合解决特别复杂和不确定的问题，例如工艺过程设计、故障诊断、生产调度等。

人工智能在智能制造中实际上是实现三方面的功能：一是对生产状态、环境的智能感知；二是自主思考，进行智能生产决策；三是执行决策影响生产。人工智能能够实现数据的全局化利用，对制造业的影响主要来自两方面：一是在制造和管理流程中提供产品质量和生产效率，二是对现有产品与服务的彻底颠覆。

1.8.1 智能制造中数据联通

无论是传统的制造工业企业还是互联网企业都会拥有大量的数据，很多情况下需要通过对这些数据进行有效采集和分析来对制造生产活动进行有效监控并做出科学决策或提供解决方案。而人工智能和数据挖掘技术的发展使得数据处理变得更为有效，可以充分利用数据中所包含的信息，给出更为有效的解决方案。智能制造领域对数据的有效利用十分关键，通过人工智能可以帮助制造企业打通数据链，使得大量过程数据能够得到有效利用，实现真正意义上的数据联通。

人工智能通过对数据的合理利用可以达到意想不到的效果，现如今的大数据时代，制造企业会产生很多重复、冗余的数据信息，在这些庞大的信息中挖掘出有用的信息是对问题进行有效决策的重要环节。人工智能的发展无疑给数据挖掘提供了良好的处理方法，数据挖掘又会给数据需求提供新的关注焦点，如此循环反馈，推动需求、技术的迭代更新。工业物联网近几年发展迅速，它将制造过程数字化，应用领域十分广泛。物联网技术应用的过程中会产生大量数据，这就为人工智能提供了发挥的空间，两者结合可以完成设备检测、智能控制、信息监控等功能，并对其中出现的问题给出合理的决策，这也使得制造企业实现数据的有效联通成为可能。

1.8.2 智能过程设计

人工智能能够深度挖掘知识，理解知识和问题之间的相关性，并产生新的知识，利用知识对整个生产流程精确建模，在产品设计和制造系统（流程）设计层面进行优化改进，从根本上解决、避免“可见问题”和“不可见问题”。

智能过程设计基于对用户需求的充分理解和专业知识库的不断完善，比传统制造设计更能体现产品特征，更适应现代制造设计的发展需要。利用人工智能技术，可以对收集的市场及用户数据进行分析，发现产品需求，目标用户特点等设计导向信息，建立用户模型，用以设置智能化设计的核心参数与模板，并建立设计方案特征的模型库，联合构建设计模型；可以将设计过程中的信息以及设计过程的经验、规范、思想等多种知识建立特征模型，以便在基于知识的智能化设计过程中加以充分运用。

1.8.3　实时状态感知、工况分析和故障诊断

制造企业的生产系统在制造过程中不间断地产生大量的实时数据，如制造设备的运行状态数据和操作状态数据，元器件加工数据以及传感器数据等，对这些状态信息的采集可以让企业对生产系统在制造过程中出现的任何异动进行分析和诊断。

人工智能技术可以利用传感器、摄像头、雷达、设备 CT 等工业视觉、听觉、嗅觉、感觉系统获得足够的物理实体机器的运行信息，将其转换成具有时间标签的工业大数据，实现智能制造的状态感知。通过计算与学习，分析出这些数据背后所蕴含的特定的工况模式和特征（知识），并且根据这些知识来进行设备的预测式维护，优化调整设备的运行参数。

人工智能从感知数据中挖掘出隐性问题线索，知道“为什么”，从而预测、分析和解决“隐性问题”，有效避免“可见问题”，例如工况分析，故障诊断等。传统的诊断方法和理论对单过程、单故障和渐发性故障的简单系统可以发挥较好的作用，对于多过程、多故障和突发性故障以及复杂庞大、高度自动化的大型设备和系统，例如汽轮发动机组等，就具有较大的局限性。由于人工智能方法不依赖控制对象和数学模型，具有较强的鲁棒性，在解决此类问题中有很好的优势。

1.8.4　智能生产决策和智能管理

智能制造的关键和核心是智能决策。制造工业系统的智能决策是指对决策目标和有限资源的优化配置能力，其能力直接取决于人工智能算法的性能。智能决策系统根据各种智能感知设备收集的信息和数据，进行复杂的数据分析和决策计算，优化出合理的指令，指挥控制系统来驱动制造执行系统，从而最终实现智能制造系统整体的复杂智能行为。智能决策系统是目前智能制造发展的瓶颈，目前工业领域事实上还没有好的通用解决方案。

企业的任务目标通常是多目标、多约束、动态变化的，如最好的服务和最低的成本，这些目标将会转化为一定形式的计划、调度目标，而这些终端目标最终需要落实到具体的可执行的制造系统或制造实体上，即资源分配上。一旦目标转化为确定的资源配置关系，制造系统便进入到了执行阶段。有真正智能的决策支撑，制造生产系统的先进产能潜力才能得到充分发挥。

制造系统的生产调度决策由于其多目标性、不确定性和高度复杂性等特点，

利用传统的手段无法在可接受的时间内获得满意的优化决策方案。借助人工智能的优化方法，或人工智能与运筹学结合的优化方法，可以较好地解决这类问题。可以通过历史数据训练使得人工神经网络能正确地根据生产特征选择合适的调度策略和评价指标；利用专家系统，可在决策处理过程中同时采用定性和定量的知识，选择最优规则；利用多智能体系统与其他人工智能算法相结合的方法，利用问题分解、彼此协商、任务指派、解决冲突等步骤，有效地将复杂的问题简化，并利用智能体自主和协作的特性，在系统总目标的指引下单独求解子问题。

决策是管理的核心，科学决策是现代企业管理的核心。智能决策就是利用人工智能方法帮助或替代人脑做出最优判断。由于传统的企业管理系统无法满足现代制造企业中各种管理流程和业务流程结构的复杂性与多变性，尤其是处理半结构化和非结构化的问题。利用知识库、专家系统和决策支持系统等手段，可以建立人工智能应用平台，综合分析各类内部和外部的动态数据，参考已有的知识与规则，帮助企业管理层提供及时的决策支持，减少因决策失误导致的各种风险与浪费，提高企业综合竞争力。

1.8.5 智能执行系统

在智能制造系统中，智能决策依靠智能执行来发挥效用。利用智能化技术，对控制系统进行集成，打造以企业综合生产指标优化为目标的自动协同控制系统，实现控制参数、工艺标准的精准执行和下达。目前，在制造业中已大量运用工业机器人等智能设备执行制造生产，适合于多品种、变批量柔性等生产场景，能够稳定和提高产品质量，提高生产效率。

智能装备是智能制造的一个主要应用场景，也是智能制造的载体。现代制造系统中任务复杂程度的增加以及作业环境的多变，要求制造设备向智能化方向进化，具有感知、分析、推理、决策、控制等功能，实现各种制造过程自动化、智能化、精密化。智能装备是先进制造技术、信息技术和智能技术的集成和深度融合，涵盖机器人、数控机床以及其他自动化装备等方向，已经受到政府、学术界和企业界的广泛关注与重视。在智能制造机器人领域，模式识别、机器学习、专家系统和多智能体系统等人工智能技术的应用较为深入，使机器人可以通过感知仪器接受外部制造信息，使其在动态多变的制造环境中不断进行自我学习和提高，从而完成复杂的制造任务。

1.9 智能制造中人工智能的核心技术分析

工业和信息化部、财政部联合制定的《智能制造发展规划（2016—2020年）》指出，智能制造是基于新一代信息通信技术与先进制造技术深度融合，贯穿于设计、生产、管理、服务等制造活动的各个环节，具有自感知、自学习、自决策、自执行、自适应等功能的新型生产方式[16]。智能制造主要包括以下三个方面：一是智能装备，包括智能识别设备、人机交互系统、工业机器人以及各类智能仪器等具体设备，涉及的各类技术包括图像识别、自然语言处理、虚拟现实及生物特征识别等。二是智能工厂，其将传统工业与人工智能在设计、生产、管理、服务等环节高度融合，是一种具有自感知、自学习、自决策、自执行的新式生产方式，涉及大数据智能、工业物联网、智能加工设备等关键技术。三是智能服务，其通过智能层、传送层、交互层自动识别制造过程中的显性及隐性需求，从而向企业提供个性化定制服务，实现智能解析、生产过程操作优化、全流程生产规划等具体服务，涉及跨媒体分析推理、知识图谱、计算机视觉、高级机器学习等关键技术。

1.9.1　机器学习

机器学习（Machine Learning）涉及统计学、神经网络、优化理论等诸多领域，是一种使计算机通过自主学习获取知识和技能，并可以在学习过程中不断进行自我完善的技术。机器学习研究的就是如何使机器通过识别和利用现有知识来获取新知识和新技能[17]，其研究工作主要围绕学习机理、学习方法、面向任务三方面展开。基于数据的机器学习是利用观测数据（样本）寻找规律，并通过生成的规律预测未来数据。智能制造领域的机器学习主要可分为两种，第一种方式是将机器学习用于某个独立的业务。例如，在生产设备的故障诊断业务中，应用信号处理的办法增强故障信号，利用深度神经网络对设备信号深层特征进行提取，再将此特性传递给分类器，以获得用于设备故障诊断的分类模型，从而完成基于机器学习的智能故障诊断业务。第二种应用方式是建立企业级的机器学习平台，为不同类型的控制系统和企业提供服务。例如，华为云打造的工业智能体就是这种模式的一个典型代表，其包含智能认知引擎、智能预测引擎、决策优化引擎都是以机器学习等人工智能方法为核心。

1.9.2　知识图谱

知识图谱的本质是一种语义网络，它揭示了各类实物之间的关系，可以形象化的描述各个种类的事物及其相互关系。现在的知识图谱已被用来泛指各种大规模的知识库[18]。各类事物之间的关系可将各类实物连接起来，从而形成网状的知识结构。在网状的知识结构中，各种“实体”对应网状结构中的不同节点，连接两节点的线就是各类实物间的“关系”。

知识图谱是由类别组成的关系网络，这些类别定义了各个维度的实体并连接了各个实体的类别信息。知识图谱可以从“关系”这一维度去分析问题。将知识图谱引入智能制造系统可以解决工业领域的知识构建问题。具体过程为：对工业生产中非结构化数据进行语义分析，提取可用于绘制知识图谱的知识单元，查找知识单元之间的关系并绘制知识图。工业领域中的知识图谱可以分为两类。一类是建立现有设备信息和生产信息的知识图谱，它能将设备维护手册、一线工作人员的专业知识进行数字化。另一类将全部或部分设备及数字化系统的工作过程信息、整个生产流程全部数字化，并关联了来自不同垂直领域的数据以创建相应的知识图谱。

1.9.3 自然语言处理

自然语言处理（NLP）的目标是计算机能学习、理解并能够生成人的语言，实现智能处理的效果[19]。自然语言处理主要应用在机器翻译、机器阅读理解和问答系统等方面。机器翻译技术的研究内容是使用计算机技术将自然语言快速准确地翻译为另一种自然语言。机器阅读理解是通过学习和理解整体文本来回答相关问题的技术。与机器翻译相比，其侧重于对上下文语意的理解和对文章整体的把握。问答系统的目标是使机器用人类的自然语言与人进行交流，其大体可分为开放领域的对话系统和特定领域的问答系统两类。在工业仓储及物流领域，路径自然语言引导运输机器人导航的技术愈发成熟，其利用描述路径的自然语言直接绘出运行路径，并利用基于组块的分析方法提高机器人对路径自然语言的理解。建立大型的具有广泛代表性的语料库需要巨大的人力和物力[20]。

1.9.4 人机交互

人机交互（human-computer interaction，HCI）是研究人、计算机以及它们间相互影响的技术，而用户界面是人与计算机之间传递、交换信息的媒介和对话接口，是人工智能领域的重要技术之一[21]。人机交互是一种综合学科，其与认知心理学、人机工程、图形设计、虚拟现实技术等密切相关。传统的人机信息交换主要依靠各类交互式设备，例如键盘和鼠标，各种显示器以及音频输入和输出设备，最新的人机交互还包括语音交互、情感交互、体感交互及脑机交互等技术。2014 年 11 月，德国库卡公司在上海工博会上展出了新型 7 轴轻型人机协作机器手 LBRiiwa，在现场未使用安全护栏的情况下，实现了操作员与机器的直接合作，体现了该技术的可靠性。在某些危险的工业领域使用人机交互式机械手可以降低操作风险，提高生产的安全性。将人机交互与“云计算”、虚拟现实、生物特征识别等相关技术进行融合也是未来发展方向。

1.9.5 计算机视觉

计算机视觉是使计算机拥有与人视觉类似的，能够提取、处理、分析图像及图像序列的能力，是一门模仿人类视觉系统的科学。其实质是使用摄像头代替人眼来识别和跟踪目标，测量目标的各类参数，再用计算机代替人脑处理这些参数，最终将这些数据转化为适合人眼观察或仪器观测的图像。计算机视觉根据由其处理的问题分为五类：计算成像学、图像理解、三维视觉、动态视觉和视频编解码，其在质量控制、安全检查、预测性维护和工业监控等方面有着广泛应用。例如，可以将计算机视觉用于对工业产品表面信息进行检测、非接触式测量产品外观尺寸、判断物体位置坐标以及识别判断物体的颜色、形状等特征。如在检测工业产品时将计算机视觉与深度学习技术相融合，可以增加计算机视觉在检测产品缺陷异常或意外变化时的灵活性。

1.9.6　生物特征识别

生物特征认证技术是一种通过比较个体之间的生理和行为差异来识别和认证个体身份的技术。该技术通常分为两个阶段：注册和标识。注册阶段通过各类传感器对人体的生物表征信息进行采集，如使用图像传感器收集人脸、体态、走路姿势等外部特征信息，或使用麦克风收集有关声音等生物特性的声学信息，并将得到相应数据进行存储。识别过程也需要提取要识别人的相应特征，并将提取的特征信息与存储的特征信息进行比对，已达到识别的效果。生物特征识别技术作为重要的智能化身份认证技术，正逐渐用于授权控制中，例如工厂考勤管理系统和安全访问控制，其无论在静态管理还是动态管理中都具有不可替代的作用。

1.9.7　虚拟现实

虚拟现实是人类在探索自然过程中创造形成的一种用于认识自然、模拟自然进而更好地适应和利用自然的科学方法和技术[22]。虚拟现实技术可通过与其他技术相结合，在一定范围内生成在视觉、听觉、触感等方面与真实环境高度逼近的数字化环境。用户与数字化环境通过显示设备、位移感测装置、触力觉交互装置、数据传输设备等进行互动。

虚拟现实按照不同处理阶段可大致分为：模型分析与生成、数据处理与利用技术、交换与分发技术、展示与交互技术以及技术标准制定五个方面。模型分析和生成是将要描述的场景建立成模型。数据处理和开发技术主要通过挖掘、分析和知识化方式来处理和开发数字信息。交换和分发技术主要解决大规模数字内容的传输、转换和集成问题，并向用户提供个性化服务。展示与交换技术是通过将数字内容建立成与人类习惯相符的显示技术及交互方法，以提高人对复杂数字内容的认知能力，其难点在于如何建立符合人类习惯的人机交互环境。技术标准制定通过对虚拟现实基础资源、传输内容、信源编码等的研究，推出相应的技术标准及对应的评估技术。在制造业领域，虚拟现实技术也逐渐替代传统的生产方式，为产品的研发、生产、管理、服务等环节带来深刻变革，直接推动了智能制造的发展。例如，通过在车间中布置传感器采集车间三维空间数据，并利用虚拟现实技术可以让工厂车间进行可视化呈现。管理人员和现场生产负责人可以通过对工厂设备的动态监控，实时了解数字车间的具体生产状况，在线访问设备操作数据，通过交互技术实现远程操作和维护，有效地促进工业生产组织的转变。

参 考 文 献

[1] 数字化企业网．智能制造的八大典型模式，2019. http：//imchina. e-works. net. cn/news/domestic/2019/2019417337. html.

[2] 德勤．2018 中国智能制造深度报告［R］. 2018.

[3] Stuart Russell，Peter Norvig. 人工智能：一种现代的方法［M］. 3 版．姜哲，金奕江，张敏，等译．北京：人民邮电出版社，2010.

[4] 人工智能标准化白皮书，2018.

[5] 王万良，张兆娟，高楠，等．基于人工智能技术的大数据分析方法研究进展［J］. 计算机集成制造系统，2019，25（3）：529~547.

[6] 赛迪顾问股份有限公司．人工智能与智能制造：AI 硬件应用增速更高智能化改造将迎新浪潮［N］. 中国电子报，2019-12-13（4）.

[7] 数字化企业网．智能制造与智能工厂的特征与典型案例，2019. http：//imchina. e-works. net. cn/news/domestic/2019/2019817378. html.

[8] 冯春雨，张鹏伟，史建勋．基于 SCADA 的智能装备控制技术应用研究［J］. 信息系统工程，2019（10）：88~90.

[9] 薛金成，于新乐，刘晓宇，等．首钢股份智能工厂探索与实践［J］. 冶金动力，2019，236：101~103.

[10] 郭春荣．端到端智能服务创新体系设计研究［J］. 创意与设计，2019，63：36~41.

[11] 孙柏林．未来智能装备制造业发展趋势述评［J］. 自动化仪表，2013，34（1）：1~5.

[12] 常杉．工业 4.0：智能化工厂与生产［J］. 化工管理，2013（21）：21~25.

[13] 智能服务．百度百科．https：//baike. baidu. com/item/%E6%99%B A%E8%-83%BD%E6%9C%8D% E5%8A%A1/3167751？fr=aladdin.

[14] 冯国华．打造大数据驱动的智能制造业［J］. 中国工业评论，2015（4）：38~42.

[15] 李瑞琪，韦莎，程雨航，等．人工智能技术在智能制造中的典型应用场景与标准体系研究［J］. 中国工程科学，2018（4）：112~117.

[16] 智能制造发展规划（2016—2020 年）［R］. 南京：工业和信息化部、财政部，2016.

[17] 闫友彪，陈元琰．机器学习的主要策略综述［J］. 计算机应用研究，2004（7）：4~10，13.

[18] 徐增林，盛泳潘，贺丽荣，等．知识图谱技术综述［J］. 电子科技大学学报，2016，45（4）：589~606.

[19] 王飞，陈立，易绵竹，等．新技术驱动的自然语言处理进展［J］. 武汉大学学报，2018，

51（8）：669~678.

［20］李新德，张秀龙．一种面向室内智能机器人导航的路径自然语言处理方法［J］．自动化学报，2014，40（2）：289~305.

［21］董士海．人机交互的进展及面临的挑战［J］．计算机辅助设计与图形学学报，2004（1）：1~13.

［22］赵沁平．虚拟现实综述［J］．中国科学：信息科学，2009，39（1）：2~46.

第 2 章　国内外人工智能研究与发展综述

2.1　人工智能理论研究

2.1.1　人工智能理论的发展与现状

人工智能的发展经过了早期的热情高涨、现实的困难导致的寒冬和深度学习掀起的爆发阶段[1,2]。深度学习在图像处理、语音识别和自然语言处理等方面取得了突飞猛进的发展，前所未有的人工智能商业化和全球化席卷而来。大体来说，人工智能理论研究可分为以下几个阶段，如图 2-1 所示。

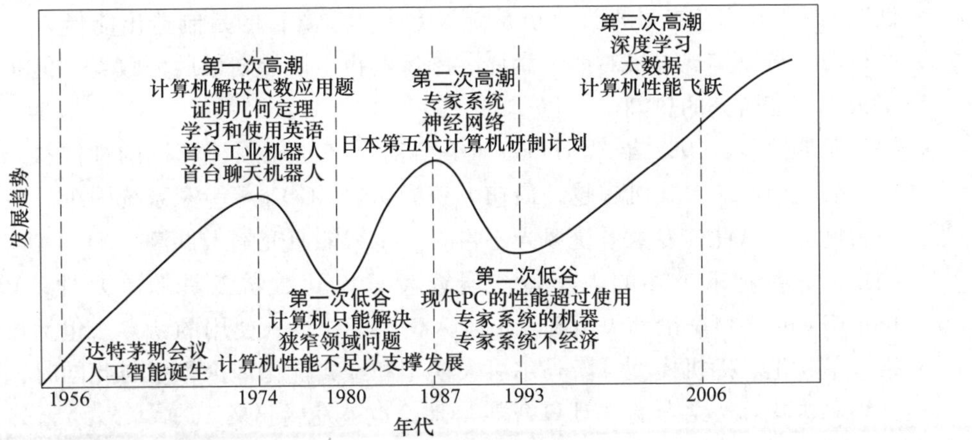

图 2-1　人工智能理论发展史

孕育阶段：古希腊的亚里士多德（Aristotle）总结了形式逻辑的基本规律。英国的哲学家、自然科学家培根（Bacon）提出了归纳法。德国数学家、哲学家莱布尼茨（Leibnitz）提出了数理逻辑思想，将形式逻辑进行符号化，进而对人的思维进行运算和推理。英国数学家、逻辑学家布尔（Boole）实现了布莱尼茨的思维符号化和数学化的思想，提出了布尔代数系统。

第一阶段：1943 年，神经科学家麦卡洛克（W. S. McCilloch）和数学家皮兹（W. Pitts）共同提出利用计算机来模拟人脑思考过程的算法-MCP 人工神经元模型[3]。1950 年，图灵在其发表《计算机器与智能》中提出图灵测试[4]，图灵被誉为计算机与人工智能之父。1956年，达特茅斯会议召开，标志人工智能的诞生，在此之后十年间，人工智能研究迎来第一次高峰，相继出现了一批显著的成果，数学和自然科学领域普遍应用计算机来处理代数、几何和英语问题，首台工业机器人和首台聊天机器人陆续问世。

第二阶段：20世纪70年代，人工智能进入了低谷期。美国国防高级研究计划部署的合作计划失败，原因是科研人员对人工智能项目的困难程度评估不足。这一事件使得人们对人工智能的信心受到严重打击。在当时，计算机性能不足、数据量严重缺失，早期很多程序无法运行，功能无法实现，当问题的复杂性增加，程序立马不堪重负。许多国家把更多的经费放在了其他的项目上，人工智能方面的研究被搁置，进入了低谷期。

第三阶段：1980年，名为XCON的“专家系统”[5]由卡耐基梅隆大学设计，这套采用人工智能程序的系统能为公司每年省下数千美元经费，使得专家系统产业化模式出现，衍生出了Symbolics、Lisp Machines、Aion等软硬件公司。同一时期，反向传播算法被提出，神经网络得到发展。日本开始“第五代计算机研制计划”，即“知识信息处理计算机系统KIPS”，主要目的是制造出能像人一样推理的机器，可以实现人机对话、翻译、图像解析，该计划最后失败了，但是却开启了人工智能研究的热潮。

第四阶段：1987年，Symbolics等厂商生产的通用计算机的性能被Apple和IBM公司生产的台式机超越，最初大获成功的XCON等专家系统因维护费用高而失去优势。从此，专家系统风光不再，人工智能研究陷入低潮。不过，需要说明的是，此时越来越多的人工智能研究者意识到数学工具的重要性，1988年，Judea Pearl将概率论和决策理论引入人工智能，投入使用的新方法包括贝叶斯网络、信息论、随机模型、隐马尔可夫模型和经典优化理论[6]。与此同时，将神经网络和进化算法结合的“计算智能”理论也被发展起来。

第五阶段：20世纪90年代，随着网络技术的发展，人工智能的研究由单个智能主体开始转向分布式人工智能。研究问题包括同一目标的分布式问题求解，也包括多个智能主体的多目标问题求解。与此同时，社会生活的各个领域的研究均开始使用人工智能。1997年5月，IBM的计算机系统“深蓝”打败了人类国际象棋世界冠军卡斯帕罗夫，引发了公众对人工智能领域的现象级讨论，人工智能发展进入平稳期。

第六阶段：2006年，深度学习进入大众的视野之中，各种形式或策略下的深度神经网络如雨后春笋般的涌现，人工智能取得突破性发展。2010年，人工智能应用场景随着移动互联网的发展而越来越多。2013年，深度学习算法在语音和视觉识别上实现重大突破，渐渐在很多领域代替了传统的机器学习方法，成为人工智能中最热门的研究领域。与此同时，人工智能商业化模式快速发展。2011 年，IBM Watson 在美国答题竞赛节目上打败了人类选手。同年，苹果的 Siri 问世。2012 年谷歌的无人驾驶汽车上路。2014 年，微软公司发布全球第一款个人智能助理微软小娜。同年，亚马逊发布智能音箱产品 Echo 和个人助手 Alexa。2016 年谷歌 Deepmind 团队研发的 AlphaGo 及其升级版 Master 横扫围棋界顶尖职业选手。2017 年，国内互联网公司百度深度学习研究院研发的机器人“小度”在跨年龄人脸识别任务中打败人类选手。

2.1.2 人工智能理论的基本内容

人工智能理论包括专家系统、搜索技术、分布式人工智能、机器学习、模糊逻辑等[7,8]。机器学习是人工智能的核心，深度学习是目前最热的机器学习方法，如图 2-2 所示。

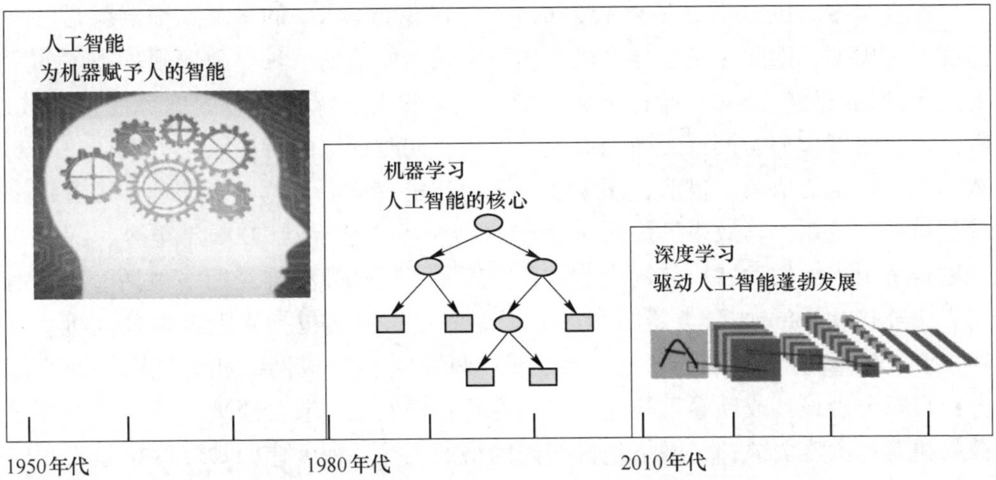

图 2-2 人工智能、机器学习与深度学习关系图

下面对几种典型理论进行分析。

2.1.2.1 机器学习

机器学习是人工智能的核心，其目的是从大量历史数据中挖掘出其中隐含的规律，用于决策和解析。更具体地说，机器学习可以看作是寻找一个函数，输入是样本数据，输出是期望的结果，学习目标是使学到的函数很好地拟合“新样本”，而不仅仅是在训练样本上表现很好，即泛化能力好。从方法的角度分类，机器学习模型包括线性模型和非线性模型。非线性模型又可以分为传统机器学习模型和新型深度学习模型。传统机器学习模型包括 K 近邻、K 均值、决策树、随

机深林、贝叶斯网络、支持向量机、浅层神经网络等，新型深度学习模型包括深度卷积神经网络、深度堆栈网络、深度循环神经网络等。从任务的角度分类，机器学习模型包括回归模型、分类模型和结构化学习模型。从学习方式的角度分类，机器学习模型可以分为有监督学习、半监督学习、无监督学习、迁移学习和强化学习。有监督学习的训练样本全部有标签；半监督学习的训练样本部分有标签、部分无标签；无监督学习的训练样本全部无标签。迁移学习是把在一个任务上训练好的模型迁移到另一个任务上，有选择性地微调模型以适应新任务。强化学习是智能体以试错的方式进行学习，通过与环境交互，获得一个强化信号（奖赏或者惩罚）来指导行为，从而使智能体获得最大的奖赏。强化学习和有监督学习最大的不同是，每次对产生的动作给出好坏评价，而不是给定教师信号。

2.1.2.2　深度学习

深度学习的概念源于人工神经网络，含有多个隐含层的多层感知器就是一种深度学习模型，因此深度学习是机器学习中较为特殊的一种。随着硬件技术的发展和大数据时代的到来，计算机运算能力极大提升，深度学习的训练变得有效，数据的大幅度增加为模型的训练提供了保证，同时深层的特征表达方式弱化了对数据先验知识的依赖。目前，深度学习在计算机视觉、自然语言处理、语音识别等领域广泛应用，其效果已超过传统的机器学习方法。从 2006 年至今，深度学习取得了爆炸式的发展，其构成范式种类繁多，例如卷积神经网络包括卷积、池化、全连接和 softmax 分类器四个部分；深度置信网络包括受限玻尔兹曼机、全连接和 softmax 分类器三个部分；生成对抗网络包括生成网络和对抗网络两个部分，可以分别设计成反卷积神经网络和卷积神经网络，或受限玻尔兹曼机和玻尔兹曼机等；深度前馈神经网络是自编码网络的堆栈；深度递归神经网络是长短时记忆网络的组合。此外，也有学者从对深度的定义角度，将深度学习分为时间上的和空间结构上的。时间上的深度神经网络（如深度递归神经网络）输入为序列向量，旨在挖掘序列数据中的前后时刻的逻辑关系。空间结构上的深度神经网络（如深度卷积神经网络）输入为图像或者视频，主要用来提取数据中的层级特征。近年来，能够有效处理、实时分析大数据的各种专用深度学习开源框架和平台也受到人们的关注，常用的有 Tensorflow、PyTorch、Caffe 和 Keras 等。

2.1.3　人工智能理论的研究趋势

人工智能在许多领域取得了颠覆性的成果，未来几十年，人工智能将无处不在[8]。其研究理论将在以下方向取得突破：

第一个方向是大数据智能，即建立大数据基础上的智能。深度学习是其中的一个重要的研究热点，将深度学习与其他机器学习方法结合，例如贝叶斯与深度神经学习结合、迁移学习与深度学习结合、强化学习与深度学习结合、图模型与深度学习结合，无监督学习方式的深度生成模型等。除深度学习之外，大数据智能还包括语义网络、知识图谱自动化和自我博弈系统等。

第二个方向是自主智能，即以极少的人工参与度来获得最大程度的智能。目前深度学习取得成功的基础是人工采集和标注的大规模训练数据，然而人工标注非常费时费力。未来期望机器能够自动构造样本，创建自动机器学习算法，降低人工成本。

第三个方向是跨媒体智能，即将视觉、听觉、味觉、触觉等多种感觉融合在一起的智能感知。虽然目前的多媒体感知理论研究蓬勃发展，在计算机视觉、语音信号识别、自然语言处理领域取得了丰硕成果，但这些技术多是分开进行的，而人类在处理这类问题时是同步进行的，因此，未来人工智能理论将向跨媒体感知方向努力。

第四个方向叫群体智能，即用人工智能方法组织大量智能体去完成某一任务。目前已有的多智能体协同研究主要集中于少量多智体之间的协同，可是当智能体数量达到上万个，效果就不是很理想。而许多现实场景中的多智体数量能够达到百万、甚至千万级。未来人工智能理论将重点研究百万级以上智能体的协同发展规律。

第五个方向是人机增强智能，即“人机共存”，人类智能和人工智能各有所长，将“人”和“机器”结合，二者互补。人工智能是信息技术发展的必然，但是机器的智能离不开人类的智慧。让机器人成为人类的助手，是未来的发展趋势。

2.2 人工智能技术研究

人工智能技术是由多种学科之间相互融合、渗透发展起来的一门新的交叉学科，主要涉及计算机科学、信息论、统计科学、控制论等多元学科。其目的是期望机器能够具有或者模仿人类的智慧行为。近几十年来，人工智能技术在很多领域都有着长足的发展。

2.2.1 传统机器学习技术

机器学习是一门研究如何挖掘数据规律的学科，并且可以通过新的数据规律对模型进行改进。机器学习在图像处理、自然语言处理、虚拟现实、区块链等多个领域都有广泛应用。机器学习涵盖的基础理论包括概率统计、信息计算、神经科学、语言学、智能优化理论及计算机科学等，并逐渐形成以深度学习为核心的理论体系。机器学习的研究对象是数据，机器学习算法通过构建概率统计模型，挖掘出历史数据的重要特征，以便对新的数据进行准确的预测和分析，对于大规模数据，通过各种优化方法尽可能地提高学习效率。机器学习正在科学发展和技术应用中发挥着显著的作用。机器学习方法大致可以分为监督学习（supervised learning）、无监督学习（unsupervised learning）、半监督学习（semi-supervised learning）、增强学习（reinforcement learning）等。

2.2.1.1　监督学习

监督学习的训练集包括特征和目标。监督学习最常应用于分类问题，通过从训练集中抽取数据特征和目标，不断修正模型参数，最终得到一个最优模型，模型训练好后，利用这个模型将新数据的输入映射为相应的输出，即可实现分类的目的。监督学习的目标是让机器学习模型去学习实际已经存在的经验分类模型，通过学习带标签的训练样本，对未知数据做出预测。监督学习又可分为分类问题和回归问题。分类问题是指把数据划分成不同的类别，回归问题只是建立数据间的连续关系。

应用较为广泛的监督学习算法有：线性回归、内核岭回归、支持向量机、随机梯度下降法、最近邻、高斯过程、交叉分解、朴素贝叶斯、决策树、集成方以及特征选择等。

2.2.1.2　无监督学习

无监督学习使用的输入数据没有标记。无监督学习主要根据样本间的相似性对样本集进行分类。在实际的生产生活场景中，经常无法预先知道样本的类别，对于没有标签的数据，目前只能利用无监督学习方法将相似样本进行大致的聚类。

无监督学习的目标是让机器学习模型自己去学习分类。无监督学习主要有两种方法。第一种方法是在训练模型时不为其指定明确的分类，而是在模型分类成功时，采用激励制度对其进行奖励。在模型分类错误时，采用惩罚制度对其进行惩罚。这种类型的训练一般来说会放在某个决策问题之中，原因是它的目标是获得最大回报，而不是训练出一个分类系统。

无监督学习常常被用于数据挖掘，用于在大量无标签数据中发现潜在的规律或者有价值信息。它的训练数据是无标签的，训练目标是能对观察值进行分类或者区分等。无监督主要有三种：聚类、离散点检测和降维。

应用较为广泛的无监督学习算法有：K-means、Affinity Propagation、层次聚类、DBSCAN、主元分析以及独立成分分析等。

2.2.1.3　半监督学习

在实际应用中，大量的样本数据为无标签数据，对这些无标签样本进行标签无论从物力还是人力上都会有很大的消耗。并且，由此得到的有标签数据往往也是少量的。因此，研究人员尝试将过剩的无标签数据和有限的标签数据放在一起进行训练学习，以希望对学习性能有所改进，由此产生了新的学习方法——半监督学习。在一定程度上，半监督学习不但减少了数据和资源的浪费，而且在应对监督学习泛化能力不强、无监督学习模型不精确问题时鲁棒性更高。半监督学习可以分为以下 4 类：

（1）半监督分类（semi-supervised classification）：通过无标签数据样本的帮助来训练有标签数据样本，由此获得比有标签数据训练得到的分类器性能更高的分类器，同时也弥补了无标签数据不足的缺陷。

（2）半监督回归（semi-supervised regression）：通过无输出数据的帮助，训练有输出输入数据，由此获得相比于只用有输入输出的数据训练得到的回归性能更好的回归器。

（3）半监督聚类（semi-supervised clustering）：通过有类标签数据样本来改善无类标签数据聚类效果，从而提高聚类算法精度和性能。

（4）半监督降维（semi-supervised dimensionality reduction）：通过有类标签数据样本的有用信息来帮助发现高维输入数据的低维结构，同时不改变原始高维数据和成对约束的结构。

2.2.1.4 增强学习

增强学习也叫作强化学习。通俗来讲，增强学习就是将学习者遇到的当前情形映射成所做的行为，去最大化收益。对于学习者来说，并不是告诉其将要执行哪种行为，而是通过尝试之前学习到的最大增益所对应的行为，并付诸行动。通过增强学习，智能体能够在不同的状态下采取合适的行为。增强学习由以下元素构成：

（1）规则（policy）：规则指的是从环境状态到行为动作的映射，具体地说，就是智能体在给定时刻的表现方式。

（2）奖励信号（reward signal）：奖励信号是增强学习问题中的目标，用来告诉智能体什么样的行为是好的，什么样的行为是坏的。

（3）值函数（value function）：值函数表征的是奖励信号的累加，用来告诉智能体长期以来所做的行为是好的还是坏的。

（4）环境模型（a model of the environment）：环境行为的模拟简单来说是，在给定状态和动作时，估计下一个时刻的状态和反馈，这时，就需要环境模型来做出预测。

2.2.2 深度学习技术

深度学习是机器学习研究中一个新兴的研究领域[9]。传统的机器学习技术在处理原始数据方面能力有限。一直以来，构造一个传统模式识别或机器学习系统需要依赖大量的人工经验和专业知识来设计一个特征提取器，从而将原始数据转化成学习子系统（分类器等）可以处理的合适的特征向量。而深度学习可以将原始数据自动转换成能被学习机识别的表达形式。深度学习技术是一类带有多层表达的表征学习方法，建立深层结构模型，通过组合若干个非线性模块，将每一层的表征转换为一个更高级、更抽象的表征，经过大量的表征变化组合，实现复杂函数的学习。因此，深度学习的优势在于发现高维数据中的复杂结构。

典型的深度学习算法包括前馈神经网络、卷积神经网络、受限玻尔兹曼机和循环递归网络等[10]。在20世纪90年代后期，神经网络一度成为研究的冷门。人们普遍认为学习有用的、多阶段的、没有先验知识的特征提取器是不可行的。特别是，一般认为简单的梯度下降法会陷入局部极小权配置的困境，而局部极小权重配置的微小变化不会降低平均误差。实际上，在大型网络中，较差的局部最小值对整个网络的性能影响并不大。事实上，无论以何种初始条件开始计算，系统往往会得到质量相似的解。

2006年前后，深度神经网络再次成为热门研究领域。研究人员引入了非监督学习过程，可以在不需要标记数据的情况下创建多层特征检测器。学习每一层特征检测器的目的是能够重建或建模下一层特征检测器（或原始输入）的活动。通过使用这个重建目标对多层逐渐复杂的特征检测器进行“预处理”，可以将深度网络的权值初始化为敏感值。最后一层输出单元可以添加到网络的顶部，整个深层系统可以使用标准反向传播进行微调。该方法对于手写数字识别和行人检测问题很有效，尤其是对标记数据量非常有限的场景。随着深度学习在语音识别和图像分类等应用上的巨大成功，以神经网络为基础的深度学习技术迅速发展起来。近年来，随着大规模并行计算以及GPU设备的普及，计算机的计算能力有大幅提升。此外，可供学习的数据规模也越来越大。在计算能力和数据规模的支持下，计算机已经可以训练大规模的神经网络模型。下面重点介绍几种重要的深度学习技术。

2.2.2.1 前馈神经网络

从早期模式识别开始，研究的目标就是用可训练的多层网络来取代人工设计特征。然而尽管它很简单，直到20世纪80年代中期，人们才广泛地理解多层网络的求解机制。如图2-3所示，多层结构可以通过简单的随机梯度下降进行训练。只要这些模块的输入和内部权重是相对平滑的函数，就可以使用反向传播过程计算其梯度。反向传播过程是依据目标函数在多层结构中的权重来计算其梯度，其本质是导数链式法则。反向传播的基本原理是目标函数相对于模块输入的导数可以通过对该模块输出的梯度进行反向运算来计算。利用反向传递方程计算从预测层到输入层的每一个模块的梯度信息，一旦计算出这些梯度，就可以很容易地计算出与每个模块的权重相关的梯度。

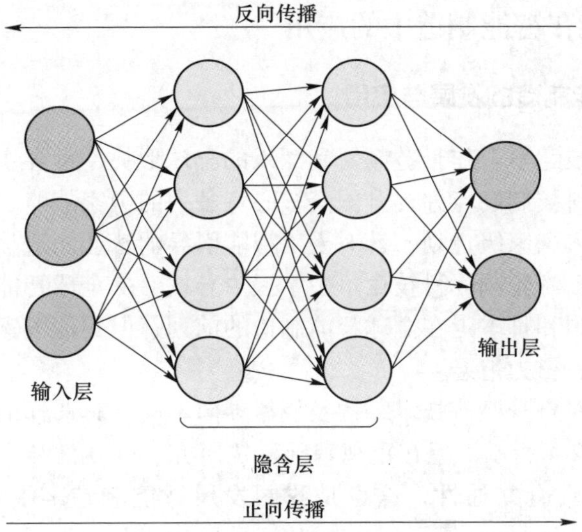

图 2-3　多层神经网络和反向传播

前馈神经网络架构是深度学习应用中常用的框架之一。前馈神经网络是一类基于反向传播机制的带有固定输入和输出规模的深度学习方法，如图 2-3 所示。在前馈神经网络的多层结构中，每一层都有多个单元。其工作原理是每层上的一组单元处理从上一层获取的信息并得到加权结果，并利用非线性函数将该加权结果传递到下一神经层。目前线性整流函数（ReLU）是使用比较普遍的非线性函数。与以往神经网络经常使用的光滑非线性函数相比，ReLU 在多层网络中学习通常要快得多，这样就可以在没有监督的预先训练的情况下对深度监督网络进行训练。

2.2.2.2　卷积神经网络

卷积神经网络（convolutional neural network，CNN）是一类基于深度结构的包含卷积或相关计算的前馈神经网络，是深度学习具有代表性的算法之一。由于卷积神经网络能够进行平移不变分类，因此相关研究中也称之为“平移不变人工神经网络”。卷积神经网络的研究始于 20 世纪 80～90 年代，时间延迟网络和 LeNet-5 是最早被证实有效的卷积神经网络算法。随着 21 世纪后计算机的发展，卷积神经网络也得到了快速的发展，并被大量用于计算机视觉、自然语言处理等领域。卷积神经网络仿造生物的视知觉机制构建，可以进行监督学习和非监督学习，其隐含层内的卷积核参数共享和层间连接的稀疏性使得卷积神经网络能够以较小的计算量对栅格化特征，如像素和音频进行学习，有稳定的效果，且对数据没有额外的特征要求。

2.3　人工智能在智能制造中的应用

2.3.1　国外智能制造的发展与应用

面对国际科技竞争合作日益频繁和深入的全球形势，世界主要发达国家均制定了一系列抢占科技制高点并提升国家核心竞争力的国家战略，并且不约而同将发展智能制造列入国家级计划，针对人工智能引导的智能制造战略加紧出台规划和政策，从而在新一轮国际科技竞争中掌握主导权。从全球智能制造的发展形势上看，美国、德国和日本走在全球智能制造的前列，但其他国家和经济体也在积极布局智能制造，奋力追赶。

各个国家针对自身经济技术结构及战略导向不同，其选择的智能制造路线也不尽相同，如图 2-4 所示。但在重视基础科技研究、软硬件结合、人工智能技术深入应用等方面具有共通性，这也是我国发展智能制造需要注意并且借鉴的内容。

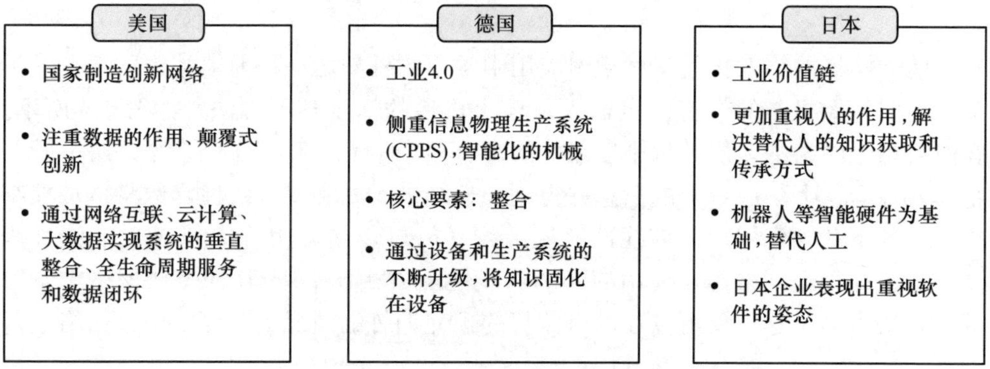

图 2-4　国外智能制造的发展与应用

2.3.1.1　美国智能制造的发展与应用

美国在智能制造发展中走在世界前列，由联邦政府、企业行业组织以及高校研究团体联手推动智能制造发展，已形成“三位一体”系统推进智能制造发展的格局，并着力打造智能战略支撑平台，创建制造业创新研究网络。美国在人工智能发展方面具有明显的优势，并通过互联、云计算、大数据等智能技术实现了智能制造系统的垂直整合。美国智能制造的发展方式为：

（1）强化战略顶层设计，构建健全的创新发展机制。美国高度重视制造业的发展并积极加强顶层设计，战略计划相继出台。2011 年 6 月，美国公布并推动

“先进制造伙伴计划”，旨在推动创新、保障智力渠道、完善商业环境，建构制造业政产学研联合平台，打造创新智能制造生态体系，从而确保美国先进制造业领导地位。2012 年 2 月，“国家先进制造战略计划” 公布，就加速先进制造领域特别是中小制造企业投资、加大对先进制造研发投入、加强先进制造相关机构伙伴关系等 5 方面设定了政策目标。

美国政府主导建立制造业创新研究体系，打造国家制造业创新网络，通过组建各领域的制造业创新研究所，从而建立起全国性的制造业领域的政产学研协同创新网络。明确聚焦制造环节重点领域，聚焦制造过程及加工工艺开发、先进材料的低成本生产方法、使能技术研制开发、工业环节研究等四大重点领域。在创新生态系统内，成员和联邦政府共同投入，形成强大的公私合作伙伴关系，促进非政府投入和加快美国先进制造能力的发展，从而提高美国制造业的竞争力。

（2）强化人工智能的核心引领作用，重视其在智能制造中的发展与应用。美国在人工智能技术领域占据全球主导地位，从政府到企业均对人工智能带来的变革尤其是对制造业的影响极为重视。科研机构对人工智能重视程度也在不断加强，相关创新型产品迭代迅速。2015 年以来，美国白宫科技政策办公室连续发布的《为人工智能的未来做好准备》《国家人工智能研究和发展战略计划》和《人工智能、自动化与经济报告》3 份重量级报告。2016 年 5 月，美国白宫推动成立了机器学习与人工智能分委会（MLAI），专门负责跨部门协调人工智能的研究与发展工作，并就人工智能相关问题提出技术和政策建议，同时监督各行业、研究机构以及政府的人工智能技术研发。

作为美国国家制造创新网络的组成部分之一，美国数字设计与创新机构明确提出了智能制造关注的四大技术领域为：先进制造企业、智能机器、先进分析和赛博物理系统。在这些技术领域中，人工智能技术是关键，例如先进制造企业中的协同计算和云计算，智能机器中的状态感知和智能执行决策等，先进分析中基于机器学习算法的预测和决策，以及赛博物理系统中的物联网技术等。在智能制造中推动软硬件智能系统协同演进，全面开发人机协作智能系统，提升人工智能算法和软件系统能力，并改进硬件体系架构，同时，推动开发更强大和更可靠的智能机器人。

A 美国云计算发展情况

美国是云计算的发源地，近年来，美国政府高度重视云计算的发展与研究，出台了多项战略性支持政策，推动云计算的发展与云服务水平的提高。

美国政府新设了联邦政府首席信息官，并先后发布了《联邦政府云计算发展计划》《联邦云计算战略》等重要战略规划。随着云计算战略的出台，联邦政府强调各部门要重新审视本部门的技术资源战略，将云计算应用纳入到本部门的预算当中，切实执行“云优先”策略，最大限度地提高资源利用率，降低成本，重视应用云计算技术，提高政府工作效率与反应能力。

美国政府在云计算发展的关键时刻，从国家战略的高度，制定云计算发展规划，明确云计算发展模式与技术标准，确定国家云计算发展的路线，从而确立了美国在云计算发展中的领导地位，展现了美国云计算产业发展的强劲竞争力。

目前美国已拥有一批规模庞大的云计算服务和 SssS 领域的上市企业，在“云”方面已经推出了很多革命性的产品和服务，云计算服务产业呈现快速增长态势，截至 2014 年已达 300 亿美元的市场规模。

B　美国物联网发展情况

进入 21 世纪，物联网技术先后引起了美国政府、研究机构和企业重视，陆续开展了对无线传感器网络研究和开发工作的积极资助。美国国家情报委员会以及时任总统的奥巴马先后颁布了扶持产业发展的政策报告，积极有效推动物联网信息产业的发展。奥巴马签署了总额为 7870 亿美元的《美国恢复和再投资法案》，指出将在智能电网、卫生医疗信息技术应用和教育信息技术等领域积极推动物联网的应用和发展。2009 年，IBM 首席执行官建议政府投资新一代的智能型基础设施，在美国工商业领袖圆桌会上提出了“智慧地球”的发展理念，旨在将感应器嵌入和装配到电网、铁路、建筑等物体中，形成物物相联，通过超级计算机和云计算将其整合，实现社会与物理世界融合。

美国在物联网的发展方面取得了优势地位，RFID 技术、无线传感网络、EPCglobal 标准、智能微机电系统传感器、热红外无线传感器等技术，将为物联网发展奠定良好的基础。

C　美国大数据发展情况

美国政府在大数据研发和开发数据方面相继发布了多个相关政策，从而快速建立起了一套比较完善的政策体系，为美国政府在大数据领域的领先发展打下良好的基础。

美国大数据科研政策的特点是鼓励多方协作研发，不仅包括了高校研究院所，还包括像 IBM 等全球领先的企业，甚至还有各类私营基金会；美国开放数据政策的特点是明确开放数据过程，注重个人隐私的保护。这种模式在某种程度上形成了数据利用的长尾效应，从而为创造更多潜在创新提供了机会。

2012 年 3 月，美国政府正式启动“大数据研究和发展”计划，涉及 6 个联邦政府部门，将投资 2 亿多美元，大力推进大数据的收集、访问、组织和开发利用等技术的发展，大幅提高从海量复杂的数据中提炼信息和获取知识的能力与水平。这是继 1993 年 9 月美国政府启动“信息高速公路”计划后又一次大的行动。

D　美国移动互联网发展情况

美国移动互联网发展已进入高速成长期，根据互联网流量监测机构 Comscore 发布的报告显示，截至 2014 年，美国移动互联网呈现以下几个特点：（1）数字媒体受众是多平台主导。用户同时使用PC和移动平台获取内容的受众比例不断提升。(2) 用户媒体消费时间因移动而增加。随着更加人性化的信息获取方式的到来，手机、平板电脑抢走了用户更多碎片化的时间，传统的互联网内容提供商通过移动可以获取他们在PC上所不能获得的用户额外时间。(3) 移动互联网市场迅速普及。2014年初智能手机和平板电脑渗透率分别达到65%和34%，这一比例还在不断提升。(4) 社交是移动第一的服务。PC社交已经基本停滞，而移动社交正在快速增长，新的社交应用也是层出不穷。(5) 原生广告成为社交媒体重要的盈利模式。目前原生广告成为Facebook、Twitter重要的创收来源，网络视频广告市场因为用户往智能手机和平板电脑迁移而继续扩展。

2.3.1.2 德国智能制造的发展与应用

带动传统产业改造升级，集中于“工业4.0”计划。德国政府在工业机器人发展的初级阶段发挥着重要作用，其后，产业需求引领工业机器人向智能化、轻量化、灵活化和高能效化方向发展。20世纪70年代中后期，德国政府在推行“改善劳动条件计划”中，强制规定部分有危险、有毒、有害的工作岗位必须以机器人来代替人工，为机器人的应用开启了初始市场。2012年，德国推行了以“智能工厂”为重心的“工业4.0计划”，工业机器人推动生产制造向灵活化和个性化方向转型。

柏林汇聚一半以上的人工智能企业，成为绝对发展中心。柏林作为德国的首都以及科技类创业基地，囊括了将近54%的人工智能企业，远超慕尼黑、汉堡以及法兰克福等城市。德国“脑科学”战略重点是机器人和数字化。2012年德国马普脑科学研究所和美国开展计算神经科学合作研究，并与以色列、法国开展多边合作。

以服务机器人为重点，加快智能机器人的开发和应用。德国联邦教研部在“信息和通信技术2020——为创新而科研”研究计划中安排有服务机器人的项目。联邦经济部的“工业4.0的自动化计划”的15个项目中涉及机器人项目的有6个。德国科学基金会通过计划和项目资助大学开展机器人基础理论研究，如神经信息学、人机交互通信模式、机器人自主学习和行为决策模式等。

推动“自动与互联汽车”国家战略，引领汽车产业革命。2015年9月联邦政府内阁通过了联邦交通部提交的“自动与互联汽车”国家战略。德国顶尖大学和研究机构对传感器、车载智能系统、连通性、数字基础和验证测试进行的广泛研发使德国在技术领域又一次走在前沿。德国以设备制造商和大学的紧密科研合作为特点，通过公共补贴项目，支持更高水平的自动驾驶大规模研发。

德国原有的工业数字工厂集成产品、工艺和工厂模型数据库，通过先进的可视化、模拟和文档管理，提高动态性能所涉及的质量和生产过程。进一步的智能工厂在数字工厂的基础上，利用网络技术和监控技术，加强信息管理服务，提高生产过程的可控性，减少生产线的人工干预。数字工厂是智能工厂的最终结果，智能工厂是人工智能的基础和立足点。互联网与工业的融合是制造技术革命的一个突出特点，也是工业生产的模式。人工智能基于通信和服务的智能工厂网络建设。物理系统和网络系统通过互联网和移动网络互动，那么工厂将不再仅仅是传统的物理生产车间，它可以通过网络运行和管理设备，实现能耗数据的采集、分析、处理、在线监控等功能。智能工厂通过中间件、云计算和服务连接成一个庞大的网络制造，基于网络智能物流构建完整的制造系统。

智能工厂应用示范以德国汽车生产为例，目前的汽车生产主要是按照预先设计的工艺生产线生产，产品的设计难以实现多样化。应用人工智能的智能工厂提出动态配置生产模式，打破原有的生产线，采用模块化的生产，动态有机地结合组装过程中的自律车可以在生产模块之间穿梭，接收必要的组装操作。每个模型都是自律选择的适用于动态装配操作的生产模块。在这种动态配置生产模式下，可以动态管理设计、组装、测试整个生产过程，既保证了生产设备的运行效率，也可以产生广泛的多样化。宝马工厂在四大车间的冲压、车身、涂层和装配方面全面实施了工业智能化，车身车间采用智能机器人和工业计算机控制技术，其能效显著提高，节水 30%、节能 40%、减排 20%。

2. 3. 1. 3　日本智能制造的发展与应用

随着美国和德国在世界人工智能浪潮的不断发展，日本开始转变精益生产的发展思路。在智能制造中，相比于美国的关注数据、德国的侧重机器，日本更加重视人的作用。日本始终跟随世界潮流积极推动人工智能发展，在人工智能研究特别是应用研究方面不断积累经验，逐步利用人工智能进一步取得突破，并从企业和政府方面大力推进。

在智能制造的应用中，企业利用人工智能进一步发挥数据分析、关联性分析、产品服务等。在数据分析方面，以三菱电机公司开发的“e-Factory”系统为系统开发应用的典型。该系统展示了智能制造关键技术要素，可进行数字化车间通用技术要求、测控装备数字字典、集成与互联互通工业控制网络、功能安全与工业信息安全智能化产品通用技术要求、能效评估等智能制造相关基础共性及行业应用标准的研究和验证，涵盖了个性化定制生产、柔性制造、虚拟仿真、横向集成、纵向集成、产品追溯、监控与诊断、能源管理、质量在线监测、安全一体化管控等诸多智能制造的关键技术要素。在关联性分析方面，以日立制作所公司为代表，开发的人工智能系统“Hitachi 人工智能 Technology/H”可以运用人工智能分析计算机存储的经营与业务数据，发现生产、经营相关性较强的经营指标、产品规律等，并给予生产改进意见和反馈信息，切实将人工智能运用到企业创新性经营改革。在产品服务上，以富士通为代表的企业，开发了数字化企业经营平台“MetaArc”系统，运用物联网、大数据、云计算和人工智能为企业提供技术升级，并分别在2015年和2017年对“富士通云服务K5”技术进行产品和服务的升级，搭建人机互动的创新联动系统SoE。

在世界人工智能发展至今的第3次“热潮”中，日本政府更是推动了人工智能的发展，明确将物联网、大数据和人工智能列为第四次工业革命的三大支柱，以及日本下一次建设的“超智能社会”（Society 5.0）[5]的三大支柱，推进其特有的“官、产、学、用”技术，在产业机器人智能化、自动驾驶、人形机器人、科研辅助、医疗保健、金融保险、商业营销等领域大力推动人工智能应用技术的发展。在2017年3月推出《人工智能技术战略》开始明确国家战略及投入目标，为企业和国内科研人员提供政策引导。《人工智能研究开发目标及产业化路线图》[7]标志着日本人工智能加速及战略升级阶段的整体部署全面展开。

A 日本云计算发展情况

日本是云计算应用水平最高的国家，在基础环境和技术方面都排名世界前列。在战略层面，日本发布的中长期信息技术发展战略“i-Japan战略”中提出在全国进行大规模云计算基础建设，建立大型云计算中心，以及基于云平台的电子政府；实现电子地方自治、推动医疗、教育等领域对云平台的利用。此外，在2011年投资500亿日元（约合人民币29亿元）在北海道或东北设立“云计算特区”。

就行业应用来看，电信、金融与教育位居日本云计算应用前三名。日本的运营商也对云计算非常积极，纷纷进行各自的云计算布局，三大电信运营商以及软银，都面向企业用户提供了以IaaS与Paas为主的云服务。就云计算应用来看，目前各行业出现不同的典型案例，主要表现在将汽车变成信息终端，探索云计算与车联网之间的应用衔接形式；开发新型急救医疗系统；在电力云基础上的“电力银行”，建设基于云的分布式智能电网和点对点智能城市。

B 日本物联网发展情况

进入21世纪以来，日本仍然积极推进IT立国战略，首先提出了“IT基本法”，其发展历程主要涵盖三个主要阶段：e-Japan、u-Japan、i-Japan。日本政府还十分重视采取政策引导的方式推动物联网的发展，根据市场需求变化，对当前的应用给予政策上的积极鼓励和支持。对于长远的规划，则制定了国家示范项目，并用资金等相关扶持方式吸引企业投入技术的研发和推广应用。

e-Japan系列战略的实施，为后续推动物联网技术的发展提供了信息网络、政策法规、人才储备等充足条件。以发展Ubiquitous社会为目标的u-Japan战略中，物联网包含在泛在网的概念中，并服务于u-Japan及后续的信息化战略。在i-Japan战略中提出了重点发展的物联网业务，主要包括：通过对汽车远程控制、车与车之间的通信、环境监测传感器组网、远程医疗、控制碳排放量等，从而强化物联网在交通、医疗、教育和环境监测等领域的应用。

C　日本大数据发展情况

为了发展大数据产业，日本在国家层面相继发布了相关战略、基础设施、预算方面的文件。日本总务省信息和通信技术基本战略委员会（ICT）推出“活力 ICT 日本”综合战略，将重点关注大数据应用所需的云计算、传感器、社会化媒体等智能技术开发；新医疗技术开发、缓解交通拥堵等公共领域。2013 年日本政府发布了《创建最尖端 IT 国家宣言》，全面阐述了 2013～2020 年间以发展开放公共数据和大数据为核心的国家战略，强调“提升日本竞争力，大数据应用不可或缺”。

据日本矢野经济研究所调查统计，日本国内大数据收集、存储、分析、应用等相关行业市场规模在 2011 年约为 1900 亿日元，2015 年达 4200 亿日元，到 2020 年预计将超过 1 兆日元。

2.3.2　我国智能制造的发展概况

近十年来，我国信息技术产业取得了长足发展，形成了以国家级信息产业基地、国家新一代信息技术产业园为主体的区域产业集群。特别是长江三角洲、珠江三角洲、环渤海和中西部（成都、西安和重庆、武汉、长沙）四大区域，劳动力、销售收入、工业增加值和利润占全行业比重均已超过 80%，如图 2-5 所示。

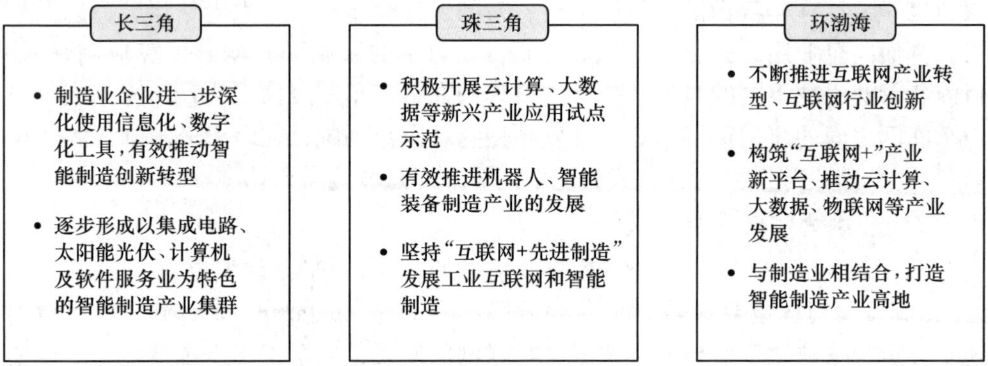

图 2-5　国内智能制造的发展与应用

2019 年，随着《扩大和升级信息消费三年行动计划（2018—2020 年）》《工业互联网 APP 培育工程实施方案（2018—2020 年）》《促进新一代人工智能产业发展三年行动计划（2018—2020 年）》等国家政策的深入推进和贯彻落实，云计算、大数据、人工智能等新一代信息技术将加速渗透到智能制造的各个领域，服务化、平台化、融合化趋势更加明显。

工业和信息化部坚持以供给侧结构性改革为主线，立足制造强国、网络强国的建设全局，抢抓新一轮科技革命和产业变革机遇，利用新一代信息技术发展持续提升制造业技术创新能力，大力培育和发展新的产业集群，激发增强企业发展活力，实现智能制造的快速发展。

2.3.2.1 长三角新一代信息技术产业和智能制造发展情况

长江三角洲包括上海市、江苏省南部、浙江省北部以及邻近海域，区域面积21.07万平方公里，是目前我国工业经济最发达的地区之一。随着长江三角洲地区工业和经济的不断深入协同发展，长三角经济圈逐渐扩大，已延伸至包括上海市及江苏省、浙江省、安徽省等省市范围，电子信息产业总体规模占全国的近四成。

长江三角洲地区电子信息制造业产业链较为完善，建立了从上游原材料到下游应用的完整产业链。其依托上海周边经济发展带动，产业配套日趋完善，政策引导及服务业发展促进规模化制造业在该地区聚集。

2015年长三角地区两化融合发展总指数为92.8，制造业企业在研发设计、生产制造等重点环节进一步深化使用信息化、数字化工具，有效推动实现企业创新转型。区域数字化研发工具普及率达到70%，宽带接入端口达到9786万个，与此同时，长江三角洲依托上海、南京、杭州等地优质的教育和科研资源，为新一代信息技术等战略性新兴产业发展做好了充足的知识储备，产学研用协同合作日益加强，吸引我国及全球尖端科技人才，参与基础技术研发及产业改造升级，推动产业技术突破和集聚效应加速形成。目前，长江三角洲已经形成了以集成电路、太阳能光伏、计算机及软件服务业为特色的产业集群；建设一批公共服务、互联网应用服务和重点领域服务的云计算数据中心，努力解决下一代物联网统一标识的命名、解析、互联互通，持续推进信息化和工业化深度融合深化、制造业与互联网融合发展，推动区域信息经济协同发展。

A 集成电路发展情况

长江三角洲是我国最重要的集成电路研发制造基地之一，主要在上海、苏州、无锡等地形成产业聚集。2015年，苏、浙、沪三地积极落实《国家集成电路产业发展推进纲要》，推动长三角地区集成电路产业加速发展。目前，该地区半导体行业产值占全国的近七成，集成电路设计、封装测试、制造等环节的产业规模全国占比分别达到约50%、80%和55%，继续保持行业领先地位。

上海市方面，国家集成电路产业发展投资基金相继对中芯国际、中微半导体、睿励科学仪器、硅产业投资公司等给予扶持，支持集成电路设计、制造及装备材料等方面的发展，带动上海市集成电路产业加快创新发展。据统计，2015

年 1—9 月，上海集成电路产业实现营业收入 631. 2 亿元，同比增长 12. 52%。江苏集成电路产业近年来获得了快速发展，据统计，2015 年，江苏集成电路产业实现营业收入 934. 4 亿元，同比增长 12. 9%。此外，浙江省积极发挥政府引导作用，推进高端射频集成电路、高端存储芯片等项目的实施和落地，也带动本省集成电路产业不断加快发展和转型升级。

B 新型显示产业发展情况

受下游计算机等整机行业需求带动，新型显示产业在长江二角洲地区形成较强的产业聚集，从显示关键材料到模组，建立了相对完善的新型显示产业链及配套环境，全球主要面板企业均在长三角地区建立了生产基地。该地区重点显示企业有中电熊猫、三星、天马、友达等。此外，邻近地区安徽合肥京东方 8. 5 代 TFT-LCD 生产线已建成并实现量产，新的 10. 5 代线也于 2015 年底正式开工建设，也对长三角地区新型显示产业的发展起到不小推动作用。

近年来，上海、南京、苏州、无锡等地均在积极打造大规模新型显示产业基地，产业链配套日趋完善。与此同时，下游终端环节，长虹、鑫虹、海尔等知名电视机厂商，以及联想、宝龙达等计算机和平板电脑生产厂商均在长三角地区积极布局，带动整个新型显示产业链加快协同发展。目前，南京市新型显示及配套产业整体规模已接近 2000 亿元，位列全国第二。

C 计算机制造发展情况

长江三角洲地区计算机产业沿袭 20 世纪台资计算机代工企业在该地区的发展，以上海、苏州、无锡等地为中心，向周边昆山、吴江、淮安等地辐射，形成规模庞大、产业链配套完善的计算机产业聚集区，富士康、纬创、广达等台资代工企业均在该地建设产业基地。2015 年，长三角地区微型电子计算机实现产量 5911. 59 万台，计算机、通信和其他电子设备制造业实现产值 19334. 4 亿元，同比增长 9. 4%，浙江省微型计算机产量 151. 4 万台。

2. 3. 2. 2 珠三角新一代信息技术产业和智能制造发展情况

珠江三角洲地区包括广州、深圳、佛山、珠海、东莞、中山、惠州、江门、肇庆等九个城市，面积 24437 平方公里，占广东省国土面积不到 14%。借助改革开放的东风，珠三角地区电子信息产业从无到有、从小到大，目前已经成为我国最大的电子信息产业集聚区之一，也是我国发展速度最快的电子信息产业集聚区，被确定为首批国家级电子信息产业基地。

经过多年的发展，截至 2015 年，广东省规模以上电子信息制造业实现产值 3. 27 万亿元，同比增长 9. 1%，占全国的 28. 88%，连续 25 年位居全国首位；规模以上计算机、通信和其他电子设备制造业实现主营业务收入 2. 91 万亿元，同比增长 9%。2015 年，珠三角电子信息产业结构进一步优化，高端电子信息产品继续保持较大幅度增长，软件和信息服务业占比持续提升，华为、比亚迪、中兴、TCL、康佳、创维、酷派等民营骨干企业规模持续扩大，占比也逐年提升。

2015 年珠三角相继出台多项政策，积极开展新兴产业应用试点示范。广东省相继发布了《广东省云计算发展规划（2014—2020 年）》《广东省大数据发展规划（2015—2020)》，重点围绕珠三角地区推动云计算、大数据等新兴产业发展。深圳市出台了《深圳市机器人、可穿戴设备和智能装备产业发展规划(2014—2020 年)》以及相关发展政策。2018 年，东莞出台《深入推进“筑云惠企”工程发展工业互联网促进东莞产业高质量发展实施方案》，佛山也印发了《佛山市深化“互联网+先进制造”发展工业互联网实施方案》。

A 集成电路发展情况

根据集成电路产业发展统计数据，2015 年，珠江三角洲地区集成电路产业规模达到 439.92 亿元，且增长速度最快，比全国平均数高 23.92 个百分点，产业规模占全行业的比重达到 35.65%，比 2014 年的 30.63%提升了 5.02 个百分点，取代长江三角洲地区占据全国龙头地位。

B 新型显示产业发展情况

珠三角地区是我国重要的新型显示产业优势区域，聚集了华星光电、利信、深超光电等骨干企业。随着华星光电和广州 LGD 两条 8.5 代液晶面板线的落户并实现量产，极大提升了该地区新型显示产业的总体实力，有效缓解了珠三角地区“缺芯少屏”的困境。与此同时，珠三角地区工业基础雄厚，外向型经济发展模式孕育出从液晶显示模组到康佳、创维、中兴、华为等大批下游显示用户厂商，形成了完整的产业链，产业集聚效果凸显。

C 云计算与大数据发展情况

为促进本省云计算及大数据产业加快转型升级发展，2015 年，广东省印发《广东省促进云计算创新发展的实施方案》，积极部署电子政务云试点项目。借助粤港合作的地缘优势，珠三角地区与香港积极推进云计算产业合作交流，推动云计算安全标准研究以及云计算服务推广。同时，广东省还编制完成《广东省大数据发展规划（2015—2020)》，将珠三角地区作为重点发展地区。积极推进大数据示范应用，确定了首批 5 家大数据应用示范项目，其中珠三角地区占据 4 家。2017 年，广东省印发《珠江三角洲国家大数据综合试验区建设实施方案》，通过 3 年左右的探索实践，健全大数据产业链，形成大数据产业集聚发展态势，基本建成辐射带动效应强、示范引领作用显著、具备国际竞争力的跨区域类大数据综合试验区。

D 物联网发展情况

广东省积极发展物联网产业，推动“星光中国芯物联网工程”落户广东省，开展互联网与工业融合创新试点，形成以旭丽电子、芬欧蓝泰、新邮通信、高新兴、京信通信等骨干企业为引领的行业协同发展趋势。东莞物联网产业基地培育了以宇龙酷派、远峰科技、华贝电子、泰斗微电子等为代表的物联网先进制造企业100多家。惠州物联网终端及应用服务企业约120家，深圳成为全国物联网产业创新发展先行区，与物流和供应链密切相关的物联网产品占据国内70%以上的市场。

2.3.2.3 环渤海新一代信息技术产业和智能制造发展情况

环渤海地区是指环绕渤海全部及黄海部分沿岸地区所组成的广大经济区域，处于日渐活跃的东北亚经济圈的中心地带，是我国东北、华北、西北地区的主要出海口和对外交往门户，战略地位十分重要。

环渤海地区电子信息产业基础雄厚，各种产业资源高效整合和交汇，区域内有三星、英特尔、中星微电子、RFID产业基地等，不仅产业规模庞大，而且具有极大的产业辐射效应，环渤海地区成为继珠江三角洲和长江三角洲地区之后又一令人瞩目的电子信息产业基地。相对于珠三角和长三角，环渤海地区电子信息产业总体增长速度不高，主要原因在于该地区体制改革相对滞后、开发意识不强、缺乏协调发展的整体规划和明确可行的战略部署。

环渤海地区各省市在2015年依靠自身工业基础、科研实力、地理位置、交通优势，制定合适的发展战略，在电子信息产业某些领域形成了竞争优势，发展出各具特色的电子信息产业集群。北京市电子信息产业具备研制、规模生产各类计算机、通信设备、广电设备、电测仪器、电子元器件等系列产品的综合能力，是全国重要的电子技术研究开发与生产基地。天津拥有国内最完整的手机生产及配套企业和基础设施，移动通信设备及终端产品、集成电路、新型元器件、彩色显像管、彩色显示器、磁卡等重点产品已经具有较大规模。山东拥有海尔、海信等大集团，重点发展高性能计算机及外围设备、高度宽带网络与通信产品、高性能信息家电、新型元器件以及新型电子材料。

2015年，随着“互联网+”上升为国家战略，互联网产业转型、互联网行业创新遍地开花。天津滨海新区抢抓产业机遇，构筑起“互联网+”产业新平台，推动物联网、大数据、云计算、互联网健康与医疗、车联网等产业发展、并与电子信息制造业相结合，打造产业高地。“互联网+”为环渤海地区“大众创业，万众创新”提供了强大的平台支撑。

A 集成电路发展情况

环渤海地区是集成电路产业集聚区域之首，涌现出中星微电子、华大集成电路、大唐微电子等业界知名企业。北京作为国内综合科研实力最强的地区，在技术研发、集成电路设计、芯片制造、封装测试、设备和材料方面具有良好基础。2015年，环渤海地区集成电路设计规模达到295.21亿元，增长率31.37%，增长速度高于全国平均数，产业规模占全行业的比重为23.92%，比2014年提升了1.05个百分点。

B 计算机制造发展情况

环渤海地区是我国自主品牌计算机与外围设备生产聚集地，涌现出联想、方正、清华同方、浪潮、长城电脑、海尔等一大批知名品牌。2015年，在全球PC市场持续衰退的大环境下，联想稳坐全球PC出货量冠军宝座，占到整体PC出货量的19.8%。

C 大数据发展情况

2016年，《京津冀大数据综合试验区建设方案》发布，通过推动数据资源对接、数据企业合作、数据园区共建，打造以北京为创新核心，天津为综合支撑，河北为应用拓展的大数据产业一体化格局。2017年底，三地数据开放、产业对接框架基本形成，数据开放共享机制体制初步建立，环保、交通、旅游等民生重点领域示范率先启动。到2018年底，三地初步形成集群特色鲜明、协同效应显著、资源配置优化的发展格局。到2020年底，以人为本、惠及民生的大数据服务新体系初步建立，大数据红利充分释放，成为提升政府治理能力的重要支撑和经济社会发展的重要驱动力量。

2.3.3 人工智能在智能制造不同功能层级的应用

人工智能在智能制造上有着感知、决策、执行不同功能层级的应用，如图2-6所示。

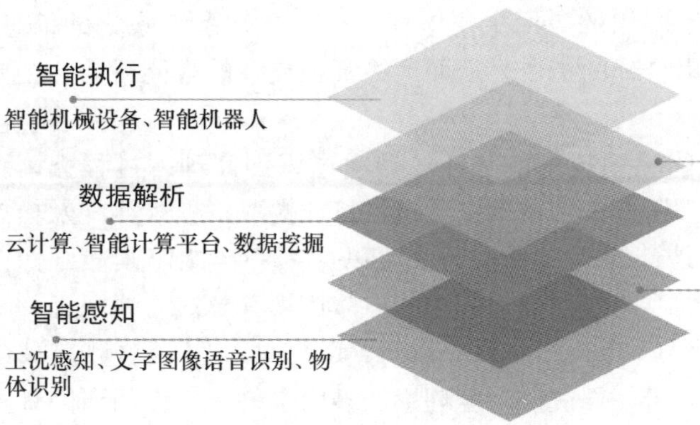

图2-6 人工智能在智能制造不同层次的应用

2.3.3.1 人工智能在智能制造感知层面的应用

人工智能在智能制造感知层面的应用主要体现在它为人工智能的实施提供必

要的硬件基础和信息技术平台，人工智能的基础是数字化、网络化，它是智能化的基础和先导，主要体现在以下三个方面[1]：

（1）智能感知设备。智能设备是传统电气设备、传感器技术、网络通信技术、数据处理技术、计算机技术等相结合的产物。就是用机器代替人眼来做测量和判断。智能感知设备是指通过机器视觉产品将被摄取目标转换成图像信号，传送给专用的图像处理系统，根据像素分布和亮度、颜色等信息，转变成数字化信号；图像系统对这些信号进行各种运算来抽取目标的特征，进而根据判别的结果来控制现场的设备动作。

（2）物联网。物联网就是物物相连的互联网。这有两层意思：其一，物联网的核心和基础仍然是互联网，是在互联网基础上的延伸和扩展的网络；其二，其用户端延伸和扩展到了任何物品与物品之间，进行信息交换和通信，也就是物物相息。物联网通过智能感知、识别技术与普适计算等通信感知技术，广泛应用于网络的融合中，也因此被称为继计算机、互联网之后世界信息产业发展的第三次浪潮。

（3）智能计算平台。智能计算平台是人工智能和分布式计算相结合的产物，是计算机系统硬件与软件的设计和开发的基础。它具有一定的标准性和公开性，同时也决定了该计算机系统的硬件与软件的性能。硬件的基础是中央处理器（CPU），软件的基础是操作系统。因此，通常用作为计算机系统 CPU 的某种处理机类型和该系统使用的操作系统，即处理机/操作系统来表征计算平台。

2.3.3.2 人工智能在智能制造决策层面的应用

人工智能在智能制造决策层面的应用主要体现在根据感知系统收集的信息，进行复杂的决策计算，优化出合理的指令，从而最终实现复杂的智能行为，主要体现在以下三个方面：

（1）智能感知技术。智能感知技术就是让机器通过识别和理解过程把语音信号转变为相应的数字信号，语音识别技术主要包括特征提取、模式匹配及模型训练三个方面。图像识别就是计算机或者机器人可以像人一样能够读懂图像内容，图像识别主要有文字识别、图像处理与识别、物体识别等模式。

（2）机器学习。机器学习（Machine Learning，ML）是一门多领域交叉学科，涉及概率论、统学、凸分析、算法复杂度理论等多门学科[2]，专门研究计算机怎样模拟或实现人类的学习行为，以获取新的知识或技能，重新组织已有的知识结构使之不断改善自身的性能。它是人工智能的核心，是使计算机具有智能的根本途径，其应用遍及人工智能的各个领域。

（3）生产决策。生产决策指企业在考虑短期生产活动时，对于生产什么、生产多少以及如何生产等问题所做的选择。生产决策的主要任务是，在现有生产条件下，最有效地利用企业的各种人力、物力和财力资源，以取得最大的经济效益。

2.3.3.3 人工智能在智能制造执行层面的应用

人工智能在智能制造执行层面的应用主要体现在人工智能基于基础层与技术层实现与制造的融合，实现不同场景的应用。智能装备是执行应用层面的主要载体，主要体现在以下三个方面：

（1）智能机械设备。智能机械设备种类繁多，机械设备运行时，采用高端的数据处理软、硬件技术，实现完全的拟人化设计目标。并在智能化机械设备逐步推广过程中，引入模块化理念。即在机械设备的设计中将动力供给，电气接入，机械结构等进行模块划分。从而在特殊复杂的设备内部，完成独立化的模块运作机制。随着信息技术的发展，将电子计算机处理技术的应用成果用于智能机械设备的研究和制造，是未来机械制造的发展趋势。

（2）智能机器人。智能机器人具备形形色色的内部信息传感器和外部信息传感器，如视觉、听觉、触觉、嗅觉。除具有感受器外，它还有效应器，作为作用于周围环境的手段。这就是筋肉，或称自整步电动机，它们使手、脚、长鼻子、触角等动起来。由此也可知，智能机器人至少要具备三个要素：感觉要素、反应要素和思考要素。

（3）智能终端产品。智能终端产品是一类嵌入式计算机系统设备，因此其体系结构框架与嵌入式系统体系结构是一致的；同时，智能终端作为嵌入式系统的一个应用方向，其应用场景设定较为明确，因此，其体系结构比普通嵌入式系统结构更加明确，粒度更细，且拥有一些自身的特点。智能终端体系结构分为硬件结构和软件结构。智能终端处理器是智能终端的核心器件之一，其功能和效率对整个系统的性能影响极大。

2.3.4 人工智能在智能制造不同行业的应用

智能制造是智能技术与制造技术的融合，目的是用智能的技术解决制造业的问题，包括产品设计问题、加工问题、装配问题、全生命周期的问题等[3]。人工智能对于制造业的价值主要体现在两方面。一方面，人工智能可以提高工业设计水平并促进新型生产方式实现；另一方面，将进一步提升数字化、网络化、智能化的水平，从根本上提高工业知识产生和利用的效率，从而推动制造业发展步入新阶段，并成为经济发展的新引擎。人工智能在高精行业、传统行业、离散制造行业、流程工业等不同行业的应用，如图 2-7 所示。

2.3.4.1 人工智能在高精行业中的应用

人工智能能够使机器在高精行业担任一些需要人工处理的工作，如零件识别

图 2-7　人工智能在智能制造不同行业的应用

与定位、产品的检验、移动机器人导航遥感图像分析、监视与跟踪等。它们的应用还包括产品外观检测、手机玻璃盖板检测、动力锂电池的极片毛刺检测、语音识别等高精行业。这些工作需要做一定的决策，要求机器能够自行根据当时的环境做出相对较好的决策。这就需要计算机不仅仅能够计算，还要拥有一定的智能。要对周围的环境做出决策就需要对周边的环境进行分析，即要求机器能够“看”到周围的环境，并能够理解它们，就像人做的那样。所以机器视觉是人工智能中非常重要的一个领域。机器视觉在许多人类视觉无法感知的场合发挥着重要作用，如精确定律感知、危险场景感知、不可见物体感知等，机器视觉更表现出它的优越性。

2.3.4.2　人工智能在传统行业中的应用

人工智能在传统行业中的应用主要有三个方面：首先是智能装备，包括自动识别设备、人机交互系统、工业机器人以及数控机床等具体设备。其次是智能工厂，包括智能设计、智能生产、智能管理以及集成优化等具体内容[4]。最后是智能服务，包括大规模个性化定制、远程运维以及预测性维护等具体服务模式。它们的应用还包括工艺与产品质量改进、异常动作识别、微装配机器人技能学习系统、刀具的智能管理与寿命预测等。

2.3.4.3　人工智能在离散制造中的应用

在离散行业，针对多品种小批量行业如航空、船舶、工程机械等，人工智能主要应用场景有四种，分别是基于数据机理的协同设计仿真验证，以数据分析为基础的生产工艺优化，依托系统集成的供应链管理优化，还有以数据模型分析为核心的设备健康管理。它们的应用还包括虚拟调度机器人、数字印刷喷头阵列智能调度、知识自动化系统、人工智能物流调度与决策、高速动车组生产车间的生产因素识别、智能分析与决策系统、故障诊断与智能维护等离散制造行业[5]。

2.3.4.4 人工智能在流程工业中的应用

国内的流程行业如钢铁、石化、能源、电力等，具有连续生产、资产价值高、工艺过程复杂的特点，对安全环保具有较高的要求，信息化数字化基础较好，数据采集能力非常强。人工智能在工业互联网方面主要体现为三大场景，分别是数据+模型驱动的生产管理优化即以数字孪生为核心的智能工厂建设；还有以数据可视化为核心的 HSE 系统，就是解决健康、环保的问题；再就是基于数据的全供应链优化，更好地实现产销对接。它们的应用还包括智能无人仓库管理、自动化装备生产线、智能上线机器人等流程工业。

人工智能是对人的意识、思维的信息过程的模拟。从诞生以来，人工智能理论和技术日益成熟，应用领域也不断扩大，可以想见，未来人工智能带来的科技产品，将会是人类智慧的“容器”。在我国，由于人工智能技术的全方位应用，使得智能制造提升生产效率的功能有助于抵消劳动力成本上涨的影响，保持并强化“中国制造”的综合竞争力。制造业向智能制造的转型会产生对智能装备、智能传感器、新材料、工业软件系统以及相关服务的大量需求，能够形成新的产业增长点，从而为打造经济发展新动能注入动力和活力。

参 考 文 献

[1] Stephen L，Danny K. 人工智能［M］. 2 版 . 林赐，译 . 北京：人民邮电出版社，2018.

[2] 尼克 . 人工智能简史［M］. 北京：人民邮电出版社，2017.

[3] McCulloch W S，Pitts W. A logical calculus of the ideas immanent in nervous activity［J］. The bulletin of mathematical biophysics，1943，5（4）：115~133.

[4] Turing A M. Computing machinery and intelligence［J］. Mind，New Series，1950，59（236）：433~460.

[5] McDermott J P. RI：An Expert in the Computer Systems Domain［C］//AAAI. 1980，1：269~271.

[6] Pearl J. Probabilistic reasoning in intelligent systems：networks of plausible inference［M］. Elsevier，2014.

[7] Stephen M. 机器学习：算法视角［M］. 2 版 . 高阳，商琳，译 . 北京：机械工业出版社，2019.

[8] 李开复 . AI 未来［M］. 杭州：浙江人民出版社，2018.

[9] Ian G，Yoshua B，Aaron C. 深度学习［M］. 赵申剑，黎彧君，符天凡，等译 . 北京：人民邮电出版社，2018.

[10] LeCun Y，Bengio Y，Hinton G. Deep learning［J］. Nature，2015，521（7553）：436~444.

[11] Roland Burns. Intelligent manufacturing [J]. Aircraft Engineering & Aerospace Technology, 1997, 69 (5): 440~446.

[12] Zhou Yanhong, Wang Baicun. Toward New-Generation Intelligent Manufacturing [J]. Engineering Journal, 2018, 4 (1): 11~20.

[13] Ricardo Goncalves, David Romero, Antornio Grilo. Factories of the Future: Challenges and Leading Innovations in Intelligent Manufacturing [J]. International Journal of Computer Integrated Manufacturing, 2017, 30 (1): 4~13.

[14] Holubek, Radovan, Kostal, Peter. The Intelligent Manufacturing Systems [J]. Advanced Science Letters, 2013, 19 (3): 1483~1485.

[15] Guo Qinglin, Zhang Ming. An agent-oriented approach to resolve scheduling optimization in intelligent manufacturing [J]. Robotics & Computer Integrated Manufacturing, 2010, 26 (1): 39~45.

第3章　人工智能在智能制造中的应用

3.1　人工智能在钢铁工业智能制造中的应用

3.1.1　人工智能在全流程智能制造中的应用

3.1.1.1　钢材产品物联网与移动互联网技术

物联网是指通过射频识别技术（RFID）、红外感应器、全球定位系统、激光扫描器等多种智能传感设备，按照提前约定的通信协议将物品与互联网连接起来，实现实时通信、数据交换功能，达到识别、定位、跟踪、监控和信息管理目标的一种新型网络系统[1]。在钢铁企业制造过程中，利用物联网的标识、定位、网络等技术，可以实现原料、设备、产品、车辆、人员之间的感知与互联，突破制造流程和工序间的界限，从而推动企业的智能制造进程。当前在钢铁企业的供应链管理、生产管理、能源管理、设备管理等领域已广泛应用物联网技术来提升运作效率。随着钢铁企业信息化、数值化、智能化的推进，物联网技术的应用范围也不断拓展。

在供应链管理方面，物联网在钢铁企业的应用主要包括生产原材料等物资的远程计量、车辆的定位跟踪以及智能物流等方面。昆明钢厂将物联网技术应用于全厂司磅集中监控，建立了智能司磅系统。宝钢的智能司磅系统能够实现过磅车辆的调度、定位、车号自动识别、计量显示、磅单自助等功能，并能与司机通过语音系统进行交互。南京钢铁公司将物联网技术应用于运输车辆管理系统中，实现了对车辆的精准跟踪和智能调度。蒂森克虏伯钢铁公司将物联网技术应用于从巴西到德国的板坯物流管理中，在装船过程中通过 RFID 电子标签实现了板坯的自动识别，为贸易和物流伙伴提供了实时的物流数据。瑞典钢铁公司采用物联网技术对其 400 辆轨道车辆的定位和运输管理。美国 WAKE 公司开发了基于物联网技术的钢铁企业成品库管理和配送管理系统“SmartCoil”，并进行了应用。中国台湾中钢应用物联网技术实现了出厂物资、车辆的智能化管理。宝钢研制了基于物联网的自动贴标设备，实现了生产物流与供应链物流的无缝对接，可实现与生产物流系统的自动联锁控制、标签信息的在线自动写入、标签的自动脱落、船板表面的自动定位、清洁和标签的自动粘贴等功能。

在生产管理方面，物联网技术实现了对铁水包、鱼雷罐车、钢包等设备的跟踪定位，半成品、成品的仓储智能化管理等。首钢京唐公司利用物联网技术对铁水包的在线使用和离线维护处理过程进行实时跟踪定位，记录铁水包的维修记录，铁水包检修记录、铁水包包龄等信息，为调度员提供信息支撑。武钢采用物联网技术实现了厂区鱼雷罐车的定位、跟踪和动态管控。福建三明钢厂利用物联网多传感器数据融合技术，建立了智能钢包监控系统，实现了对钢包号码、位置和钢包状态的自动识别。宝钢开展物联网技术在厚板成品物流、钢管成品物流中的应用研究，并建成了基于物联网技术的智能化仓储作业管理系统。日本神户制铁公司应用物联网技术，成功进行线材成品库的智能化管理。

在能源管理方面，物联网技术实现了对钢铁企业生产中的能源介质信息进行智能感知、无线传输、建模分析以及对废弃物排放信息和运输信息的远程实时监控等[2]。例如，泰山钢铁通过使用物联网智能监控技术将企业生产中的能源管理从简单离散状态管控升级为一体化的集中管控，实现了能源生产、消耗和综合利用的可监控、可管理、可优化、可考核。山东钢铁开发了基于物联网技术的集过程监视、能源管理、能耗分析、能源优化于一体的能源在线监测平台。

在设备管理方面，物联网技术实现了对钢铁企业生产中的重要设备状态进行在线监测，采集关键参数信息、提供物料的产线追踪、实现设备的故障报警、在线诊断、维修指导等。德国德累斯顿的钢铁铸造厂，采用超宽频有源 RFID 追踪叉车，无源超高频 RFID 标签追踪金属周转箱及其装载产品，系统能够判断叉车位置和运动方向，更精确快速的定位物品、提高生产过程的可视性。宝钢连续退火生产线，使用无线网对轴承状态进行在线监测，通过温度变化判断轴承工作状态。

目前，钢铁企业应用物联网技术还处于起步阶段，随着技术的不断发展，物联网技术将深入到钢铁企业生产、管理的各个阶段，如智能门禁系统、企业人力资源管理等。

移动互联技术通过手机等移动终端对因特网上的信息进行访问，获取一些需要的信息，与传统互联网技术相比，人们可以通过移动终端随时随地访问网络信息。目前移动互联网在钢铁企业主要应用在销售物流管理系统、信息化管理领域。鞍钢集团的电子商务建设项目，使用移动端和互联网技术搭建了钢铁企业物流管理服务平台，为钢铁物流运输产业链上的物流服务商、货车司机、钢铁产品贸易商等各个参与交易主体之间提供信息共享、资源整合等平台信息化服务。中钢网推出了钢铁互动信息交易平台——“抢钢宝”APP，该互动交易平台具有强大的 LBS 定位功能，可以帮助用户实现近距离消息推送，将有采购意向的买家和卖家的实时需求信息以最快的方式、最短的时间、最近的距离通知对方，实现交易双方的信息互通，快速形成订单交易。唐山钢铁在企业的信息化管理方面，采用研究了中国钢铁行业移动信息化总体规划策略，同时提出了包括研发策略、移动电子商务策略、融资策略、移动信息安全策略、专业人才策略、效果评估策略等在内的具体实施策略。

3.1.1.2　全流程产品供应链的大数据平台与云端数据集成驱动技术

钢铁工业生产工艺流程漫长且复杂，在钢铁全流程制造过程中会产生海量数据，只有将这些数据及时准确的处理，才能充分挖掘出其内在价值，为钢铁企业的智能制造提供有效信息，全面实现钢铁企业的智能制造。处理海量数据时，单独搭建主机系统的传统处理方式需要购买大量主机，投入大，并且主机系统之间相互独立，无法有效利用系统中的资源，资源利用率低。大量生产制造数据只是单纯的存储在硬盘上，其内在价值挖掘不足，企业信息化进程陷入停滞[1]。

大数据平台能够计算各行各业的海量数据，并且具有存储、运算、展现等功能，如何从不同类型的大量数据中快速获得对企业有价值的信息是大数据技术的核心。当前比较流行的大数据技术主要类型有大规模并行处理（MPP）数据库、数据挖掘电网、分布式文件系统、分布式数据库、云计算大数据平台、互联网和可扩展的分布式存储系统等。钢铁行业大数据平台架构如图 3-1 所示，该平台架构采用了结合云计算和大数据技术的前沿技术，实现了计算资源的统一管理，解决了传统主机系统资源利用率低下的问题，实现了对数据的高速有效处理，能够充分挖掘出数据内在价值，有效解决了使用传统主机系统存在的资金投入、能源消耗和资源利用之间的矛盾。

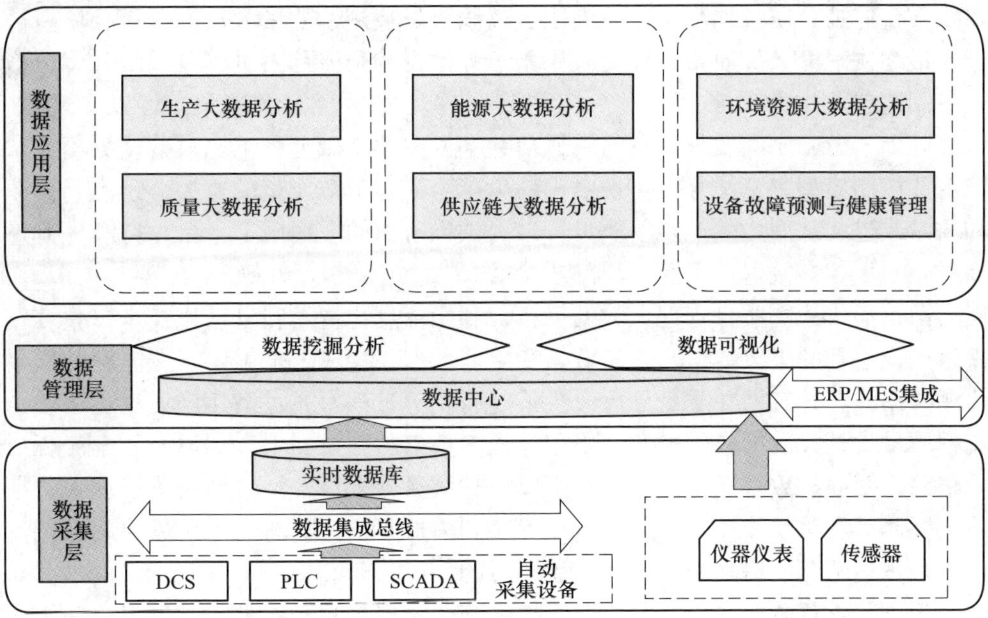

图 3-1　钢铁行业大数据平台架构

目前，一些钢铁企业信息化已经向云计算方向发展。宝钢云中心项目已经开始为宝钢集团总部、宝钢工程公司、宝钢金属公司等集团部门提供云计算服务，云中心的投入使用大大提高了宝钢集团信息系统的资源利用率和资源共享率。宝信软件建立了宝信智能能源云平台，将能源数据分析、能源实施监控、异常报警管理、报表管理、能源管理等各种能源管理功能模块移植到云平台。不同用户结合实际需要，从“云端”获得不同的增值服务，在该平台上，通过充分利用大量的实时数据进行大数据分析，企业不仅可以看到实时能耗统计等数据，而且可以通过实绩分析等模块，获得节能解决方案，为企业优化能源管理，降低能源损耗等提供决策支持依据。南钢在信息化建设过程中，根据企业的实际情况建立了私有云平台，并利用负载均衡技术在小型机上解决了以往只能在大型机上运行的业务，降低了成本。武钢先后研制了云服务资源搜索和挖掘工具、云服务运行时监控和动态分配系统，以及与钢铁相关的行业信息系统云服务平台。鞍钢联合金山云采用了“云+大数据+人工智能”的大数据技术，建立了一个面向钢铁行业的工业智能制造互联网信息服务平台——“精钢云”。该信息平台在对钢铁产品的质量诊断、物流和安全生产等方面起到了重要作用，在有效保障产品质量的同时，降低了钢铁企业的生产成本。

3.1.1.3　钢铁全流程质量智能管控技术

全流程质量管控是指从接受客户订单进行质量设计开始，在生产过程中进行在线质量监控、质量预测、质量判定、离线质量追溯、质量大数据分析及质量改进，最终实现 PDCA 质量管理提升。基于大数据的全流程质量管控系统，将分散在各制造单元中的质量信息统一集中到一体化质量管控系统中，可以实现铁、钢、轧上下游工序间质量信息的贯通与共享，在此基础上将工业大数据分析方法与工艺控制模型紧密结合，实现对钢铁生产全流程工艺质量的监控、预测、诊断和质量改进，从而为生产现场质量管理提供强有力的应用服务平台，持续提升产品质量水平，有效保证下游用户的质量需求[3]。

河钢通过建立质量管理大数据平台，利用信息化技术和自动化技术，整合钢铁生产全过程的工艺数据、质量数据和生产数据，构成了全工序、全流程的质量追溯数据源，并应用在质量分析、决策、研发等过程。通过搭建公司全工序、全流程质量管理大数据应用平台，使用过程参数参与质量判定，实现产品全流程质量跟踪，并通过数据挖掘技术最终生成产品质量分析报告，帮助质量管理人员准确把握产品质量，快速定位质量失控工序和失控原因，不断优化质量控制工艺参数，最终达到全面提高公司产品质量的目的。

南钢着重打造 QIS 全流程质量管控系统，实现产品、技术、质量三位一体的在线协同，如图 3-2 所示。以客户的实际需求标准为质量管理标准，制定出个性化的质量内控标准，运用在线和离线的质量分析手段进行产品性能预判、工艺过程质量控制、质量风险管控。QIS 对钢铁行业的质量管控有重要的意义，如果没有 QIS 系统，工艺专家只能采用人工方法在线下进行有限的质量分析，工艺诀窍也因为没有被系统规范地梳理出来，不能被充分用在质量控制上，更无法被很好地共享和传承。QIS 智慧质量管理工艺诀窍及关键点就是在跨流程优化的基础上，实现可持续的高质量生产，提高跨流程产品和工艺开发的能力，提高技术管理水平，建立自己的工艺诀窍知识库。

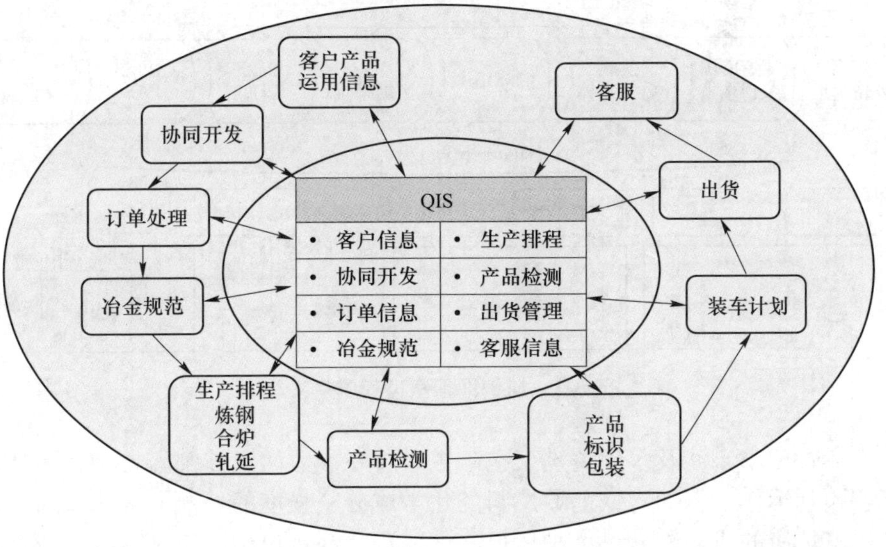

图 3-2 南钢 QIS 全流程智慧质量管控系统

河钢邯钢基于人工智能技术开发了全过程质量系统，如图 3-3 所示。该系统由大数据平台把生产过程数据、性能信息、合同信息、设备信息等信息整合起来，从历史数据和生产过程数据中提炼出影响最终产品质量的异常事件，结合过程质量系统中的“标准数据库”对异常事件进行判别，区分品质正常与异常的产品。针对生产过程中产生的异常事件，结合客户提出的品质标准要求，进行相应处置，从而降低缺陷对产品的影响[4]。此外，该系统还可提供依据客户订单、依据批次/卷次、依据时间段追溯功能，炼钢工序可追溯到具体的生产炉次和每个炼钢工序；轧钢工序可追溯到批次/卷次和每个轧钢工序，使产品质量更有保障。

3.1.1.4 小结

钢铁全流程生产主要过程分为铁前、高炉炼铁、炼钢、连铸及轧钢等过程，前一个工序为后续工序提供质量合格、数量合适的原材料。在钢铁的全流程质

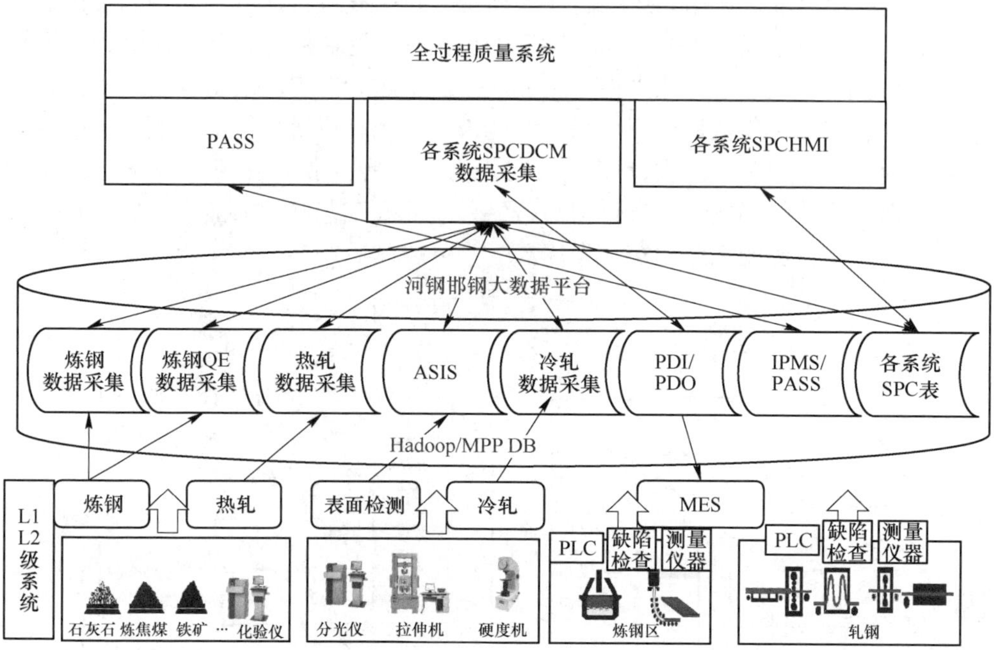

图 3-3　河钢邯钢全过程质量系统

量、产量管理中，涉及多项关键工艺参数，每一参数的设计都将影响下一工序是否能够顺利运作。例如：铁前原燃料的化学成分、强度的检测，需求管理；炼铁时铁水、炉渣的成分管理、高炉风口温度管理、铁水包调度管理等；炼钢时转炉的炉渣、温度、烟气检测、订单管理；连铸铸坯缺陷、成分管理、半成品库存管理；最终产品的内部质量、成分管理及成品库库存管理。这些复杂的生产管理过程会产生海量的数据，而这些数据只有经过快速、准确的处理后才能挖掘出其内在价值，全面实现钢铁全流程生产的智能制造。

在钢铁的全流程智能制造推进过程中，关键技术主要有以下表现：物联网及移动互联技术主要负责数据采集，大数据技术和云计算平台对数据进行分析处理。平台物联网用来感知钢材产品生产时的过程信息，移动互联技术用来感知市场信息。它们通过各种设备（RFID、传感器）的接口将现实世界的物体连接到互联网上，实现生产物料、运输工具等信息之间的即时传递和在线处理。钢铁企业以往通过单独搭建主机系统来存储和处理生产管理环节产生的海量数据，使用这种方式，只是对海量数据进行简单的存储，将其单纯存储在硬盘上，没有深入挖掘这些生产管理数据蕴含的深层价值，也没有充分利用主机系统的计算资源。针对钢铁企业数据管理存在的这些问题，钢铁行业云平台系统采用了云计算和互联网大数据等前沿技术，实现了对计算资源的统一管理，对海量数据的高速有效存储和在线传输处理。经过云平台对大量生产过程和管理过程数据的即时传输和高效处理后，运用了人工智能等信息技术手段获取钢铁企业全流程生产的质量与产量等相关生产过程信息，从中分析和获取钢铁企业生产过程数据中信息所蕴含的内在意义和价值，为钢铁企业决策者提供生产数据的快速分析结果[1]，决策者通过使用数据模型和高级算法来制订钢铁企业的生产与库存计划，保证各工序之间的连续生产。

3.1.2 人工智能在炼钢智能制造中的应用

物联网、大数据、人工智能技术在炼钢生产过程有着广泛的应用。炼钢生产过程中大数据主要呈现高维度、数据量大、多源性、动态性强等特点。而目前人工智能技术、黑箱建模技术与仿真技术等信息技术，为研究炼钢过程中机理不清的复杂系统的动态行为开辟了可能途径。自动化和智能控制系统的运行，无不涉及大量的图像、视频及过程数据等信息。因此，人工智能中大数据应用对于炼钢过程可视化建设、安全运行及监控、多目标优化控制方法等多个方面将有极大的促进作用。人工智能在炼钢中的应用主要涉及智能化生产装置、生产过程的智能诊断和控制、智能化的生产排程等，具体关系如图 3-4 所示。

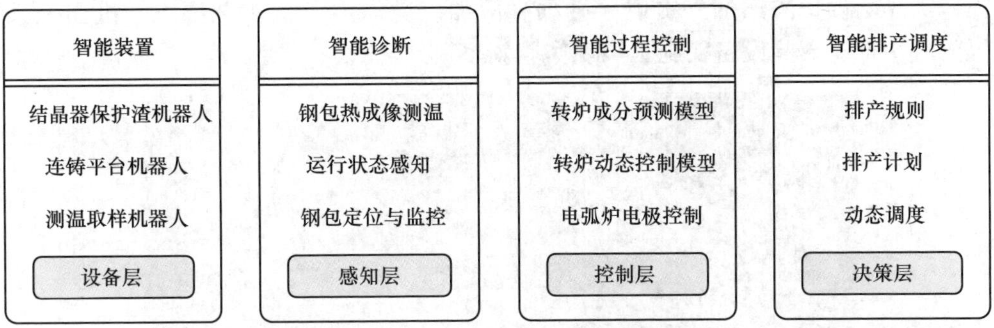

图 3-4 人工智能在炼钢中的应用

3.1.2.1 炼钢生产的智能化装置

炼钢车间工作环境差，普遍存在安全风险大、效率低、准确率不高等问题。在这些恶劣环境中，使用以机器人为代表智能化装备能够更安全、更持久、更精确地工作，能部分地取代人在恶劣环境中的工作，避免了粉尘、高温、噪声对人体的伤害，节约了企业的生产与安全成本。

普锐特冶金技术公司开发了连铸平台作业机器人，已经替代手动钢包吹氧，大幅提高了工人操作的安全性和第一次吹氧的成功率，可以使用更大和更高效的氧枪。宝钢股份在宝山基地炼钢厂 3 号连铸机上采用了 1 台钢包受包侧机器人、1 台中间包区域机器人、2 台结晶器保护渣机器人协同作业的连铸机，实现了连铸工序保护渣添加、钢包 SN 液压缸拆装、钢包长水口拆装、中间包测温取样等的机器人自动化作业[5]。迁钢和首钢莫托曼公司联合设计研发了机器人自动测温取样系统，将工业机器人和冶金现场实际结合起来，有效解决了高温、粉尘、强磁场环境下机器人稳定运行的难题，最终实现了全自动测温取样。该系统主要由后台控制系统、机器人本体、探头存放仓和枪体本身四部分构成，其中，二级计算机控制模型可以按照生产需要，设定、控制机械手的运行轨迹，进行测温取样。机器人不仅可以精确检测出钢水某一点的温度，还可以快速取出钢水样品，对提高钢水温度控制精度和冶炼质量，降低原材料消耗和职工劳动强度具有重要意义[6]。

南钢自主开发了连铸结晶器自动加渣机器人系统，如图 3-5 所示。该系统改变了传统的加渣方式，采用机器人倒装悬挂方式，避免跑钢等故障对设备的损坏，节约连铸检修平台占用；同时输渣系统采用“空中加油”理念，设计二级料仓，使储料仓和机器人物理脱离，满足各种断面连铸机加渣需求。系统实现在线自动调宽，由连铸二级系统送至机器人的宽度信息经过实时处理，机器人自动调节加渣面宽度及渣量分区。板坯连铸自动夹渣机器人系统代替了人工自动完成连铸结晶器保护渣添加，实现“勤加、薄加、均匀加”的工艺要求。机器人系统的应用推进智能设备实施，实现作业效率提升。

图 3-5 南钢连铸结晶器自动加渣机器人系统

3.1.2.2 基于大数据的炼钢生产设备诊断技术

钢铁生产领域中，生产设备的正常运行是保证生产效益的关键，这些关键设备一旦发生故障或者停产，就会打乱钢铁生产的正常计划，对企业的经济效益造成严重影响。

在炼钢系统中，钢包是钢水储运和二次精炼的关键容器，承担着钢水从转炉到连铸平台的转运任务，每天全国有上万个钢包在线运行周转。由于钢包属于高温移动物体，传统手段无法实现对钢包的状态感知，无感知的钢包成为影响钢厂效率、成本、能耗和安全的重要因素。随着现代冶炼技术的发展，品种钢的冶炼周期及冶炼难度加大，造成精炼处理时间延长，甚至个别钢种需要进行双精炼冶炼，转炉出钢的终点温度要承担钢包运行阶段的钢水过程温降，并需要补偿空包接钢水时产生钢水的温降，若终点温度不足需要精炼进行吹氧升温操作，导致精炼钢水质量恶化，影响钢水的质量，容易引发严重的安全事故。

针对钢包周转的实际生产情况，百度云与宝钢共同探索智能钢包的创新技术，借助百度云天工智能物联网，通过对传统钢包的智能化改造，实现对运转温度、压力的动态采集，同时辅以热成像视觉监测技术，实现对钢包实时运行状态的智能感知。百度云天工对数据进行全方位分析、诊断、预测，使钢包由感知状态突破到认知境界，进而实现对精细化生产、设备安全、节能降耗和供应链优化的决策支持。基于工业大数据的智能钢包技术一是通过建模了解并掌握钢包整体状态、温度的辐射曲线及关键部位的健康情况，确保在线运行的安全；二是全程监控钢包在厂区和生产线上的运行情况，实时计算钢包蓄热量、包体的热状态、各部位的残厚及运行时间和移动位置是否准确，与钢厂的生产计划相同，在确保炼钢成本最低的基础上实现钢包的最优化运行。

大数据技术的核心能力在于对海量数据的接收处理、相关性的辨识和基于数据特征性的预测。在冶金领域用好大数据，就需要收集和积累大量的工业数据、总结问题的规律、处理数据，运用大数据技术、智能方法发现问题的关键因素并预测可能性。山东莱钢某炼钢厂建立了以设备多个运行状态参数的大数据为基础，以多种故障诊断算法、专家系统和数据挖掘算法为核心的人工智能故障诊断系统。该系统作为工作平台，面向生产，以实践作为检验算法准确性，不断优化系统。该系统以钢包回转台支承轴承作为研究对象，能提前对钢包回转台支承轴承的故障程度和残余寿命进行预测，为客户准备备品、备件和制订维修计划，争取宝贵的时间，避免了由轴承损坏引起的重大非计划停机事故，为客户带来了上千万元的经济效益[7]。

目前，现代化炼钢厂的装备正在向着大型化、自动化、连续化、智能化、环保化等方向发展。追求设备的高可靠性和最合理的维修方式是企业设备管理的重心工作。其中，状态监测和故障诊断是减少维修工作量和维修时间的核心。基于工业大数据的炼钢生产设备诊断技术正在帮助企业的设备管理模式由“点检定修”向“状态维修”转变。

3.1.2.3 基于人工智能的炼钢过程智能控制技术

转炉炼钢的主要目标是冶炼出温度和成分（主要指钢水碳含量）均符合要

求的钢水。由于转炉炼钢生产过程钢水质量信息难以检测，而且转炉冶炼过程中存在高温、多种物理化学变化反应速度快、冶炼周期短等特点，这给转炉炼钢生产过程的实时控制带来困难。针对转炉炼钢的实际生产情况，我国钢铁企业开始致力于研制智能化的转炉炼钢过程控制技术，主要目的是实现转炉控制由人工经验控制向计算机全自动控制的转变，由静态模型或终点动态控制模型向吹炼全过程的动态控制模型的转变，终点控制由含量、温度向碳含量、温度、磷含量、锰含量、硫含量、氧含量的全面控制的方向发展，由静态程序控制向动态全自动吹炼控制方向发展[8]。

为实现转炼钢过程的智能化控制，在检测装置层面当前主要采用的手段包括副枪动态控制技术、烟气分析动态控制技术和副枪+烟气分析动态控制技术。我国部分钢厂安装了投弹式副枪设备，用于对一倒钢水碳含量、磷含量，以及温度进行检测。结合投弹式副枪技术，在转炉全自动智能炼钢系统预报模型中，可以设计满足自身特点的转炉炼钢终点动态控制模型，在倒炉前通过电偶反馈回来的钢水信息进行校准，自动判断当前时刻是否可以出钢，最终可以实现不倒炉直接出钢的新模式。在炼钢智能化的控制模型层面，通过对预测计算模型、分析模型、热模型、合金加料计算模型等进行优化计算，达到缩短冶炼时间，保证钢水质量，降低能源消耗的目的。

智能电弧炉电极调节控制技术主要有三种：美国的 IAF™（人工神经网络专家系统）、美国的 SmartArc™（人工智能）和德国的 Simelt^R NEC 系统（人工神经网络）。最新的电弧炉智能化电极控制系统是 SIMETAL 电极控制系统，是基于 PLC 和工业计算机硬件平台的先进电极控制系统，包括西门子 SIMETAL Simelt 和 SIMETAL Arcos。该系统主要是利用人工智能优化熔炼工艺，可选择方案组件 MDC 掌握全自动熔炼。在电弧炉智能化取样测温时，西门子奥钢联开发的 SIMETAL LiquiROB 电弧炉机器人，能够辅助电弧炉测温取样，可以通过人机界面全自动控制。

3.1.2.4　基于人工智能的连铸技术

随着智能化的进步，炼钢-连铸过程的自动化、智能化过程也在近年逐渐展开。炼钢-连铸过程存在有多台转炉、精炼炉和连铸机，如图 3-6 所示，而针对不同产品又有不同的设备组合生产流程和生产路径，铸坯的质量与工艺参数之间的关系非常复杂，因此炼钢-连铸的调度难度较大。炼钢过程的智能实时调度技术减轻了人工调度的负担，并能有效提升各设备利用效率。利用启发式等算法选择相邻设备间位置距离最短的设备和加工炉次最少的设备作为决策的目标，减小设备等待时间和设备负荷的时间差。同时在保证产品质量的同时保证能耗的减少，降低污染物的产生也是炼钢-连铸智能生产、智能调度的主要功能之一。

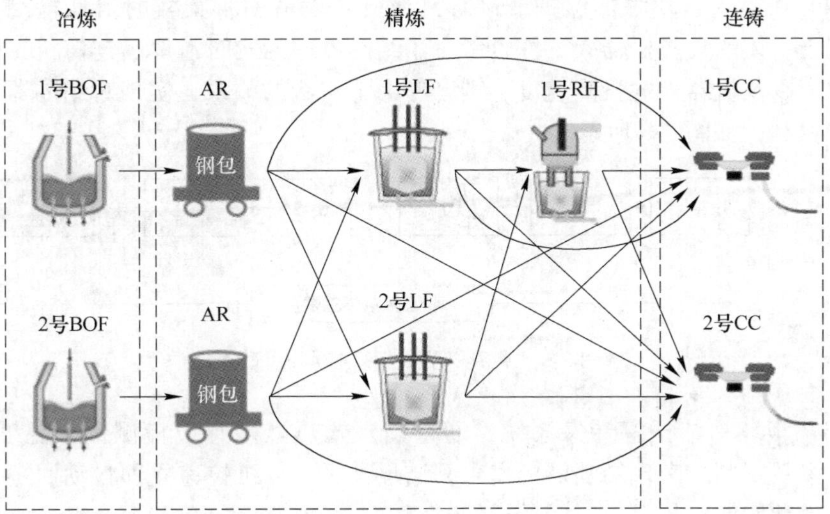

图 3-6　炼钢-连铸生产工艺流程

对于连铸坯的过程控制同样有着一系列的自动检测的技术，包括：

（1）钢包下渣自动检测，能实现自动准确的判断钢包下渣时间并自动关闭钢包滑板，减轻人工劳动强度，并且对减少下渣、提升钢坯质量有帮助。

（2）中间包连续测温，可实现在连铸过程中，自动监测中间包的实时温度，并持续输出温度数值，为浇钢岗位提供准确的操作依据，对稳定连铸机拉速发挥了重要的作用，如图 3-7 所示。

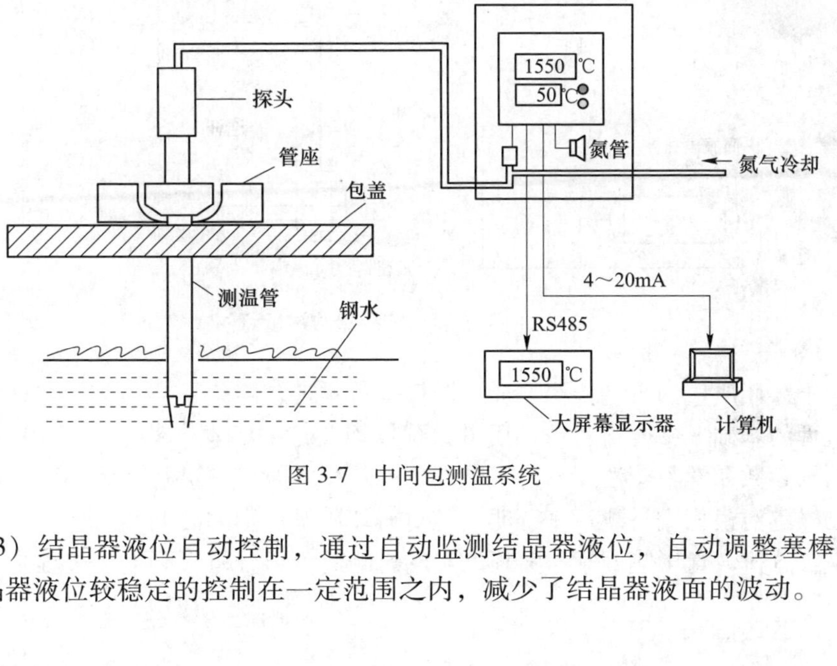

图 3-7　中间包测温系统

（3）结晶器液位自动控制，通过自动监测结晶器液位，自动调整塞棒高度、将结晶器液位较稳定的控制在一定范围之内，减少了结晶器液面的波动。

（4）机器人自动添加保护渣，研究人员开发了一种集实时渣厚检测、反馈与控制于一体的夹渣机器人。综合考虑了结晶器内的实时渣厚、连铸机工作时的耗渣速度以及机器人的投渣速度，耦合考虑了三者的关系，实现对结晶器内渣厚的智能控制，如图 3-8 所示。

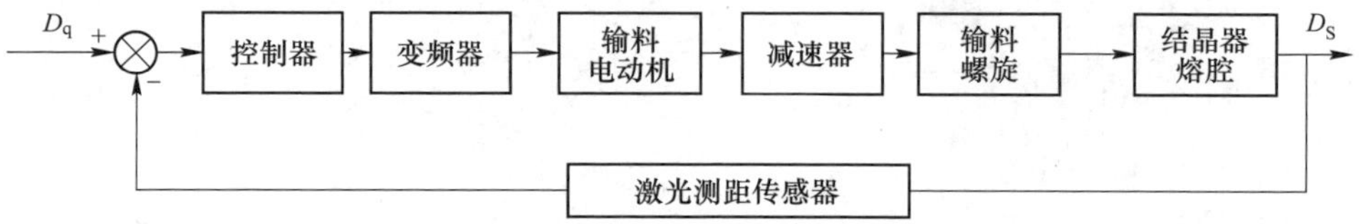

图 3-8　夹渣机器人闭环控制流程图

（5）板坯粘结报警专家系统，通过插入式热电偶感应检测铜板温度变化，通过专家系统判断实现结晶器内发生粘结报警时，铸机拉速立即自动回零，以减少人工手动作业时的反应时间及操作时间。

（6）二冷区水量自动配置，根据连铸机拉速、钢种以及铸坯尺寸，程序自动计算二冷区的喷水量，实现浇铸过程自动控制二冷水量。

（7）结晶器振动位移自调整系统，针对结晶器振动的干扰问题开发了特殊的非线性处理算法，提出了具有能自调整参数的“主动抑制干扰控制器”来预估和补偿干扰，能有效提高结晶器振动的可靠性，如图 3-9 所示。

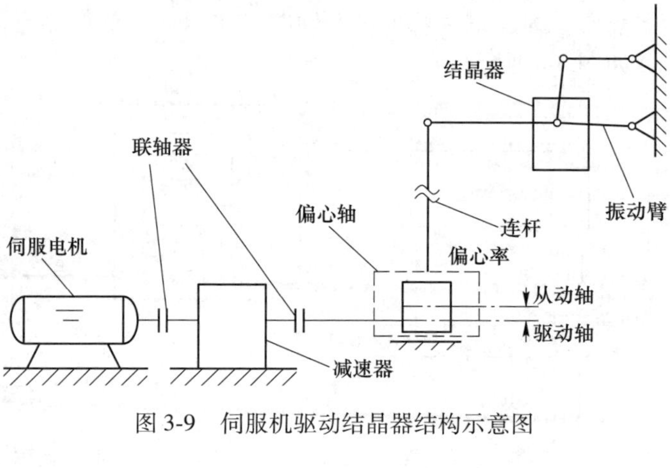

图 3-9　伺服机驱动结晶器结构示意图

对于铸坯质量的自动检测、分析同样也可实现智能化、自动化。在充分考虑冶金机理的基础上，分析对铸坯质量影响较为关键的因素，然后利用 BP 神经网络的结构参数和学习算法，参考大量现场参数样本对模型进行训练，再利用不同的现场样本对模型进行测试来证明模型对铸坯质量预测的准确性。

综合分析大量影响因素对铸坯质量的影响后，可分析得到连铸过程中主要影响因素有拉速、出钢温度、出钢碳含量、氧含量、中间包温度、镇静时间等，并利用 BP 神经元网络算法，建立铸坯质量的神经网络预测模型，如图 3-10 所示。研究人员还提出了一种利用粒子群优化（PSO）的算法模型，来预测在不同因素条件下辊距的较优值。

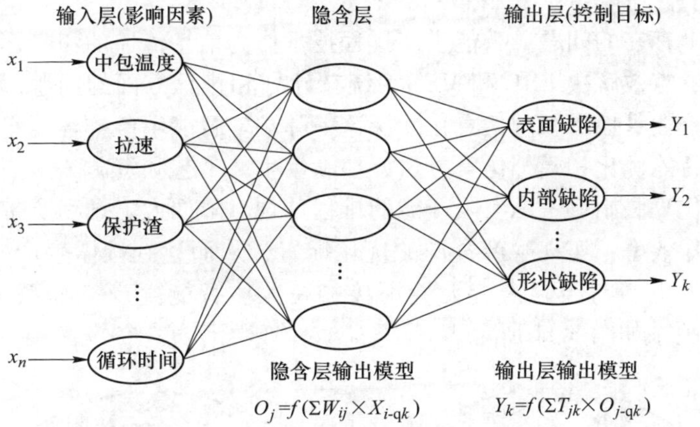

图 3-10 铸坯质量分析算法

通过机器学习连铸大数据的模型，从连铸大数据到通过机器学习算法来挖掘数据，再到输出自动控制参数，这一系列操作也是机器学习、分析连铸优化工艺的主要方法。这样的模型为现场技术人员提供了较为有效的铸坯质量预测方法，对促进连铸智能化有一定的实际意义。连铸技术随着信息化技术的发展正逐渐向全自动化、智能化靠拢，人工劳动力正逐渐被取代。在未来的炼钢-连铸过程将针对不同产品，利用大数据训练神经网络模型，选择最合适的控制因素和最优的工艺参数，使铸坯质量控制在较优水平。

3.1.2.5 基于人工智能的炼钢生产排程技术

随着智能制造的持续推进，智能生产排程成为建设智能炼钢厂的刚性需求。越来越多的炼钢车间开始关注基于优化建模和智能计算的生产排程技术。当前，国内钢铁企业已广泛应用了 ERP 和 MES 系统。ERP 管理整个企业的价值链和供应链，即销售、采购、库存、人力、财务、成本等。它正确地回答了“需要什么、已有什么、还缺什么和何时需要”等问题，但是 ERP 系统无法实时采集生产数据，也不能对生产资源进行有效调度配置。MES 是一个制造管理系统，其管理对象是生产车间，其反映的是车间计划生产产品多少，实际投入多少，已经生产多少，有多少产品正在等待，产品在生产过程中有多少不合格等。MES 系统虽具有生产排程功能，向上能为 ERP 系统实时传递管理与决策所需的车间运行数据，向下能为车间控制系统传递生产指令，并收集相应的实际生产数据，但 MES

系统在周期计划精确性、功能细分、过度依赖人工进行生产排程等方面存在一定的局限性。由于 MES 系统的排程计划依靠人工编制，其编制的效果和调整的效率较差。尤其在订单所需物料量较大时，过度依赖人工进行排产的 MES 系统，由于考虑不够全面仔细，容易造成资源利用不充分、库存量较大、不能准时交货等问题。

对于以上存在的问题，智能生产排程技术作为信息传递的纽带，可以实现承上启下，能够有效解决 ERP 和 MES 系统在计划和排程方面的问题，在一定程度上弥补钢铁企业管控层级间信息化断层这一弊端。智能生产排程技术包含了大量数学模型、智能优化和模拟仿真方法，在满足生产工艺和资源约束前提下，能够利用运筹优化算法制订考虑有限产能的排程计划，降低人工排程所带来的操作误差，提升工作效率，实现生产资源的优化配置，从而达到按需生产，精益制造，柔性运作，为生产与经营搭建无缝衔接的桥梁。智能生产排程系统与 ERP 和 MES 之间的关系如图 3-11 所示。

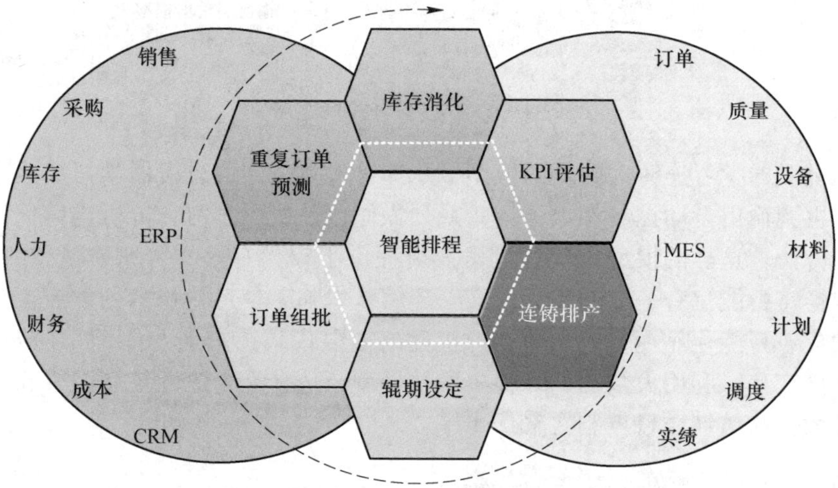

图 3-11　智能排程与 ERP 和 MES 的关系结构

在智能生产排程的应用方面，日本 NKK 软件公司与日本钢管京滨钢铁厂合作开发了协同生产调度计划系统 Scheplan。日本住友公司同和歌山钢铁厂合作开发了一套专家系统实现板坯连铸作业调度计划的编制工作。韩国光阳钢铁厂的综合智能调度系统 HIPASS 建立了钢铁生产各工序的综合生产时刻表，以保证每个工序都在最优生产状态。德国曼内斯曼钢铁公司成功开发了计算机生产的智能调度管理系统。此外，美国 I2、澳大利亚 BHP 等公司都将智能生产排程应用到了炼钢生产中。目前我国的宝钢、武钢、唐钢等都实施了智能生产排程系统，将生产资源、产线等进行统一调配和优化管理，有效改善了订单响应速度，满足客户的产品交付需求，实现对紧急订单的处理能力，能够对生产计划进行动态调整。

3.1.2.6 小结

结合钢铁企业炼钢智能化现状以及炼钢生产中的工艺特征，炼钢智能化的关键技术主要包括四个方面：

（1）智能装置：通过利用智能机器人的视觉系统、力觉系统等外部传感器对设备、钢水、铸坯等重要参数（温度、成分等）自动识别，将采集的数据传递到云端工艺数据管理平台。基于数据以及炼钢工艺要求，建立机器人应用的模块化工装夹具等配件，实现机器人及其模块化配件结合应用场景的自动化软件，可以减轻工人的作业量，保证生产的安全性、快速性、准确性。

（2）智能诊断：通过在钢包等设备上安装数据采集模块，基于视觉监测技术实现对温度、压力等参数的动态采集及智能感知，进而实现对设备安全、节能降耗和供应链优化的决策支持。

（3）智能过程控制：通过利用副枪动态技术、烟气分析动态控制技术以及副枪+烟气分析动态控制技术对炼钢过程中钢水质量信息进行检测，设计满足要求的转炉全自动炼钢模型，缩短冶炼时间，保证钢水质量，降低能源消耗。

（4）智能生产排程：通过设计集 APS、ERP、MES 三位一体的软件系统，对炼钢过程采集到的大数据进行分析处理，采用数学模型、智能算法、智能仿真等技术实现企业管控层级间的衔接，实现资源优化配置，提高按需生产、精益制造、柔性运作等能力。

3.1.3 人工智能在热轧智能制造中的应用

热轧是钢铁生产中连铸和冷轧工序的中间工序，承接上游连铸工序，连接下游冷轧生产，承担着非常重要的角色。现阶段传统钢铁生产制造中热轧生产部分主要解决的问题是通过自动化技术、传统智能优化算法等技术来实现板坯的制造生产、智能排程，从而实现热轧车间制造设备的利用率和生产能力的最大化，进而使得能源消耗量、生产成本和热轧工序在钢铁制造全流程生产限制达到最小。

近些年随着智能制造技术在各个领域的应用，钢铁热轧生产也同样受益，包括传感技术、网络技术、智能化技术和管理技术等先进技术与热轧生产的完美结合，生产车间使用精密仪器、精密传动装置、智能仪表等先进设备，使得热轧生产技术具有更加安全稳定、高效可靠、实时通信、高合作、模块化、系统协同工作、优化生产、质量稳定等特点，实现钢铁生产中热轧的智能制造。

随着物联网、人工智能技术在整个智能制造领域应用取得的重大成果，它在钢铁热轧生产领域也有广泛应用，从而全面提升了钢铁热轧生产的效率和生产能力，实现了从现场生产情况可视化、现场机器设备的精密监控到智能算法排程和人工排程生产结合的集成管理，解决了热轧排程算法制定时可变因素的统计较多、构建模型时的各个惩罚值的设定、系统的纠错处理、控制系统的动态预警等为实现生产车间的远程监控和信息统计及处理提供可靠的技术支撑。人工智能技术的引进使得热轧生产控制系统实现了自感知、自执行、自决策、自学习、自适应。

人工智能方法不再是漫无目的的探索现有的数据去得到想要的结果，它用更加智能的手段、拥有更加聪明的“大脑”，实现具有一种类似于人类大脑的处理数据的能力。采用人工智能方法对大型数据进行处理、整合、计算更优于人类，从而在大数据中发现规律、总结规律，在钢铁热轧生产中进行数据的解析，将前期数据进行处理，可为智能排程优化算法、现场数据统计等需求提供有效的数据支撑。

3.1.3.1　基于 CPS 的高效热轧生产控制系统

信息物理融合系统（CPS）涵盖了计算机领域、人工智能领域、通信领域、控制领域与管理领域等方面的技术，并将这些技术集成合作应用于某些行业。将过去的企业信息管理和控制分离的生产模式一体化，以宏观的角度考虑整个产业的管理和控制，将整个企业的能源物资、生产设备、资金流向、员工分配、产品销售等业务集合起来，实现这些部门间的相互支持、相互协作，来实现整个企业的一体化管控，来更加细致化的分配和调整企业资源。信息物理融合系统是在嵌入式系统和信息化技术的基础上，加入了分布式实时控制理论，实现了一个分布式的控制系统结构。也可以说，CPS 是在传统控制的基础上加入了人工智能、互联网、通信等技术，使得传统控制理论的应用得到升华，因此它在各大领域都有广泛应用，如在智能交通、智能建筑、智能家居、智能机器人、航天导航、高速铁路等大型工业控制领域。CPS 更是一个能够实现实时感知、动态监测和高效可靠等功能的控制系统，让企业之间信息流通更加高效，实时监控效果更好，实现信息与控制的融合。

目前国内几家规模较大的钢铁企业都已经实现了钢铁生产全流程产业链管理，具有基于自动控制的应用和信息管理系统。但目前传统的自动控制系统已经不能满足目前钢铁企业的生产工作需求：如在决策生产新品种、新规格产品时企业需要提前给出预算；热轧生产、产品工艺、产品质量、热轧生产制造设备等方面的车间综合控制和管理；物理系统与虚拟仿真系统相结合通过信息控制系统进行处理等。

在产品预算方面，基于 CPS 的高效热轧生产控制系统可以根据现有数据（热轧车间板坯数据、板坯库板坯数据）及相似板坯的数据，通过学习算法进行数据解析，加上智能优化算法进行模拟实验得到小批量的模拟预算结果，给出新产品的预估计产量、销售情况等信息，并及时向其他部门、同级部门传送信息，并让他们做出调整，使得热轧生产更加智能化，在整个板坯生产线上实现全流程相互协作、相互沟通、综合决策。给出板坯生产的预测指导，在精度、质量上模拟真实生产情况，在成本、利润、产线安排上给出精确的模拟预测，让其他产线提前得到预测数据，预先安排自己产线的生产制造计划，让上下游工序提前对预测数据进行整合，安排自己工序的产线做充足的准备，避免应急合同、应急计划的供不应求。这使得基于CPS的智能制造技术较传统钢铁产业热轧生产控制系统更加智能化，体现基于CPS的高效热轧生产过程的自学习、自适应等特点。

在热轧车间的生产、工艺、质量、设备等车间综合控制和管理方面，基于CPS的高效热轧生产控制系统能高效、高水平、低错误率的实现热轧生产的综合控制和管理。因为热轧工序是承上游板坯库物流调度，启下游冷轧生产工序的中间环节，需要用全流程的思想考虑热轧生产控制过程，热轧排程计划直接影响冷轧的原料供应，直接影响板坯库的空间倒垛物流次序，一套完整可靠的热轧生产控制系统显得尤为重要。热轧的生产线具有连续、高速生产的特点，因此在控制方面具有实时控制、实时操作及实时显示报警的需求，而且在生产的板坯质量方面具有热轧板坯的成品精度要求非常高，车间工作环境严苛，机器设备冗大，传感器等精密仪器较多等特点。在基于CPS的高效热轧生产控制系统下能够满足这些需求，将智能制造、信息物理集合系统应用于钢铁企业热轧产线，使得具有连续高速生产的热轧产品线能够更加流畅清晰的完成作业任务，使得整个热轧信息数据系统能够实时对接热轧操作控制系统，信息数据系统为操作控制系统提供数据来源和检测依据，操作控制系统为信息数据系统实现数据实时更新和数据检测。CPS高效热轧生产控制系统还能为热轧生产提供实时的、精准的数据监测和预警显示，为热轧生产制造提供准确生产、精密制造的保障。

钢铁工业热轧生产控制的物理系统是由热轧的生产系统和生产辅助系统两部分组成，细化分为系统感知模块、智能控制模块和执行模块。在功能上具有智能感知、协作生产、后台监控和维护、信息数据交流、远程操控等特性。在生产制造上以热轧产线的各道工序的制造设备为基础，构建了一个物理信息系统控制单元。生产设备包括加热炉、精轧机组、粗轧机组等设备。辅助生产设备包括行车、辊道、垛位、机车、人员分配、操作设备等。基于CPS的高效热轧生产控制系统的物理系统在功能的具体表现为从数据采集、模式识别等数据感知功能到容错控制、异常检测、动态预警等维护功能，再到实时数据更新、采集、传递等信息数据服务功能，以及建模、优化、响应、控制等执行协作功能。以这些设备和功能构建的CPS热轧物理系统能够更好地实现信息物理的集成控制。

钢铁工业热轧生产控制的虚拟仿真系统主要解决的是钢铁企业的制造与管理全过程的仿真和优化，综合运用VR仿真技术、人工智能技术，使可视化技术与生产控制系统相结合，建立起热轧关键工序的虚拟仿真制造、钢铁企业物流全流程仿真、热轧能源仿真、关键设备的运转情况故障诊断仿真、热轧供应链的仿真分析系统。在关键工序的虚拟仿真上根据产品质量、工艺需求和工艺质量等，综合运用工厂数据处理、产品预测、虚拟制造可视化，实现单工序、多工序的虚拟制造可视化仿真，实现单工序、多工序产品质量预测与可视化分析。在企业能源及物流过程仿真方面，基于 CPS 的热轧生产系统能够实现单工序、多工序的作业生产可视化，产后运输可视化仿真等功能。在热轧关键设备的运转情况及故障诊断仿真方面，基于 CPS 的热轧生产控制系统具有关键技术、关键设备的生命周期预测，及重要设备的故障诊断、预警提示等功能。热轧供应链的仿真分析方面，基于 CPS 的热轧生产控制系统能够实现实时的仿真数据库信息、算法运行状态、产业链供应结构、供需要求等。

基于 CPS 的高效热轧生产控制系统的意义在于将热轧产线的物理设备与互联网设备进行连接实现联网控制，让这些控制设备具有计算、通信、精确控制、远程操作等功能。可以说钢铁企业的热轧产线控制是一个具有控制属性的网络，它不仅仅是网络的应用，也不是传统意义的控制系统，它强调的是大数据网络应用于传统的控制系统，使传统控制系统实现实时感知、动态监测和高效可靠的功能。基于 CPS 的高效热轧生产控制系统还强调通信技术在控制系统上的应用，因为 CPS 技术本身就是把通信技术与计算和控制等技术放在同等位置上，这种控制系统在信息交流、数据通信方面更优于传统的热轧生产控制系统。

3.1.3.2 基于 CPS 的热轧产线智能监测系统

基于 CPS 的热轧产线智能监测系统，是指通过 CPS 对热轧产线的产品质量和主要生产设备和生产车间进行实时监测，实现故障诊断和预测的目的，从而保证热轧生产顺利进行。其主要运用的技术有工业大数据、故障诊断、无线通信和移动互联网等。

对产品质量进行实时监测主要是对热轧工序的过程数据和质量进行整理和归并，实现过程数据分析和判定（如板坯数据中的厚度、长度、宽度等），提高过程控制能力，实现产品质量预判。运用物理设备和网络互联，实现过程数据在线监控，保证产品质量，降低生产中产品的不合格率。对产品进行监控后，需要对这些数据进行显示，如轧制工艺的关键参数和质量相关数据。根据板坯的厚度、长度、宽度等参数，对每个关键过程控制变量设置上下限，根据监控到的数据进行检测，记录检测结果，供决策人员使用，从而对生产过程实现智能控制。

对主要生产设备进行实时监测，分为监控和检测。监控主要是对加热炉、粗轧机、精轧机等大型设备和主要观察设备进行监控，只需在现场安装高精度摄像头和传感器，并将内容传回前台，实现生产过程可视化。检测需要对设备的具体部件进行检测，包括电机、轴承等一些电气和机械部件，对其中的温度、转速、电流和电压等信号进行实时检测并显示，根据事先设置好的参数进行比对，做出相应的预警，指导决策。实施过程包括检测元器件的安装（在轧线相应设备）和设备大数据分析平台。利用大数据分析平台，实时采集监测设备的相关数据，然后将数据存储于大数据平台，采用数据挖掘等手段，对设备运行状态、故障诊断和设备维修情况进行分析。具体操作通过远程输入输出和工业互联网将监测到的内容送到系统服务器，然后传输至大数据平台存储以供分析，显示设备运行状态和故障情况，指导生产，加强工作人员的决策能力。

板坯是保持热轧生产运行的唯一来源，对生产车间进行实时监测，主要是对板坯库进行监测。智能板坯库车间，实现板坯自动运输至热轧产线，同时利用物理设备如一些扫描监控设备，负责采集板坯的信息，包括物料信息、库位信息、行车调度信息等，通过工业互联网与设备进行通信，实现真正的自动入库、自动出库、自动倒垛、自动上料和安全防护等智能化操作。

3.1.3.3 小结

在现有的热轧生产工艺条件下，应用人工智能技术是进一步提升生产效率的主要途径，利用智能化手段对热轧生产过程进行监控和控制，采用可视化模拟仿真，可以在满足轧制生产规程的情况下，得到更优的实施方案，对轧机设备的状态及生产动态的预警起着至关重要的作用。

（1）热轧前原料板坯库承接着炼钢与热轧两个重要的钢铁生产环节，利用人工智能信息技术对板坯库板坯及设备状态进行监控和控制，可以实现板坯及设备利用率的最大化。

（2）热轧生产中的板坯加热环节，对加热炉进行数据采集解析，监控炉温、板坯温度，氧气等能源的消耗情况，可以智能化节约能源。

（3）轧制产线的智能化，一方面可以根据炼钢计划及板坯库中的库存板坯状况作为原材料因素，同时热轧产线的产品既可以作为冷轧产线的原料，也可以直接作为成品供应给客户，作为对于产品的需求情况的考虑，可以更好地进行智能化排产；另一方面，对板坯在轧机上的轧制过程的监控控制，可以提高良品率，降低设备损耗。

综上，CPS 在热轧智能制造中的监测与控制作用提升了整个热轧生产的智能化水平。

3.1.4 人工智能在冷轧智能制造中的应用

3.1.4.1 基于数字感知的冷轧产线生产可视化

冷轧产线覆盖酸轧、连退、热镀锌等多个机组，如图 3-12 所示。我国的大部分冷轧生产设备是通过引进国外先进技术，经过消化吸收后进行自主改进而建立。由于工艺设计大多依赖经验，生产过程是一个黑盒，而这些设备、技术与生产计划管理、最终产品质量紧密相关，传统的工艺、管理方法和技术难以准确解析出全流程生产计划对生产过程的设备、库存、质量的影响，因此，迫切需要对一些新的技术进行研发，以实现对中间流程和中间设备状态的监测和及时调控。

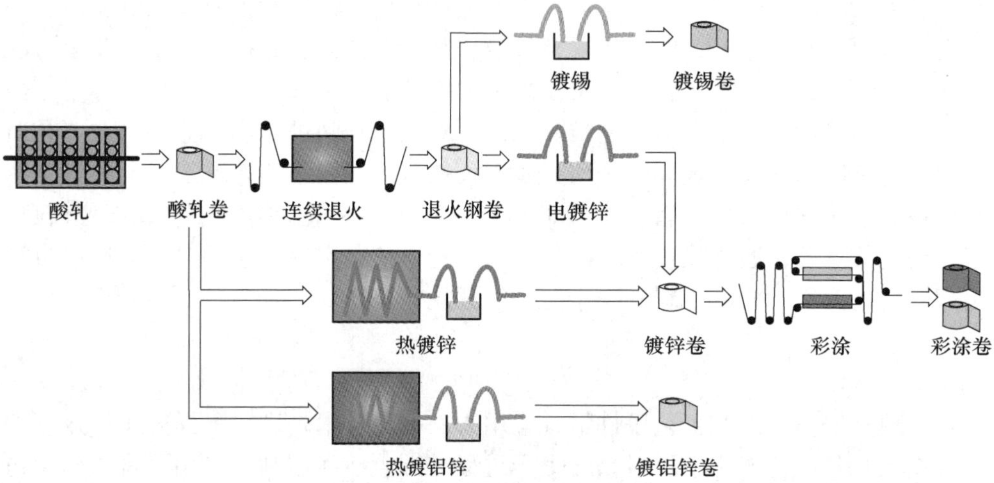

图 3-12　冷轧生产全流程示意图

科学实验表明，人对外界信息的理解有相当大的部分是通过人自身的感官来完成的，因此，可视化技术有着重要的应用价值。计算机仿真按照其核心功能可分为：（1）数字化的结果显示；（2）数据仿真的实时趋势显示和分析；（3）科学计算结果的仿真显示及交互处理。可视化属于第三种，即利用计算机图形学和仿真技术，将实际的生产环境、运行模式转换成图像、视频在屏幕上显示出来，再进行人机交互处理的一种新兴技术。可视化可以为现代的钢铁企业设计、改造、生产提供技术支撑和仿真环境，对于探索现有轧机工艺特性，改善工艺参数，提高产品的质量和产量均具有重要价值。基于数字感知的冷轧产线生产可视化如图 3-13 所示，是融合虚拟现实和增强现实技术，基于钢铁冷轧产线的工艺、装置、设备、运行情况搭建的可视化交互平台，通过计算机系统生成冷轧产线三度模拟空间，在视觉、听觉、触觉等感官上让使用者能够通过虚拟的可视化软件环境看到钢铁冷轧产线的设备、各机组的连接方式、供料方式等情况；与此同时，利用增强现实技术，实现虚拟现实的冷轧产线环境和冷轧产线产能分配计划、产销协同计划相关技术所形成的方案进行交互，对智能决策形成的方案进行测试，形成冷轧产线生产智能决策中试平台。

搭建冷轧产线生产可视化平台对于优化企业的供应链效率，提高企业的竞争优势，减少库存，加快资金周转具有重要意义。具有连续性和大量物料流动的钢

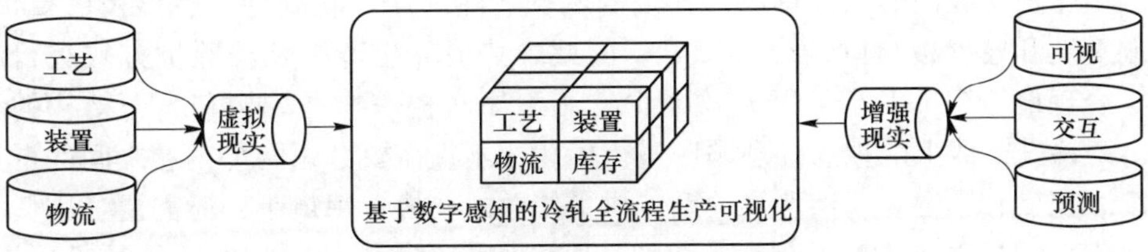

图 3-13 基于数字感知的冷轧产线生产可视化平台

铁企业供应链的管理在钢铁企业生产和经营中占有极其重要的地位，可视化的冷轧物流仿真平台建设对提高钢铁企业的竞争力尤其重要。

可视化技术搭建人机交互桥梁，通过绘制三维模型、进行仿真研究等手段，系统展示生产流程的动作控制过程，准确地找到生产过程中出现的问题，反映生产状态的问题，将传统的数据转换成可视化图像，通过人机交互参与生产监控和调度，分析数据准确的计算和分配现有资源，从而完成数据整合与生产流程的优化，能提高生产效率，节约能源。其次，友好的可视化界面也能更清晰直观的表明生产运行状态，方便生产和安全管理，减轻人们的工作负担。

钢铁企业冷轧产线可视化的统一平台，还可以实现指标与规则的逻辑关系及层级关系，对绩效和规则进行系统化、标准化、统一化的显示和监控及趋势分析，通过逻辑和层级的不断展开，显示绩效的差因，做到事前预测、事中预警、事后关差分析，并及时推送到相关具体业务人员，由系统统计警示信息关闭情况。

基于可视化的虚拟仿真技术还可以为现有的冷轧生产设备的二级控制、设计和现代化改造提供技术支撑和实验环境，有助于了解现有轧机等设备的现有工艺特性，改善工艺参数，以提高产品的质量和产量。目前已有专家针对不同尺寸规模的轧机，采用交互式 UI 和虚拟现实技术，建立能够实现设备仿真、控制仿真和管理仿真的生产过程动态仿真系统，实现不同情况下的可视化仿真并对输出结果进行跟踪和分析。

3.1.4.2 基于人工智能的冷轧排产技术

冷轧是钢铁制造工程中具有高附加值和高生产复杂度的工序。冷轧是钢铁产品出厂前的成品工序，与最终产品的质量和交货期密切相关。随着由卖方市场向买方市场的快速转型，传统的大量生产方式已几乎全部由多品种、小批量生产方式所取代。冷轧产线一般包括酸洗、酸轧、连退、剪切、重卷、包装等机组，各机组及机组之间具有严格的技术约束，且存在逆向物流。客户的个性化产品需求，在空间上导致工艺路线交织成复杂网状拓扑结构，在时间上引发不同产品对机组的竞争。

由于板带轧制的工艺特点，轧辊的磨损、热膨胀、轧制件的板形精度要求、不同宽度和厚度板材的配合等因素，因此，热冷轧生产必须按照批方式进行组织，合理地组织批生产可以有效减少轧制工序对板带物理结构和表面结构的影响。对冷轧产线上的板卷处理顺序进行优化，不仅需要考虑两个钢卷之间的退火温度、宽度、厚度等属性切换关系，尽量使总的切换费用最小，还需要考虑任意三个邻接钢卷之间的退火温度、宽度、厚度切换关系，使得切换趋势尽量平滑。冷轧生产为了提高穿带效率，大多要求入口处把冷轧卷开卷并焊接在一起，中间通过活套在核心处理装置内连续传送，在出口处重新卷曲并切割成相应的钢卷，如果相邻钢卷之间属性差别太大，需要进行动态调规格，因此要求把规格相同或相似的钢卷放在一起批量生产。处理后的钢卷需要供给其后续工序，因此在制订生产计划时，不仅需要考虑后续机组的要求，而且还要考虑必须满足用户的交货期。

冷轧排产不仅要严格遵循技术约束，而且需要兼顾生产成本、设备磨损、产品质量、交货期等多项目标，最终保质保量地将产品提供给客户。冷轧排产所考虑的要素构成了庞大而复杂的系统，基于人工智能手段开发先进的冷轧排产技术已是大势所趋。开发适合企业管理需求的冷轧智能排产技术，对提升客户满意度和企业竞争力具有重要意义。

以国内某钢铁企业的冷轧工序为例，其最终产品是用于制造高性能电磁产品的硅钢。该企业依据冷轧排产计划统一组织生产活动，排产是企业生产管理部门依据内部生产能力、外部市场情况及企业长期发展战略等因素，分层级构建的人力资源和机组产能综合分配方案。按照排产周期，可分为年产能计划、月产能计划、订单交期计划、订单月计划、物料计划、作业计划 6 个层级（图 3-14）。各个层级之间相互关联，在确定某一层级的排产之前，需要确定上层排产的有效性。上层级的排产为下层级排产提供必要的限定和指导，同时下层级排产也会影响到相应的上层级排产（如产能锁定、订单锁定等）。

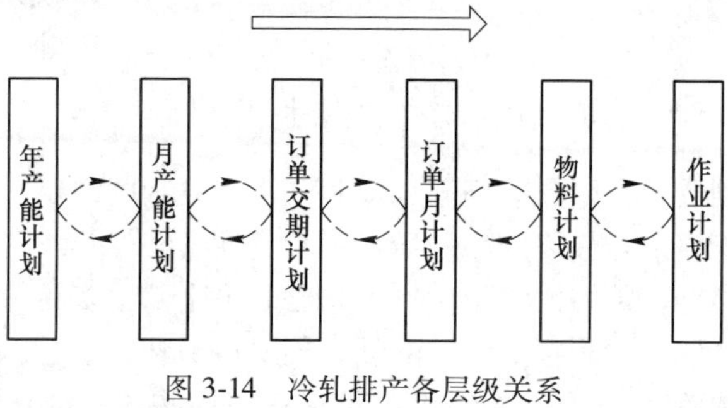

图 3-14　冷轧排产各层级关系

值得注意的是，任何相邻两个层级所关注的目标有所不同，较高层级更关注整个生产系统的均衡和平滑，而较低层次更关注排产合理、生产费用、产品质量、交货期等目标。因此，相邻两个层级的排产可视为不同利益主体之间的斯坦伯格博弈（steinberg game）过程，而多个层级的协调排产本质上是一个复杂的多目标多层优化问题。基于上述分析，采用人工经验进行排产的钢铁企业，难以从全局角度对整个生产线进行合理的排产，采用信息化和人工智能技术制定排产是必然趋势。

综合考虑安全性、可靠性、经济性与可维护性的软件系统设计理念，采用当前流行的架构模式，该系统架构基于企业内部互联网，对于连入内部网络的计算机终端设备需要提供预制的口令，通过验证获得相应的权限，这为整个系统的安全管理提供了重要支持。企业所有数据依靠服务器传输，计划员与现场工人相互交流数据信息，维护人员主要负责修改系统新功能需求、完善系统性能等工作。通过各个层级操作人员之间的数据上传、下载与反馈机制，采用整体协商一致的原则，进而实时、安全、可靠地贯彻执行制定好的冷轧排产方案。所设计的系统运行架构模式如图 3-15 所示。

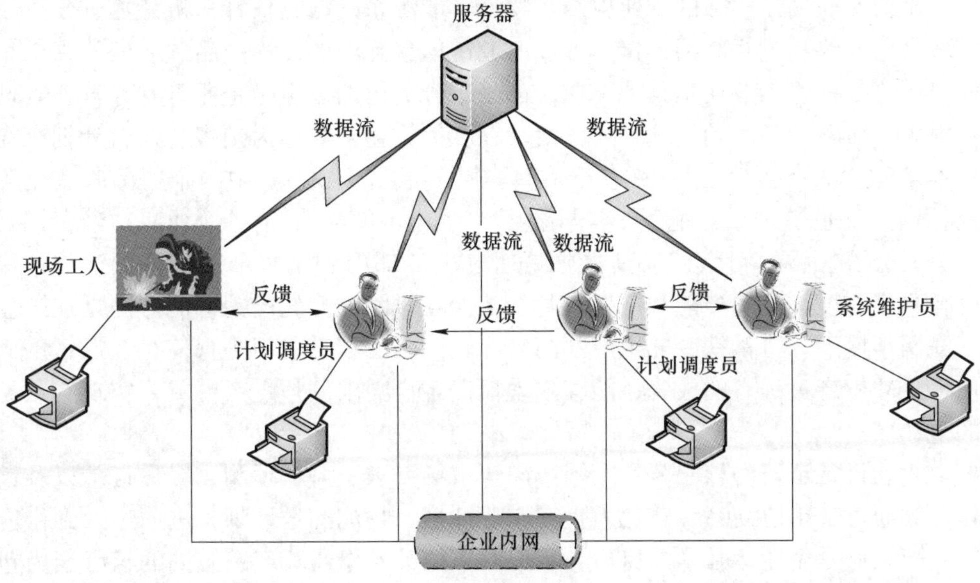

图 3-15 基于人工智能的冷轧智能排产系统架构图

基于人工智能的冷轧智能排产系统包括数据信息管理、计划制订、参数维护、历史信息查询、打印计划等功能，整个系统分为数据信息模块、排产优化模块、用户管理模块、历史计划模块等。用户通过用户名和密码登录系统，根据自身权限和需求查看历史计划信息或编制订单计划。系统界面自动显示所有机组的订单个数信息，选中某一机组点击订单信息，显示机组上订单的详细情况，确定优化目标的权重和技术指标等参数。当准备工作完成后，制订订单计划，检查其合理性，手动调整排产结果。人工手动将计划保存至数据库，方便后续打印和查询。

基于人工智能的冷轧智能排产系统充分考虑了企业的实际管理需求，设计了具有交互式操作性能的系统架构模式，嵌入了具有数据操作、自动排产、手动调整、参数调整、计划打印和历史计划查询等功能的子模块。结合计划人员和现场工人的实际技术水平，开发了友好的人机交互界面，有利于计划调度员与现场工人的快速掌握，并为后续系统的扩展升级预留足够的余地。通过在系统后台嵌入基于人工智能的高效优化算法，为制定符合实际生产需求的冷轧排产方案提供了有力支撑。鉴于冷轧生产流程在钢铁制造整个流程中的重要地位，所设计的基于人工智能的冷轧排产技术，必将有利于提升整个生产系统的有效性，有利于发挥生产设备最大效率，有利于降低资源、能源和物流成本。

3.1.4.3　基于工业互联网的冷轧产销智能协同

工业互联网是实际的工业生产、物流、能源系统与当代计算机计算、分析技术融合，最终通过互联网连接，形成产业链信息互通的一种产品。在任何一个企业，无论是钢铁工业还是其他工业，都是十分关键的，也是企业日常经营、管理中每天的必备业务活动。这种业务活动在欧美企业多被称为销售与运营计划，在日本多称“贩在生计划”（销售、在库与生产协调计划）。中国企业的叫法也不一，钢铁企业多称“交底会”“早调会”“生产调度会”，有些企业叫“经营计划与分析会”“订单落地会”。其本质是通过生产部门和销售部门的协同运作，提升客户满意度，提高产能利用率。基于工业互联网的冷轧产销智能协同是在工业互联网环境下，将钢铁冷轧生产部门与冷轧产品的客户之间进行信息互通，从而使得冷轧生产过程有的放矢，能够主动根据客户需求调整生产模式，实现有预见的生产。

企业日常运营的核心就是产销协同。市场需求、需求预测、客户订单以及销售计划通过产销协同系统转化为生产制造计划、物流配送计划，进而进入到供应链制造。这是企业运营承前启后、承上启下的关键枢纽。产销协同的核心能力包括：(1) 销售订单和潜在用户的销售需求预测；(2) 生产单位根据所接订单对订单完成情况的评估；(3) 基于订单结构的铁矿石等原料采购计划（短期与中长期）制定；(4) 原料、在制品、产成品物流计划的决策。

韩国现代钢铁集团通过与现代汽车进行信息共享，了解现代汽车公司的生产现状和需求情况，可以在客户尚未意识到缺货时进行提前备货，从而缩短给企业的交货周期；另一方面，通过和客户的深入合作，了解客户对产品技术参数的需求情况，有针对性地进行产品升级改造，提高客户满意度。在我国，宝钢集团已经实现通过与大众汽车、宝马汽车进行合作，信息共享，实现基于工业互联网的冷轧产销智能协同。

3.1.4.4 冷轧分布式制造云服务平台

钢铁冷轧云服务是基于互联网提供的动态易扩展的虚拟化资源，对冷轧原有服务平台进行的基于网络的服务平台。冷轧制造云服务平台的优势在于利用云计算供应商提供的专用的基础设施，与在单一的钢铁企业内开发相比，云服务平台能够提供更专业、更便宜和更可靠的服务，同时，能够利用云服务平台的全部资源而不需要钢铁公司采购类似的物理资源，从而使得钢铁企业获得更大的利润。从管理模式上看，冷轧云服务平台上所有的管理活动都经由一个中央服务平台而不是由某个单独的终端来管理，这使得员工能够通过网络来进行远程访问企业的相关数据；与此同时，当冷轧的生产流程进行扩建、业务范围扩展导致服务平台需要扩展存储空间时，公司只需要从通用云平台中租赁另外一个虚拟服务器，这比企业购买新的服务器周期更短、效率更高；冷轧分布式制造云服务平台是对企业传统的信息化管理模式的一个改变，将影响运行应用的每一个用户，大大降低了钢铁信息化公司的工作量，也提升了云服务平台使用者的工作效率。

在大型钢铁生产企业中，冷轧分布式制造云服务平台是在互联网时代，冷轧生产单位提升自身管理水平的必由之路。一直以来，钢铁行业是国民经济的基础，钢铁生产具有生产流程长，工艺复杂的特点，在各个环节中，会产生大量数据。目前钢铁企业原有的信息管理模式存在信息体系庞大、新业务上线节奏缓慢、设备利用率低等问题，因此，要实现向“智能制造”的转变，钢铁企业亟需将新兴的云计算等技术充分应用到生产、销售、管理等各个环节中，实现生产、物流、质量、安全的智能化管理，为钢铁企业自主开发的各项核心智能制造功能系统单元的提升提供信息化保障。

3.1.4.5 小结

在当前的冷轧生产运行环境中，人工智能是进一步提升生产运作水平的关键突破点，可视化、智能排产、智能产销协同、云服务平台是在钢铁生产过程中可提升智能化水平的有效途径。

（1）冷轧智能生产的前提是确保获得的智能化决策方案的可执行性和稳定性，可视化是对实际生产流程的仿真，也是对智能化决策方案校验、调整的基础，另外，通过搭建可视化平台可以深入挖掘生产流程潜在信息，提升生产执行过程的反馈和调整能力，最终实现智能化水平的提升。

（2）冷轧人工智能的本质是智能化决策能力，智能排产是结合对采集数据的解析，优化决策冷轧生产计划和调度方案，从而实现生产管理的智能决策能力。

（3）冷轧生产的最终产品直接面对客户，因此，在生产过程中要充分考虑客户需求，通过智能产销协同可以有效提高多品种小批量的客户需求的满意程度，同时降低产销协同的沟通成本。

（4）冷轧生产流程包括多个生产阶段和多个生产装置，在地理位置上分布较广，其控制器也被迫具有一定的分散性，为了实现冷轧整体智能化水平的提升，建立分布式制造云平台是实现冷轧智能生产的重要支撑。

3.1.5 人工智能在钢铁智能物流中的应用

由于钢铁生产具有连续及半连续的特点，因此钢铁物流形式是多段式运输、多段式存储，具有物料形态多样、流动量大、物流设备种类多等特点。随着物联网、人工智能技术在钢铁成品物流领域的应用，将全面提升库存管控水平和物流效率，实现从现场实体物料的物流优化到信息空间中的数据流管控，为运输信息的分析和管理提供新的技术支撑，使钢铁企业物流从仓储物流设备、物流环境到物流信息等多方面逐步实现自动化、数字化、智能化。

钢铁企业已经在利用人工智能和优化手段来为物流过程提供信息和优化决策，如仓储优化和运输路径优化，以及进行与库存、运输工具、车辆和人员等问题相关的实时优化与决策。

搭建钢铁成品物流系统信息平台，内嵌人工智能技术以实现钢铁物流运输与管理的智能化，对物流流程进行分析，预测订单信息、运输信息以辅助生产顺行。对物流环节进行战略优化，从原料入厂、生产、成品库存、发货运输到客户做出最佳决策，对仓库位置、运输路线、车队规模等做出长期战略选择，可进一步降低能耗、提升物流及生产效率。智能信息化的钢铁成品物流系统将能够更好地满足经济发展和客户对运输服务的需求。

3.1.5.1 无人化料场

目前国内大部分钢铁原料场的堆取料机在信息传递、堆取操作、料场管理等方面依然是靠人工经验进行操作。钢铁企业生产所需的原料往往需要贮存在原料场内，传统原料场往往堆满了煤渣、矿渣等各种粉尘原料，工人在这样的环境手工操作原料堆取，工作效率不高，且影响环境。传统的作业方式不仅制约了堆取料作业效率提升，恶劣的作业环境也给操作人员的作业安全带来一定影响。料场无人化技术可以对堆取料机进行远程智能控制，在保证堆取料能力的基础上，实现堆取料无人化运行，这对提高堆取料作业效率，确保作业安全有重要意义。基于无人化料场技术的智能控制系统从信息的采集、作业模式的判定、作业计划的自动生成到堆取料作业全部由计算机和控制器自动执行完成，系统能够完全替代人工作业和管理，使料位管理、计量信息、设备状态信息、计划信息、作业信息、场地利用信息以及各类作业指令的协同性、及时性、准确性等得到极大提高。

A 智能化钢铁原料场关键技术

(1) 堆取料机无人化作业。传统的堆取料机需要人工操作装卸物料，智能料场依靠堆取料机无人化系统，通过检测元件识别堆取料机和作业对象的位置，自动判断并执行下一步的动作，实现设备的自动作业。堆取料机无人化存在堆取料机定位、堆料高度识别、限位控制、料流位置精准定位、重停控制程序等技术难关，尤其悬臂斗轮堆取料机实现自动化的难度非常大。

(2) 基于激光扫描的自动盘库技术。智能料场采用激光扫描仪对实际料场和料堆进行扫描，并根据点云数据对料场建模，生成与实际料场完全一致的虚拟料场。

(3) 运输路径自动化。原料场的运输系统要将各种物料输送到对应的需求单元，传统料场依靠人工控制运输系统中各设备如皮带运输机的启停和路径选择。在智能料场中，只需在物流系统设置物料的起点和终点，系统就能按照时间、能耗、计划、线路长度等策略，实现物料的自由输送和最优路径自动选择，大大提升了料场生产效率，减少能耗，避免了人工误操作。

B 钢铁原料场智能决策

智能化钢铁原料场的智能决策系统包括：智能流程优化决策系统、智能混匀配料系统、堆取作业无人化系统、数字化料场系统和三维生产仿真系统等。

智能流程优化决策系统综合考虑运转成本、设备状态、检修计划等信息，智能决策出距离最短、能耗最低的最优动态流程，自动匹配物料属性，自动跟踪物料流向，自动控制运输量，流程一键式操作，胶带机根据用户需求智慧运行，提升作业效率，降低总能耗。

堆料无人化系统根据设定工艺参数，结合运动路径解析模型和堆料动作策略模型，实现自动对位、自动移位、自动遛垛，支持定点堆积、鳞状堆积和自由续堆等多种堆积方式，整个堆料过程无需人工干预，物料堆存整齐划一，提升料场利用率20%。取料无人化系统利用料堆三维图像数据和图像分析模型，结合大车综合姿态定位技术，采用进尺回转分层取料，并通过料堆形状识别模型自动折返，实现自动恒流量取料，减少沿途撒料，整个取料过程无需人工干预。堆取作业无人化系统实现堆取料机的姿态精确定位、故障自诊断、自动防碰撞、高清监视、远程操控和全自动作业，消除人工作业的不稳定因素，提高作业质量，提升劳动生产率。

湛江钢铁数字化料场系统利用三维激光设备实时扫描料堆轮廓，采用图像处理技术和高精度三维图像重构技术，对整个料场进行矢量化建模，建立实时的料堆三维数字化模型，并结合图像分析模型精确计算料堆体积和重量，实现料场的智能盘库、数字化管理和精细化管控，从而显著提升盘库效率。

湛江钢铁原料场智能化建设一期 11 台堆取料机采用“作业指令全自动化操作、3D 扫描通信传输”等技术，全部实现智能化运行。二期 7 台堆取料机智能化项目已完成。山钢无人料场控制系统研发工作也取得突破进展，三维成像、数据库和界面协调运行完成现场测试。

3.1.5.2　无人化板坯/板卷库

借助物联网和人工智能技术在钢铁物流中的应用，推动了以板坯/板卷库中行车控制系统的发展，实现了无人化智能行车。通过对传统天车进行改造，通过与智能技术、信息技术的深度融合，为传统天车增加传感器使其具有感知能力，为传统天车增加控制执行器使其具有控制能力，为传统天车增加调度器使其具有智慧决策能力，最终实现智能行车。通过与钢铁企业三级及二级系统的对接，实现了工序生产计划与物料需求计划的协调同步。通过天车自动运行、空间位置智能分配决策及行车路径优化，确保库区空间合理使用，提高行车有效利用率。

无人化板坯/板卷库采用智能夹具、防摆行走控制、机器视觉技术、行车优化调度管理技术、智能物流优化技术等，使板坯/板卷库等半成品库具有全自动、无人化、高效等特点，可显著提升库区自动化水平，提高物流设备有效利用率，保证生产节奏稳定，降低物流成本。

山钢给天车配上“虚拟空姐”，实现无人驾驶。智能行车系统综合利用激光扫描成像、测距、防摇、防撞、二维码生成、手持终端扫码与解析、工业无线通信等技术，对现有行车进行升级改造。通过库区管理系统与行车自动化系统的无缝对接，行车不仅在卸车、装车方面实现无人化，倒垛、盘库等一系列操作都可以实现自动化和智能化。

宝信无人行车全自动仓库系统（UACS）在 CLTS 基础上，采用无线通信、精确定位、路径自动优化、激光三维扫描成像、电子防摇、多台行车协调作业等技术，并增加行车自动控制、库区自动管理等相关软件，实现库区及行车全自动无人作业与管理生产效率提高。这一系统目前已在厚板、热轧、冷轧等钢制品仓库及成品库广泛应用，适用于钢卷、板坯、线材等多种物料。

湛江钢铁无人化行车，铁路成品库 A 跨 3 台无人化行车、1550 冷轧后库 5 台行车和成品库 10 台无人化行车采用多项检测、控制新技术，实现高效稳定运行，如图 3-16 所示。

首钢股份公司硅钢事业部酸轧轧后库刚刚上线了一套智能仓储系统，实现了库区天车无人化和仓储智能化。这套智能仓储系统是由首钢自主研发的首个智能仓储示范库。

图 3-16 湛江钢铁无人化行车

如图 3-17 所示，柳钢通过行车、库房和无线控制网络等基础设备自主智能化改造，并自主开发了智能库区管理系统和无人库区人员安全智能防护系统，合作开发双车协同及路径优化算法控制，再集成佰能吊钩防摆控制系统，实现了以无人值守行车控制管理为主，库区智能管理为辅的全智能集成系统。

图 3-17 柳钢冷轧厂无人天车系统

3.1.5.3　人工智能在钢铁成品物流中的应用

水路运输是钢铁成品主要的交通运输方式之一。水路运输系统智能化即为运用先进的传感识别、智能标签、通信网络、智能计算、信息控制等高新技术，对钢铁成品、船舶、航道、港口等水运要素进行智能感知、实时跟踪、动态监控，构建高效、安全、环保以及钢铁成品运输信息服务一体化的水陆运输系统。水路运输系统的智能化主要体现在船舶智能化、航道智能化、港口智能化、海事监管智能化，这里面包括船舶信息感知与服务技术、港口管控一体化技术、水陆交通管控自动化技术、水路运输仿真技术。这些智能化技术可以实现高效、安全、环保的钢铁成品水运物流。

钢铁成品的铁路运输的智能化研究与建设要集中在铁路网智能调度、铁路网智能化建设、智慧航运、陆运站资源管理和列车电力推进等铁路交通智能化领域，加强对智能列车、信息传输网络技术和列车联网在铁路交通智能化领域的建设，以大幅提高钢铁成品的内陆运输效率。

陆运是一种灵活短途的钢铁成品运输方式，而高速公路是陆运过程的主要载体。智能化的高速公路系统是智能交通系统的一个重要组成部分。高速公路智能交通系统主要由监控系统和通信系统两部分组成。监控系统主要对高速公路交通信息、气象信息等方面进行监控和信息采集；通信系统的主要功能是实现道路交通信息传输和交换。智能化钢铁成品陆运系统一方面保障高速公路安全畅通，另一方面提高钢铁成品运输效率。

首钢股份建立了供货看板平台，与客户、港口、物流公司、港代公司、各外租仓库信息系统对接，采集了大量翔实的基础数据，一方面为首钢内部各信息系统提供数据源，另一方面为供应链上各方提供所需物流信息，并为战略客户提供从签单到发货各阶段的信息。

3.1.6　人工智能在钢铁能源管控中的应用

3.1.6.1　能耗监测及管理云平台

钢铁企业能源管理是集过程监控、能源管理、能源调度为一体的管控一体化计算机系统。由于钢铁企业能源种类多、变动频繁，传统的能源管理方式耗时长、效率低，而且生产实际信息与管理信息无法同步。能源管理云平台充分利用云计算体系架构的高性能计算、大容量存储及管理效率，有效解决各类实时监控系统分布异构、计算复杂、使用烦琐、升级维护困难等实际问题。云环境下钢铁厂能源管理系统的云架构可分为如下三个类别的服务（如图 3-18 所示）。基础设施服务（infrastructure as a service）、平台服务（platform as a service）和软件服务（software as a service）[9]。对应层级包括：数据整合层对不同维度和采集频度的能源信息按照类别进行分类归档，提供历史数据的查询和管理，保证故障信息的完整性和唯一性；应用平台层主要进行能源监控和能源管理；发布层通过各种网络对整个能源监控管理平台的信息进行对外发布共享。通过能耗管理云平台，利用各种能源计量设备、无线网络技术、有线网络技术、数据库技术、工业控制技术和计算机软件技术，整合分散的能源信息（信息孤岛），实现能源信息统一的汇总、计算、分析，科学的得出节能操作指导报告；科学的挖掘出节能潜力，实现能源管理的节能降耗，提高生产效益。

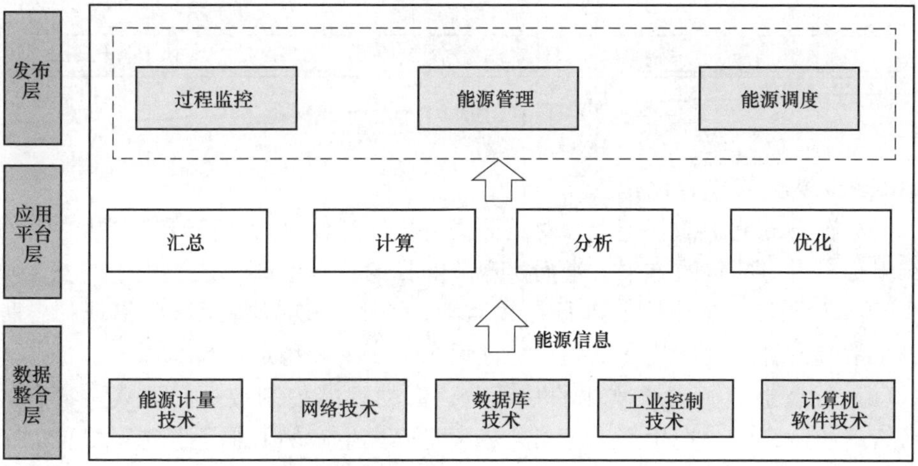

图 3-18 能耗监测及管理云平台结构

3.1.6.2 基于 CPES 的工业能源互联网

CPES（cyber-physical energy system，信息物理融合能源系统）[10]，集成先进的感知、计算、通信、控制等信息技术和自动控制技术，构建物理世界和虚拟世界人、机、物、环境、信息等相互映射、适时交互的复杂系统。传统的能源管理信息系统（EMS 系统）已经无法完全适应新形势下对能源的管理和要求。信息物理融合能源系统能够全面感知环境与能源信息，支持信息流与能源流的双向流动，能源供需的优化配合，为能源系统供需的整体优化控制与决策奠定基础。

智慧能源管控是依托能源大数据优势，以设备、设施的集控技术为保障，为企业定制生产提供支撑，实现能源供给方式的多元化，在合理用能的前提下，实现能源供需智能分配。即以物联网实现的企业 CPS 系统为载体，利用传感器通过网络收集现场感知的各类生产与能耗数据，进行关键工序与过程能耗预测与核算，为能源优化提供参考，其系统架构如图 3-19 所示，具体功能包括：

（1）建立智能能耗在线监测平台，保证能源管理工作的实时性和透明性，通过智能能源消耗在线检测系统，实时检测企业的各主要负载的能源消耗情况，保

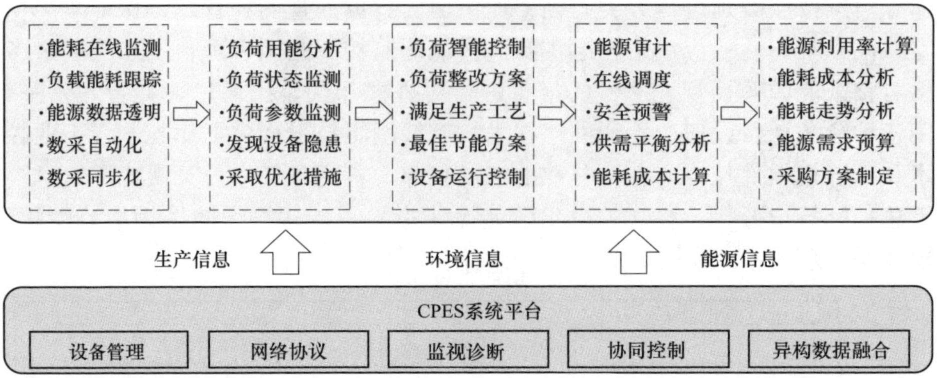

图 3-19　信息物理融合能源系统架构

证数据在采集过程中自动化、同步化。

（2）在管理能源的基础上，对负荷侧的用能特性进行在线详细分析，针对监测结果提出对应的整改方案，进而实现节能目的；对生产工艺流程中的各个负荷的实际运行状态及参数特征进行在线监测，及时发现设备运行中出现的各种隐患，采取具有针对性的优化措施，保证设备的安全和稳定运行。

（3）在智能能源在线监测的基础上，借助智能控制装置，建立科学有效的负荷智能控制系统，在生产运行工艺，满足安全生产的要求下，选择最佳的节能运行方案，使设备运行时间得到控制。

（4）开展更深层次的能源审计，对节能方案进行全面、系统、科学的分析，实现能源智能化管理，包括在线调度、安全预警、供需平衡分析等功能，最终实现能耗精确计算，实时计算企业能源消耗量和消耗成本、能源利用率。

（5）通过能源使用分析，可以分析对比企业单位时间内产品的能耗成本，实现对能耗走势的分析掌握，从而更好地减少能耗浪费现象；通过能源需求预算，可以按天、月、季、年来预算企业的能源消耗情况，保证采购部门采购方案的经济合理性。

因此，在大数据分析的基础上，实现信息物理融合能源系统安全优化是国家重大需求和国际学术的前沿，具有重大的社会经济效益。

3.1.6.3　基于智能工厂的能源协同管控与可视化

能源协同管控是基于循环经济的发展理念，依托高效可靠的能源管控平台，开发建设大型联合企业园区能源管控中心 + 能源岛 + 能源互联网络系统[11]，如图 3-20 所示。

（1）系统实现了钢铁工业园区能源环境综合评价系统、能源网络化系统、能源信息化系统、能源结构优化系统、科学配置能源方案系统、智能管控能源供需

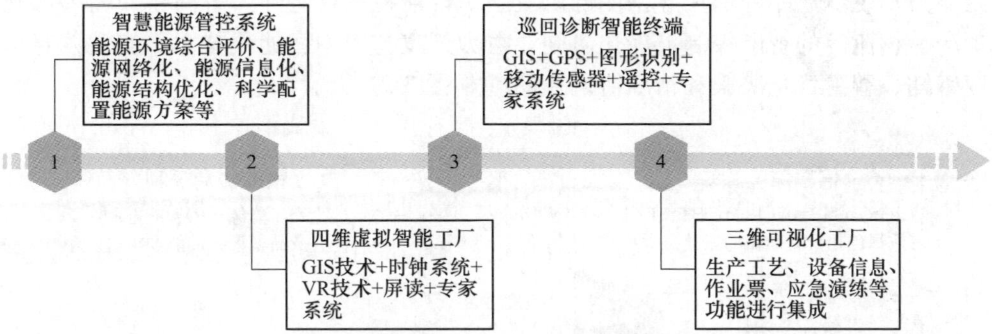

图 3-20 智能工厂中能源管理趋势

平衡系统、能源负荷中长期预测系统、能源互联岛网络化系统、集中环保监控系统、集中能源与分布式能源调配系统 10 大功能模块。

（2）系统解决了钢铁工业园区“燃气+蒸汽+电+除盐水+采暖水+冷冻水”，各类能源介质间的耦合转换关系，运用新型节能技术实现了能量梯级利用和循环发展再利用，实现了固、液、气、汽的综合能耗最小化，达到了固废、废液、废气、废渣的综合环境零排放的环保要求。钢铁企业的智能制造要实现大发展，应在能量流、物质流与信息流基础上，利用统一的信息平台，将生产管控、能源管控、环境管控、信息计量、设备管理、运输管理、安防等一系列系统有机结合，在一个指挥大厅内建设智能调控中心，实现智能协同管控，实现物质流、能量流与信息流同步协同管控，做到物质流、能量流及信息流的有机结合，达到生产综合指标最优。现代的能源管理不仅仅是一种信息化系统和平台软件，更应该作为“能源网络”进行智慧设计和建设、管理，对能源的可持续性、可循环性利用通过全网设计和全网优化的理念来进行管理，实现和完成构建智慧能源环境管控中心的延伸思考，以 GIS 技术 + 时钟系统 + VR 技术 + 屏读 + 专家系统构建“四维虚拟智能工厂”，应用于钢铁企业的全景教学、事件回顾、实时分析、事故推演和智能预测等。以 GIS + GPS + 图形识别 +移动传感器 + 遥控 + 专家系统构建“巡回诊断智能终端”，实现对图像、表计和颜色的识别、温度、湿度、pH 值、林格曼黑度、气体组分、热值和水体电导率等的远程实时监测。这种智能终端适用于危险环境、重复工作、精确测量和现场验证等，搭建三维可视化工厂，并与生产工艺、设备信息、作业票、应急演练等功能进行集成，为生产操作和管理人员提供直接的业务场景展示。

3.1.6.4 基于物联网的绿色能源智能制造

社会和工业的发展都要求可持续性，要求钢铁企业绿色、低碳、环保以及能源的高利用率和再生循环利用。为解决我国钢铁行业产品结构失衡、高端产品供给能力不足、产品外形尺寸精度低以及组织性能控制稳定性差等问题，需要实行生产、物流等的智能控制与优化协同，着力开发与应用智能化技术，实现信息深度感知、智慧优化决策和精准协调控制（如图 3-21 所示）。

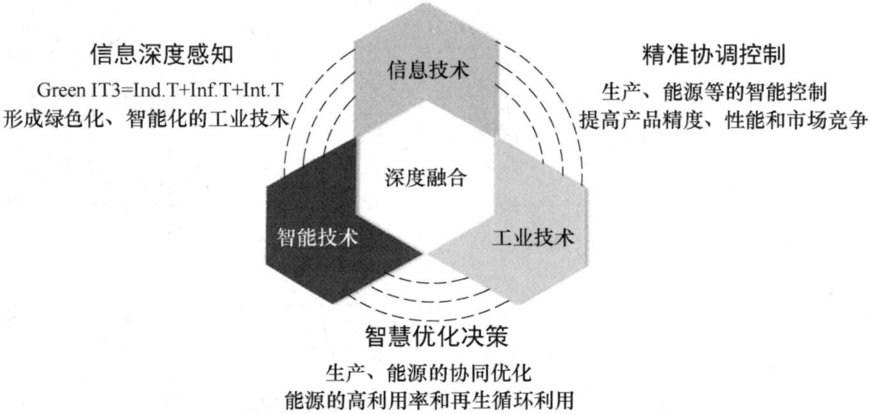

图 3-21　信息技术深度融合的能源智能管理

智能制造的核心是将工业技术（IT：industry technology）与信息技术（IT：information technology）和智能技术（IT：intelligent technology）深度融合，形成绿色化、智能化的工业技术，即 GreenIT3 = Ind. T+Inf. T+Int. T[12]。智能制造是创新的共性使能技术，使产品向中高端、绿色化、低成本、高性能方向发展，从根本上提高产品精度、性能和市场竞争力。开发减量化绿色工艺与装备（含自动化），减少资源和能源消耗，减少污染和排放。在实施绿色化的过程中，实行生产、能源等的智能控制与优化协同，着力开发与应用智能化技术，实现信息深度感知、智慧优化决策和精准协调控制，以智能提高我国钢铁生产过程和产品的绿色化、智能化水平。

3. 1. 6. 5　小结

能源作为支撑钢铁企业生产发展的重要资源，对其进行有效管理将提高钢铁企业的效益，促进钢铁企业的可持续发展。目前国内所有钢铁企业都已设立智能能源管理中心，通过先进的技术、安全的系统、可靠的平台进行管理和操作，提升能源管理水平。在能耗监测、管理的云平台开发，能源供需智能匹配、能源精细化管理，基于物联网的绿色能源智能制造，能源管控可视化和智能工厂方面都取得了初步的成果。随着工业 4. 0 技术的逐渐成熟，互联网技术、IT 技术、大数据技术、自动化技术的快速发展，将人工智能融入钢铁行业能源管理系统中，收集和分析大量的能源数据，获取有价值的信息进行节能技术分析、能源消耗预测、深入挖掘节能潜力，已成为实现制造业的智能化转型的大势所趋。

为了深化人工智能技术在钢铁企业能源管理中的应用，需要进一步实现工业技术与信息技术、智能技术的融合，充分利用目前高速发展的并行计算、大容量存储技术，有效解决各类能源实时监控系统分布异构问题导致的数据差异；建立基于云计算技术的全厂大数据中心，提供廉价的IT系统，快速的部署，灵活的软件服务，提升钢铁企业能源管理运作效率、降低运行成本，快速适应市场环境的变化；进一步提升物联网技术在钢铁行业能源管理领域的作用，整合多种能源信息资源，对庞大的能源系统进行智能化识别、定位、跟踪、监控和管理，实现能源全生命周期自动追踪管理，提高能源资产利用率；引入智能数据分析技术，对海量的能源数据进行深层次加工提炼，为企业生产建设提供依据，对能源系统的各个环节进行分析对比，为企业规划提供指导，让信息产生更大的价值；通过数据安全协议，打通生产系统和能源系统之间的壁垒，开放共享生产数据与能源数据，提升能源管理的地位，研究生产与能源协调优化技术，逐步完善、提升钢铁企业的智慧能源管理水平。

3.1.7 案例1：鞍钢智能制造进展

3.1.7.1 鞍钢简介

鞍钢集团有限公司于2010年5月由鞍山钢铁集团公司和攀钢集团有限公司联合重组而成。鞍山钢铁集团公司是新中国第一个恢复建设的大型钢铁联合企业和最早建成的钢铁生产基地，为国家经济建设和钢铁事业的发展做出巨大贡献，被誉为“新中国钢铁工业的摇篮”“共和国钢铁工业的长子”。攀钢集团有限公司是世界最大的产钒企业，是我国最大的钛原料和重要的钛白粉生产基地。2018年，鞍钢集团位列世界500强榜单的第428位，2019年升至第385位。鞍钢集团在我国东北、西南、华北、东南、华南等地拥有生产基地，现已成为涵盖钢铁、钒钛、矿业、金融、贸易及工程技术、信息产业、物流能源等产业领域最具资源优势的特大型钢铁企业集团。拥有普钢、特钢、特种材料和钒钛等完整产品系列，具有年生产钢4300万吨、铁精矿4000万吨的综合生产能力。产品广泛应用于航空航天、核电、桥梁、建筑、工程机械、铁路、汽车、机械、造船、家电、集装箱、石油石化等数十个行业；其中军工用钢、铁路用钢、海洋工程和造船用钢、桥梁用钢、汽车用钢、钒钛产品、能源用钢等系列产品世界一流、国内领先。拥有两个国家重点实验室，是国家首批“创新型企业”、中国首家具有成套技术输出能力的钢铁企业。

3.1.7.2 鞍钢信息化、智能化建设历程

鞍钢集团自“十五”期间开始启动信息化建设，于2002年制定《鞍钢综合管理信息系统总体规划》并组织开展了ERP产销系统及配套MES系统建设，实

现了企业生产信息化与工业化的初步融合。“十一五”期间，鞍钢集团以 ERP 产销子系统为核心，逐步拓展了财务、设备、储运、质量、结算等 ERP 子系统及配套 MES 系统建设，推动了非钢产业基础自动化、过程控制及生产管理系统建设。“十二五”期间，随着鞍攀重组整合，鞍钢集团实现了由生产型企业向多元产业集团的转变，信息化建设重心逐步向推动各子企业专业管理信息系统建设转变。“十三五”期间，鞍钢集团重点加强数据中心、网络、信息安全等基础资源管控建设，推进集团公司统一管理类信息系统及应用服务类信息系统建设，推进子企业专业管理系统建设，实现了业务协同与信息共享。2018 年，鞍钢集团制定了《智慧鞍钢发展规划》，围绕智慧管理、智能生产两条路径开始全面推进智能制造建设。

3.1.7.3　智慧鞍钢发展规划

鞍钢集团深入贯彻国家“制造强国”发展战略，全面落实钢铁行业高质量发展要求，围绕鞍钢新时期发展战略，结合钢铁企业工业流程长、产品种类多、质量控制难、能耗物耗高的特性，通过对标国内外同行业先进制造企业，分析新一代信息技术在钢铁领域应用场景，剖析企业战略规划、发展定位与智能制造要求的符合程度，制定了《智慧鞍钢发展规划》，明确了“看得见、管得住、放得出、进得来”的基本要求，以及“统一规划、统一标准、分级投资、分级管理”的基本原则，围绕“智慧管理、智能生产”两条路径全面推进智慧鞍钢建设。到 2020 年建成智慧鞍钢模板示范（如图 3-22 所示），打造采矿、选矿、炼钢、轧钢、厚板等 17 条关键生产工序智能制造试点示范；到 2022 年，建成智慧鞍钢支撑保障体系，探索建成工业互联网平台及互联网+服务平台；到 2024 年，实现智慧鞍钢全面推广覆盖，打造行业级钢铁 AI、矿业 AI、矿钢 AI 工业互联网平台。

A　智慧鞍钢顶层设计

智慧鞍钢发展规划主要包含智慧管理、智能生产、信息化支撑保障体系三个方面。

a　智慧管理

基于大型钢铁企业信息系统相对独立、发展不均衡的现状，构建“稳定可靠的后台、统一灵活的中台、敏捷高效的前台”的三台架构，打破现有信息系统壁垒，实现数据横纵互通；打破业务壁垒，实现端到端集成；打破企业壁垒，实现上下游信息协同共享。其中大型企业集团层面重点围绕“人、财”核心业务，建设管理决策信息系统，实现战略决策智慧化、风险防护可控化、在线监管全面化，优化企业组织架构、简化业务流程、提升工作效率，解决集团公司对子企业管理方面存在的大尺度感知、授权不失控等难题。生产经营子企业层面重点围绕

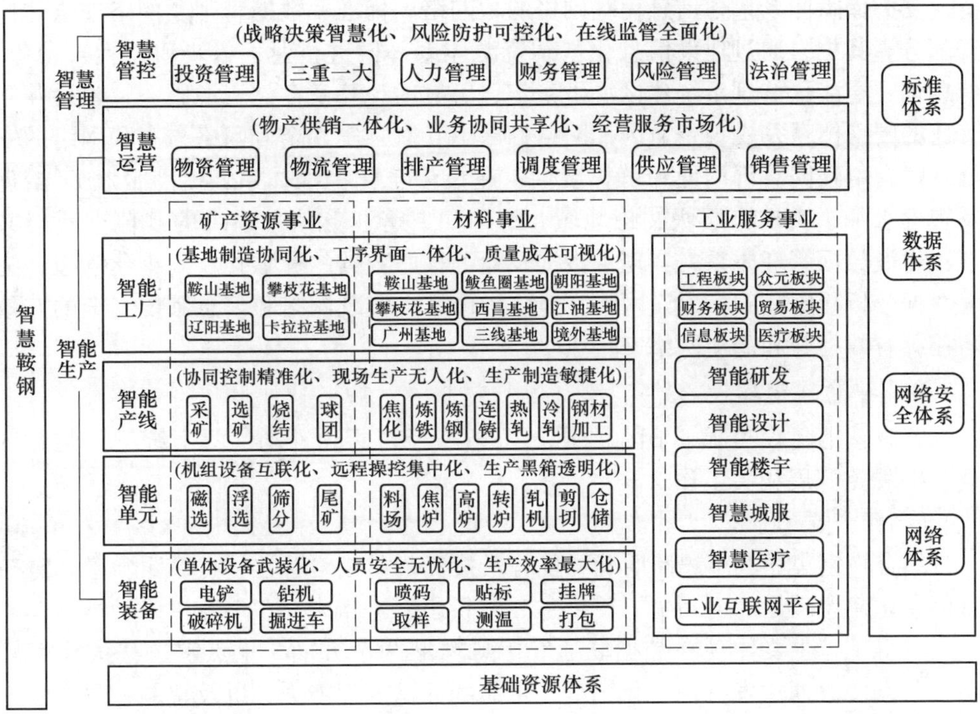

图 3-22　智慧鞍钢规划蓝图

“物、产、供、销”业务健全经营管理、制造管理、设备管理、运输管理等专业信息系统，满足对外快速响应市场、对内高效共享协同和一体化运营管控的需要，实现物产供销一体化、业务协同共享化、经营服务市场化。

b　智能生产

基于钢铁企业典型的信息化三层五级架构，构建“智能装备、智能单元、智能产线、智能工厂、智慧运营”五级递进的架构体系。其中，智能装备层面重点引进工业机器人，提升单体设备的精密化、网络化、自动化、信息化、柔性化、智能化、可视化、集成化水平，实现全生命周期的精细化管理。智能单元层面重点建成工业物联网络，将“人与装备与信息”联通，实现万物互联，优化生产各环节控制模型，实现生产单元的无人值守、远程集控及一键生产。智能产线层面重点以 MES 系统为核心，推动生产管理系统及专家管理系统建设，构建数学机理模型，破解钢铁生产各环节的黑箱系统，实现物质流、能源流、信息流统一。智能工厂层面重点将生产数据、信息系统、业务应用等进行集成，实现数字虚拟工厂与物理实体工厂之间的有机融合，打破钢铁生产各工序界面之间的壁垒，实现全流程管控。

c　支撑保障体系

支撑保障体系包含信息化基础资源、网络、标准、数据管理及网络安全防护五部分。其中，通过建设信息化基础资源体系，推进企业上云步伐，为自动化、信息化、智能化信息系统建设提供稳定、可靠的计算及存储资源服务；建设互联互通的网络体系，实现企业内部网络的高速互联，实现企业网络与互联网络的安全互联，增强网络可用性和可扩展性；建设信息化标准体系，提高企业 IT 治理及管理水平，实现跨层级、跨地域、跨部门、跨业务信息系统的规范交互与共享；建设数据管理体系，实现主数据及业务核心数据的标准化、集中化管控，为大数据分析奠定基础；建设网络安全防护体系，实现网络和信息系统安全的有效防控，有效杜绝和避免网络安全风险。

B　智慧鞍钢建设思路

智慧鞍钢建设遵循“四个要求、两条路径、两种推动、两个统一、两个分级”的思路开展相关工作。

a　四个要求

结合鞍钢集团改革思路明确的优势及投资公司战略管控特点，明确了智慧鞍钢信息化建设满足“看得见、管得住、放得出、进得来”的基本要求。

看得见：主要体现在数据联通、信息精准两个方面，重点解决“大尺度感知”的问题。通过发挥信息化精准、可靠的数据处理能力，以及智能、便捷的系统交互能力，将集团内部各类数据信息进行联通，集团公司各层级可通过多种途径实时查看到所关心的精准信息，为业务分析及战略决策提供支撑。

管得住：主要体现在事前预警、风险管控两个方面，重点解决“授权不失控”的问题。通过发挥信息化规范、标准的业务支撑能力，以及全面、高效的信息管控能力，规范集团内部业务流程、优化作业环节，通过数据信息的全面集成，实现风险信息的事前预警，提高风险管控能力。

放得出：主要体现在灵活运营、可分可合两个方面，重点解决“主体独立性”的问题。通过发挥信息化灵活、敏捷的 IT 架构支撑能力，以及协同、高效的应用服务能力，打造物理共存、逻辑独立的 IT 架构体系及信息化公共服务平台，通过平台化、服务化建设理念有效支撑投资型公司灵活运营管控模式的实现。

进得来：主要体现在快速覆盖、管理优化两个方面，重点解决“管理移植力”的问题。通过发挥信息化快速、稳定的平台移植能力和便捷、灵活的功能配置能力，快速实现被收购、兼并、重组企业的信息系统全覆盖，实现互联互通，同时利用信息系统优化其业务流程，提升管控水平。

b　两条路径

结合鞍钢集团信息化及工业化建设现状的优势及智能制造推进思路，明确了智慧管理、智能生产两条实施路径，力争实现管理模式向协同化发展、生产方式向智能化发展、构建商业模式新生态圈、关注客户体验与延伸服务的四维创新。

智慧管理：重点围绕“人、财、物、产、供、销”六方面开展建设，其中集团公司重点推动以“人、财”为核心的业务共享平台、基于人工智能及大数据的智慧决策支持系统建设。鞍山钢铁、攀钢、矿业公司、工程公司、众元公司等子企业在充分利用集团公司信息化建设成果的基础上，重点推动“物、产、供、销”及专业管理信息系统建设。国贸、资本控股、信息产业、健康产业等子企业重点推动资产管理系统及其他专业管理系统建设。智慧管理信息化建设的特点是精准、可控、预警、预测。

智能生产：重点围绕制造单元、服务单元分别开展建设，针对鞍山钢铁、攀钢、矿业公司、工程公司、众元公司等子企业，其制造单元自下而上逐层开展智能装备、智能单元、智能产线、智能工厂及智能公司建设，服务单元开展工业互联网平台、电商服务平台、物流服务平台等建设。针对国贸、资本控股、信息产业、健康产业等子企业，其重点利用互联网思维开展“互联网+贸易、金融、医疗、云服务”等建设，其信息化建设特点是快速、灵活、友好、开放。

c 两种推动

结合鞍钢集团管理权责体系清晰的特点，明确了智慧鞍钢集团推动、自主推动两种推进方式。

集团推动：由集团公司统一规划设计、统一推动建设，建成标准化应用服务，支撑集团公司、子企业各层级业务管控需要。其中集团“人、财”核心业务信息系统、集团信息化核心基础资源、集团公司统一管理的专业业务信息系统建设，由集团统一组织推动。

自主推动：各子企业制定本单位的信息化专项发展规划，积极、主动推动本单位信息化、数字化及智能化重点项目建设，集团公司择优评定为试点示范并在集团范围内进行推广。其中集团公司统一标准、分级管理的“物、产、供、销”及其他专业业务信息系统建设、智能制造层级信息系统建设由各子企业自主推动建设。

d 两个统一两个分级

结合鞍钢集团子企业间信息化发展不均衡、标准不统一的问题，以及管理职责体系清晰、现有先进信息技术已成熟应用的特点，明确了智慧鞍钢统一规划、统一标准、分级投资、分级管理的基本原则。

统一规划：集团公司自上而下制定统一的信息化架构体系及发展规划。各单位承接集团规划，制定各自专项规划并推进规划落地。

统一标准：集团公司自上而下制定并应用统一的技术标准、数据标准及安全标准。各单位新建系统、改造系统必须遵循集团统一的标准。

分级投资：集团统一管理类信息系统、集团核心信息化基础资源由集团公司统筹投资并组织建设。各单位信息化投资要确保有相应收益。

分级管理：集团统一标准类信息系统及各级单位专业管理信息系统由集团协调分级管理。各单位信息化项目要确保建设质量，保证建设水平。

3.1.7.4　智慧鞍钢建设进展

A　智慧管理建设实践

a　智慧决策

鞍钢集团充分发挥大数据等新一代信息技术对企业运营和决策的支撑作用，建立了智慧决策支持系统，围绕企业生产经营、销售、财务、人力资源、风险评测、运营协调控制等领域，通过对管理业务的梳理、目标定位、业务数据定义、建模等，深入挖掘企业内部信息系统数据和外部行业数据，挖掘运营管理业务数据的商业价值，搭建了跨多个业务领域、多元化分析的辅助决策平台，为企业管理人员提供标准化、精准化管理的方法支持，促进企业规范运营，推进管理提升。

b　共享服务

鞍钢集团自 2016 年开始全面推进业务共享信息系统建设，建成了人力资源共享、财务共享信息系统，实现了全集团范围内共性业务的集中化处理，优化了组织架构、简化了业务流程、提升了工作效率；建成了招投标共享信息系统，实现了全集团招投标业务的集中管理，同时通过对外提供招投标服务、对外输出企业招投标管理一体化解决方案等，为企业创造了新的利润增长点；建成了客商信息共享信息系统，实现了上下游供应商、客户信息的集中管理，通过对客商信息进行大数据分析，为各企业提供供应商诚信服务。此外，还建成了党建管理、行政办公管理等共享信息系统，创新了运营管理思想，提升了企业管理水平。

c　专业管理

鞍钢集团建成了集团“三重一大”管理、资金管理、投资管理、法律事务管理、审计管理、纪检监察管理等管理信息系统，支撑了集团公司对各级子企业的在线监管需要，实现了事前预警、风险管控，有效解决了大型集团企业管理方面存在的大尺度感知、授权不失控等难题。建成了网络问企、行政办公、外事管理、档案管理等专业信息系统，满足了集团公司各职能业务的管理需要，建成了智慧办公生态圈，提升了办公工作效率。

B　智能生产建设实践

a　智能装备

鞍钢集团自主研发的喷码贴标机器人，克服了冷轧生产工艺要求变量多、生产环境复杂等诸多不便，于 2018 年在鞍山钢铁生产基地成功上线；引进的卸料机器人、透盖加工机器人、高压室巡检机器人等在鞍山钢铁、攀钢等生产基地成功应用；矿山井下掘进机车、牙轮钻机、电铲等大型设备，通过自动化、智能化改造基本实现了精准定位及智能遥控。应用智能装备，有效避免了矿山、钢铁生产过程中产生的高温、高污染、高粉尘等对人体的伤害及影响，将现场岗位工作从繁重的劳作中解放出来，实现了生产过程的精准、稳定、高效和智能管控。

b 智能单元

鞍钢集团与北科亿力公司共同开展了高炉在线数字双胞胎系统的研究建设工作，目前已经在鞍山基地、鲅鱼圈基地的两座高炉上线，系统将无线传输技术、高精度数字测温分析技术、三维料面监测分析技术、红外热成像监测分析技术与大数据分析技术相融合，构建了高炉冶炼成本、高炉热平衡等 19 个模型，建成了高炉专家系统，实现了高炉“黑箱”可视化，实现了企业端的“自感知、自诊断、自决策和自适应”。

鞍钢集团与阿里公司共同进行了钢铁工业大脑的研究建设工作，目前已经在西昌生产基地脱硫工序和冷轧表面检测工序投入运行。通过对脱硫工序生产过程产生的数据进行挖掘分析，构建优化模型，找出影响脱硫剂消耗的关键因素，2019 年上半年累计节省脱硫剂达 270t，极大降低了生产成本。在冷轧表面检测方面依据历史数据训练人工智能判定模型，与现场工人的表检判定结果相比，目前表判码吻合度 95.23%，分选度吻合度 69.06%，主缺陷吻合度 56.03%。

c 智能产线

智能轨梁：鞍钢集团与北京科技大学合作，在鞍山基地大型轨梁分厂开展了 CPS 物理信息系统的研究建设工作，如图 3-23 所示，通过将物理实体与数字虚拟有机融合，实现了百米高速重轨生产过程自动跟踪和生产数据自动匹配，实现了全流程产品质量的溯源分析和质量优化，实现了车间数字化模拟运行，实现了

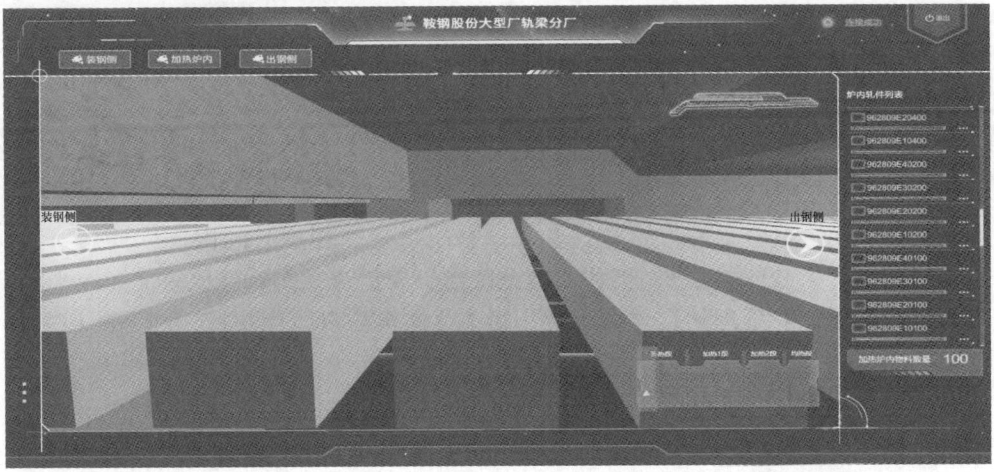

图 3-23 大型轨梁 CPS 物理信息系统

全流程产品工艺、质量、能源、设备数据的分析，系统上线运行后，百米钢轨产能及合格率均提高了 0.4%，设备运行预警准确率达 80%以上。

智能厚板：鞍钢集团通过对鲅鱼圈基地炼钢、炼制、厚板全流程生产线进行智能化改造，建立了一个大数据中心，建成了钢区-轧区一体化计划排程平台、设备状态监测-诊断-分析平台、工序能源优化平台、全流程物料可视化智能跟踪平台等四大平台，完善了数据采集及监控系统、生产执行系统、企业资源计划系统、全流程一体化质量管控系统、板坯-中厚板表面缺陷在线检测系统、板坯库优化系统等六大系统，探索形成了一种高端中厚板智能制造新模式。2018 年该项目被工信部评为智能制造试点及人工智能应用试点双示范。

智能能源：鞍钢集团 2017 年在鲅鱼圈生产基地开展了智能能源管控平台建设，通过对钢铁领域燃气、制氧、发电、供电、给水五大能源系统进行整合，实现了生产现场的自动化运行及集中化管控，实现了单体设备、工序、综合能耗三个层面的精细化管理；通过建立多场景多时长能源介质发生量、消耗量预测等模型，运用“数据驱动+机理驱动”的手段，实现了能源流、物质流和信息流的“三流合一”，实现了能源产量、能源消耗的精准预测。项目建设完成后，鲅鱼圈生产基地能源岗位优化达 55%以上，吨钢能耗降低 1.5%以上。

d　智能工厂

智慧矿山：鞍钢集团基于矿冶工程“五品联动”的全新理念，在数字化矿山建设成果的基础上全面启动智慧矿山建设，2018 年建成了矿山工业互联网智慧生产平台，涵盖安全生产、数字采掘、生产管控、业务集成、设备管控、智能分析、移动应用、信息安全、境外监控等九大模块，被工信部评为工业互联网集成创新应用试点示范，其中的移动应用模块被工信部评为“工业互联网 APP 优秀解决方案”，境外监控模块基于服务模式实现了对澳大利亚卡拉拉矿业公司的信息化应用全支撑，实现了生产状态信息实时采集、视频监控信息实时上传、经营管理数据统一管控，达到了对境外企业实时在线管控的目标。

智能钢铁：鲅鱼圈生产基地充分融合大数据、人工智能等新一代信息技术，打造沿海绿色智慧透明工厂。建成钢铁厚板智能产线，提高了产品质量与生产效率、降低了生产成本；建成智慧云仓互联系统，仓储理货时间由一天变为实时，出库时间由半天减低为 10s，被评为国务院国资委优秀案例；建成智能能源平台，实现生产现场能源管理的自动化运行、集中化操作与智能化管控，吨钢能耗可降低 1.5%以上；建成钢铁生产全流程质量大数据平台，打通各产线、业务与上下游供应链之间数据，实现了物产供销全价值链管控。

e　智慧运营

智慧采购：鞍钢集团基于“阳光、降本、安全、高效”的服务理念，建成了覆盖全集团范围的采购管理平台，通过与招投标共享管理系统、客商信息共享管理系统对接，实现了采购需求、采购计划、采购招标、供应商评价全流程的透明管控，帮助采购组织实现采购最佳决策，实现采购业务的流程优化。2017 年，鞍钢集团基于“互联网+”服务进一步搭建了品种多、覆盖广、价格优的直采平台，通过整合结算、物流等资源，实现了“一站式”购物体验，满足子企业生产经营动态灵活、高性价比、零库存、快速便捷等多种采购需要。

智慧物流：鞍钢集团基于“高效协同、零级响应”的服务理念，2017 年启动了智慧云仓互联系统建设，建成了集仓储管理、启运港管理、目的港管理、全流程物流跟踪、供应链协同、客户服务于一体的物流综合信息化服务平台。系统上线后，实现了从订单下达、生产跟踪、产品发运、仓储货物管理、加工配送到销售结算全过程管理，其中仓储理货时间由原来的一天变为实时，出库时间由过去的半天减低为 10s，不仅提升了仓库的作业效率，还能更好地服务于销售，服务于客户，系统 2018 年被评为国务院国资委优秀案例。

智慧营销服务：鞍钢集团基于“平台、服务、跨界、产融、生态”发展理念孵育了积微物联 CⅢ工业电子商务服务平台，该平台以积微电商为线上平台，达海实体物流为线下基础，供应链金融为核心，产业链整合为抓手，构建了服务于钢铁、钒钛、化工等大宗商品的“全产业链生态圈”。该平台 2018 年被工信部评为制造业与互联网融合发展试点示范。

智慧物流服务：鞍钢集团基于“智慧物流，绿色物流”的发展理念孵育了德邻陆港电子商务和物流公共信息服务平台，该平台通过提供“精准、经济、安全、便捷、可视”的物流运输、仓储配送、加工剪切、物流方案策划等服务，建成了集技术与产业特色服务于一体的互利共赢的生态型“智慧服务生态圈”，打造了线上线下深度融合的“互联网+钢铁销售+物流”运营新模式。2018 年被评为中国智慧物流十大创新引领企业。

智慧金融：鞍钢集团基于“互联网+金融”发展理念孵育了天府惠融 DⅢ互联网金融平台，该平台基于电子付款承诺函和真实贸易背景，利用大数据及区块链等先进信息技术，完成供应链融资线上化、数据化、标准化和智能化建设，实现商流、信息流、物流及资金流的有效归集，改变传统融资流程长、手续繁杂等弊端，解决产业链中小微企业融资难题，与河钢铁信、宝武通宝并列为钢铁行业首批上线的三家供应链金融平台。

3.1.8 案例 2：南钢智能制造进展

3.1.8.1 南钢简介

南钢因“钢铁报国”而生长，由“钢铁强国”而发展。经过 60 多年的砥砺前行，南钢已成长为业界知名的特大型钢铁企业，拥有中厚板、特钢、复合材料、国防用钢四大精品基地。南钢 2010 年完成重大资产重组并实现整体上市，

2013 年 4 月获工信部认定钢铁行业首批规范经营企业。目前，南钢已发展成为集采选矿、钢铁冶炼、钢材轧制为一体大型钢铁联合企业、国家级高新技术企业。南钢聚焦特殊钢、高铁、海工、新能源、核电、石油石化、工程机械等重点领域，产品成功应用于可燃冰开采的“蓝鲸一号”、中国拥有自主知识产权的世界先进的第三代核电全球首堆示范工程“华龙一号”、我国第一座免涂装耐候铁路桥——藏木特大桥、首艘国内设计建造的重型自航绞吸船“天鲲号”等多项“大国重器”项目工程。南钢先后荣获“亚洲质量奖”“全国文明单位”“全国质量奖”等荣誉。

南钢长期以来十分重视智能制造建设，“十二五”期间智能制造投资约 8 亿元，“十三五”期间计划投资超过 12 亿元，快速深化智能制造体系建设。2004 年，南钢建设了国内首个炼轧一体化中厚板 MES 系统，开启了南钢两化融合进程。2008 年 ERP 系统整体上线，2012 年荣获国家首批两化深度融合示范企业，2015 年首批通过国家两化融合管理体系贯标认证。2017 年南钢和华为一起作为全国的两家代表性企业在工信部全国两化融合总结会议上做经验分享，2018 年被工信部评为智能制造试点示范。

2018 年，南钢生产经营和效益再创历史新高，南钢钢联营业收入 1182 亿元，税金 22.9 亿元，利润总额 60 亿元，工业总产值 623 亿元，中国企业 500 强排名第 209 位，中国制造业 500 强排名第 90 位。在 2018 年全国钢铁企业 114 项重点技经指标排名中，南钢 4 项指标排名第一，17 项指标排名前三，33 项指标排名前五。

3.1.8.2　南钢智能制造整体现状

南钢智能制造实践以“一切业务数字化，一切数字业务化”为目标，重点构建了 JIT+C2M 的智能制造新模式，持续深化两化融合，加快南钢智慧发展建设，打造数字经济模式新标杆，推动南钢呈现指数级增长的发展态势。

A　构建 JIT+C2M 智能制造新模式

2008 年，金融危机爆发以来，钢铁行业产能过剩，用户小批量、个性化需求日趋增多，传统钢铁企业粗放型生产模式已无法满足市场需求，亟须解决个性化定制和规模化生产这一对矛盾体。

南钢在业内首先提出 JIT+C2M 智能制造新模式，即以满足用户个性化需求为目标，借助新一代信息技术，构建钢铁制造全流程信息互联互通平台，并与上下游供应链企业间信息直接交互，实现上下游供应链的协同研发、协同设计、协同制造、协同服务，打造共创共赢的智慧生态圈。

南钢通过 JIT+C2M 新模式的构建指引智能制造发展方向，快速推进智能制造建设工作的高效落地，同时采用新一代信息技术与钢铁产业的融合，加快推动南钢数字化转型升级的进度，全面促进南钢产品力、服务力、品牌力的提升。

B 深耕钢铁主业智慧化发展

南钢以 JIT+C2M 个性化定制为主攻方向，运用物联网、大数据、云计算、人工智能等新一代信息技术与生产制造深度融合，将数字化转型作为企业变革战略的核心，用智能制造思维深入开展企业的商业模式、业务流程、生产制造、客户服务等各个环节的重构，构建集智能装备、智能工厂、智能决策、智能互联于一体的智能制造体系，打造智能工厂，为用户提供个性化定制服务。

在智能装备上，持续提升对现有装备智能化升级改造，全面强化基础装备的模型化控制与运用，并推动装备国产化进程，与东北大学联合开展超快冷装备的研发与生产运用，并结合人工智能技术，实现产品性能预报与产品生产过程工艺参数的相关性分析与控制优化。同时南钢注重智能制造技术的研发与运用，着力开展冶金工业机器人、工业雷达、LoRa 无线数据采集等装备的自主研发。

在智能工厂上，通过建设数字研发、精准营销、柔性生产、性能预报、精益制造、智慧物流的系统，实现研发、销售、生产、质量、物流等业务流程的一体化运行，构建企业的大数据管理和分析系统，为智能工厂数字化运行提供全方位的数据支撑。

在智能决策上，通过智能制造技术运用，推动企业上下道工序深度衔接，促进供应链资源的融合和高效配置，实现南钢产品全要素、全价值链、全流程、全生命周期的智能管控，形成了自感知、自学习、自决策、自执行、自适应智能决策体系。

在智能互联上，围绕平台经济，从采销两侧同步开展 C2M 云平台的社会化协同建设，打造了金陵钢宝网、C2M 云商、鑫智链无人招标、E2E 等供应链协同平台，实现供应链上下游企业间端到端的信息深度互联与协同共享，促进了供应链资源的高效整合与利用。

C 赋能数字产业社会化服务

南钢依托钢铁主业数字化转型升级，围绕建设“1+6”产业平台，在南京落地建设新材料、能源环保、智能制造、军民融合、现代物流等五个产业园区，打造千亿市值的 6 个产业集群，打造钢铁和新产业“双主业”相互赋能的复合产业链生态系统，筑强“精品钢+新产业”的双主业发展格局。

南钢围绕数字经济，将智能制造模式赋能数字化产业发展，打造物联网、机器人与智能装备、钢铁电商、工业软件、云数据服务、两化融合咨询等产业，将南钢智能制造模式及建设成果进行社会化输出，更好地服务社会，造福企业，服务范围已经覆盖钢铁、有色、化工、医药、物流、公共服务等多个行业。南钢旗下金贸钢宝和金恒信息已经在新三板上市。

南钢将持续推进钢铁产业链向新材料、绿色环保、智能制造、航空航天等领域延伸，建设全球最具价值的产业投资和孵化平台，逐步向新兴产业“引领者”转变。充分利用已有智慧平台，实施外延整合并购和内生赋能增长，做强工业互联网产业链，用五年左右的时间打造千亿美元市值的高科技产业集团，使新产业拥有全球宽度、产业深度、技术高度。

3.1.8.3　南钢基于人工智能的智能制造实践

近年来，随着人工智能技术兴起，尤其是深度学习技术的发展，使得人工智能技术在工业上得到快速发展。南钢也加大人工智能技术与钢铁智造融合的深度研究，加强深度学习算法的研究，并将研究成果初步应用于钢铁制造过程。

南钢规划了 5 大方向 19 个场景，已启动 13 项人工智能应用探索。其中，5 大方向包括工艺优化、设备检测与维护、能源优化、研发与质量控制和机器视觉与图像识别。19 个场景包括炼铁高炉炉况预测、炼铁热风炉燃烧优化、转炉钢铁料消耗、轧钢加热炉燃烧优化、轴承在线监测与预测性维护、电机健康管理与故障预诊、减速机健康管理与故障预诊、连铸机扇形段异常在线监测、高炉煤气稳定智能调度、高炉风量预测及自动控制、数字化研发、钢板性能预报、连铸板坯纵裂纹预测、钢板表面质量智能检测、帘线钢 GBC 组织优化、产品编号人工智能识别、高炉原料粒度识别系统、质保书、票据文件 OCR 识别、智能机器人应用。

目前，南钢利用机器学习算法应用到性能预报、铸坯纵裂纹缺陷的预测，利用深度学习算法进行船板质保书编号识别、钢板表面缺陷识别等。

A　产品性能预报

南钢将机器学习的理念应用于质量控制领域，依托 ERP 系统、板材 MES 系统、检化验和工艺数据采集平台，以 X70 钢种为代表，对其屈服强度、抗拉强度、延伸率和冲击功性能指标运用机器学习方法进行预测。同时，为了更好地展示模型建立过程中所用工艺参数和模型的预测结果，建立好的模型进行封装并结合 Java Web 框架开发了一套灵活的查询系统进行展示。X70 性能预报的工作模块主要包括数据提取、数据预清洗、特征选择、预测模型的建立与结果分析对比以及重要工艺参数与模型预测结果的 Web 页面展示。使用者可通过直接输入钢板号或同时选取感兴趣的时间范围、钢种和钢板号对屈服强度、抗拉强度、延伸率和冲击功建模时所用的工艺参数和预测结果进行查询。

基于 X70 的性能预报根据化学成分和工艺参数等参数，预测产品的性能，可用于合金降本，在合金市场波动较大时，可以结合市场选择更为经济的合金元素和加工工艺。同时对产品进行质量检测时能够减少频繁取样，缩短等待性能检测的时间，加快生产节奏、提高生产效率，减少质量异议和服务成本，提高南钢产品的形象。目前，正在进行全钢种的性能预报研发工作，由 X70 性能预报中得到的经验推广到全钢种的性能预报研发工作中，预测全钢种的性能。

B 铸坯纵裂纹预测

铸坯纵裂纹预测建模主要以1号连铸机Q235系列钢种的铸坯纵裂作为试点进行建模分析，对数据进行清洗和预处理，包括去除空值、零值、异常值、离群点检测等处理，对处理后数据绘制散点图和热力图，分析自变量和因变量之间的相关性和内在关系。在特征工程阶段根据工艺专家提供的工艺规则引入新的特征，如浇注过热度、折痕深度、液面波动范围、结晶器水温、结晶器总进水压力、结晶器窄面锥度、结晶器振动平均振幅等特征。利用集成特征打分器、热力图、工艺专家经验和全特征的方式进行特征选择，构建用于建模的数据集。

建模工作主要将进行数据预处理和特征选择的数据集进行建模，利用逻辑回归、SVM、随机森林、KNN、Xgboost、GBDT和神经网络等算法，预测1号连铸机Q235系列钢种的铸坯纵裂是否有纵裂缺陷。但是随着数据的不断增加，尤其是数据采集系统数据由定位到炉号到定位到坯号，数据粒度更细、精度更高，理论上建模效果更好，但是数据中缺陷样本占总样本的比率也逐步降低，存在数据严重不平衡的问题。在解决不平衡分类问题上模型预测效果不理想，下一步的工作主要集中在如何提高不平衡数据上模型分类的精度。

C 质保书编号识别

南钢用OCR识别技术来识别船板质量证明书中的证明书编号和页码，并将二者结合对原文件进行重命名。众所周知，质量证明书是钢材性能的保证，因此质量证明书的电子归档是非常重要的一项工作。当用扫描仪将纸质文件扫描成电子档案时，档案的名称是根据扫描仪中的某种规则进行命名的，这种命名方式不利于电子档的查找与整理，因此需要用证明书编号来命名，又由于质量证明书有时不止一页但编号相同，进而需要将编号和页码结合起来对原文件进行命名。如果这样的工作交给人工来做，是非常消耗精力和枯燥乏味的，再加上证明书的数量较大，需要长期工作，这会使人感到疲惫，效率也会相对偏低。所以，针对此种情况，南钢运用深度学习技术完成了这项工作并且在原文件清晰的情况下识别准确率几乎达到了100%。

D 钢板表面质量缺陷检测

近年来，随着人工智能技术兴起，尤其是深度学习技术的发展，使得人工智能技术在工业上得到快速发展。南钢也加大人工智能技术与钢铁智造融合的深度研究，加强深度学习算法的研究，并将研究成果初步应用于钢板表面缺陷识别问题上。

钢板表面缺陷传统上一直依靠人工对表检设备钢板照片进行判断钢板缺陷。但是由于钢铁企业热轧现场的高温、多尘、高噪声且光照条件复杂，人工检测缺陷受到诸多限制。一是检测时间受限、劳动强度的大小。一块50m×2.6m的母版，检验时间平均90s；在高温现场，最高有检验500块/天的高强度检验量；除此每月仅上表面漏检率在65起左右。二是人工检验判断标准参差不齐，容易出现漏检、误检等质量问题。由于人工检测无法做到100%的下表面检测，导致质量异议增多，成本增加。

在成品出口区域增加高清摄像设备，进行钢板表面质量情况的图片收集；对收集到的图片进行标注，并搭建深度学习模型进行训练，实现对钢板缺陷的自动判定；搭建信息系统，对模型进行封装，并展示、传递预测结果，提高检验的准确率与稳定性，避免出现钢板漏检及批量质量事故。

南钢通过人工智能缺陷识别系统，如图 3-24 所示，高温、高噪声将不受影响，在热轧产线大量氧化铁皮大量附着的影响下，人工智能发挥出比人眼识别更高可靠性的判断，产品缺陷的检出率、准确率及后续产品的良品率大大提升，同时降低不合格品对后续流程造成的不良影响。与此同时也带来了可观的效益创收，如上表检验时间，一天可节省 60min，一年至少可增加 160 万元，岗位可减员 4 人，每年可节省人工成本 40 万元。

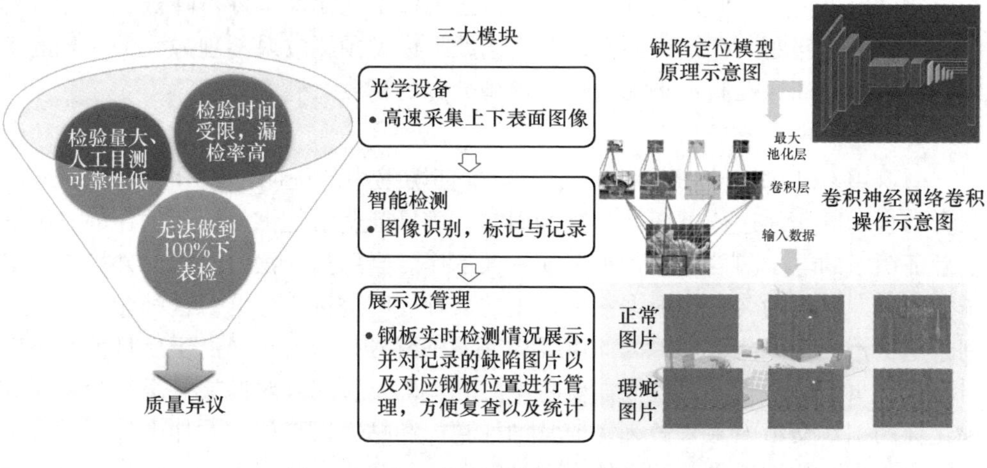

图 3-24　基于人工智能的表面质量检测

3.1.8.4　南钢智能制造规划

未来，南钢将着眼于全球格局，运用信息化前沿技术深化智能制造，基于钢铁制造特定场景，加大人工智能技术的研发应用，打造自学习、自适应、自决策的钢铁智慧体系，同时打造服务于供应链的工业互联网生态，促进供应链资源无缝衔接和高效配置，从生态系统考虑用户、合作伙伴、用户的用户等相关方的价值和数字化合作，实现订单、研发、制造、物流、售后等环节的高效协同，形成用户经济、平台经济、共享经济、服务经济和价值经济五大数字经济模式，促进南钢个性化定制的服务能力再提升和 JIT+C2M 个性化定制模式迭代升级，持续推动发展的质量变革、效率变革和动力变革，实现高质量发展。

3.1.9 案例3：宝武韶钢智能制造进展

3.1.9.1 宝武韶钢智能制造简介

针对当前钢铁企业智能化水平低、产线效率不高等现状，宝武韶钢基于国家"十三五"规划和中国制造2025的战略要求，聚焦新发展理念，依托工业互联网和大数据分析，通过两化融合，转变生产管理模式和商业模式，优化全流程资源配置，实现物流标准化、制造流程化、组织扁平化，成为"安全可控、环保达标、效率领先、效益持续"的区域性优秀企业。

2018年6月21日，宝武集团在常熟领导力发展中心举行了智慧制造决策人研修，以这次研修会作为起点，吹响了集团推进智慧制造的"集结号"。2019年7月22日，宝武结合"不忘初心、牢记使命"主题教育，在宝钢股份宝山基地举行智慧制造现场会，使大家对"未来钢铁"充满了憧憬。如今，按照"四个一律"（操作室一律集中、操作岗位一律机器人、运维一律远程、服务环节一律上线）的要求，大力推进智慧制造，不断提升生产效率，已经成为全集团的共识。趋势比优势更重要，智慧制造是大势所趋，你不去拥抱它，就会被淘汰，这是企业本身未来发展的一种需要。

智慧制造只是一个技术手段、生产力手段，是基于当今最先进的人类科技的一种生产方式。人工智能、智慧化极大地提高了我们的生产水平，而生产力发展水平的提升，一定会带来管理的变革、流程的再造、生产关系的调整，这是马克思主义的唯物史观。如果没有在管理体制、机制方面的变革，还是沿用原来的一套，一定会束缚生产力的发展，一定发挥不出智慧制造的优势。没有管理变革、流程再造，智慧制造就失去了它的方向，也就失去了它的意义。因此，大力度推进管理变革、流程再造，是推进智慧制造工作的重中之重。

为了更好地推进智能制造，宝武集团韶钢面向钢铁产品全生命周期，以物联网、移动应用、云计算、大数据信息新技术为依托，构建智能装备、智能互联、智能工厂；树立"创新、协调、绿色"的发展理念，以"机械化换人"为手段，以提升劳动效率、提升安全本质化水平为目标，以产品制造智慧化、组织业务智慧化、设备维检智慧化、物料运输智慧化、员工作业智慧化、专业运作智慧化为目标，以生产线、机组智能制造技术的开发应用为抓手，大力投资"智脑"改造，全力打造钢铁智能制造示范基地，着力提升公司智能化制造水平，助力转型升级。

为了推动项目落地，宝武集团韶钢形成以"经营管控系统、经营决策支持系统、能源环保动态管控系统、铁区动态管控系统、物流动态管控系统"5大系统为核心的智能制造体系，倾力打造数字韶钢。同时，基于预测控制、专家系统、模糊逻辑等技术，韶钢还在关键工艺参数在线连续检测基础上，建立了综合模型，采用自适应智能控制机制，实现了设备状态和制造过程在作业计划层面的联动，从而实现了制造过程关键变量的过程智能控制。

3.1.9.2　宝武韶钢智能制造规划

韶钢智能制造通过系统策划、顶层设计，围绕“一个中心、四大板块”，运用大数据、图像视频、机器人、远程集控等技术，打造首创智慧集控中心，如图 3-25 所示。

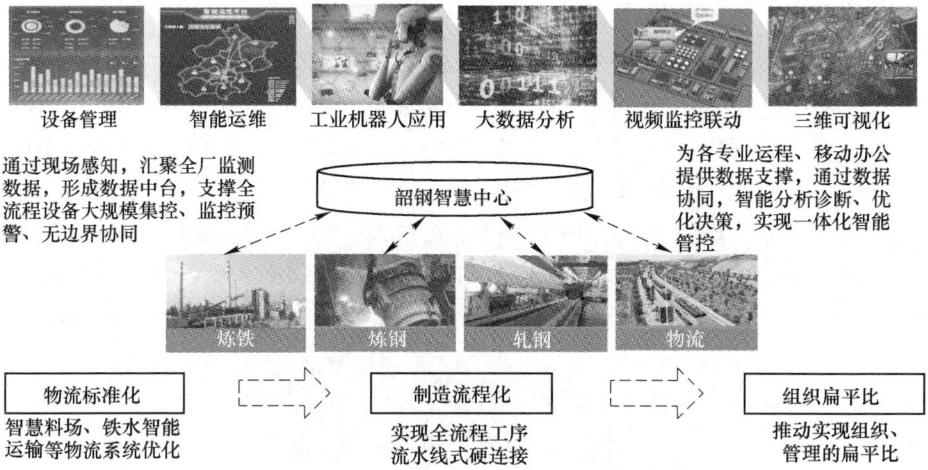

图 3-25　韶钢智能制造的整体规划

人工智能嵌入钢铁制造流程，不仅是替代人工作业，更是为组织灵活的生产系统，通过工业互联网、大数据、专家模型等使系统具有自学习能力，可实现感知、分析，并不断优化决策。因此，韶钢针对人工智能在钢铁制造流程中的应用，根据宝武集团工作要求，组织梳理了一批以提升劳动效率、改善作业环境、加强安全本质化建设为目标的智能制造技术应用项目。智能制造项目实行动态挖掘、评审、立项，成熟一个实施一个的原则进行。主要的方向和内容包括（如图 3-26 所示）：

（1）应用图像识别、远程监控、光机电一体等技术，开展原料场取料机、

功能	成熟度		应用案例
感知			智能视觉识别系统，可用于废钢质量判定；对金相图片自动识别，并根据相应的检测标准进行识别结果的评定
分析			多维预警基准对设备的特征信息进行智能分析，判断设备运行情况，实现实时的动态分析和预警
决策			高炉智能模型，大数据支撑实现智能化的监控预警、分析诊断、优化决策
学习			铁区煤气潮流仿真，主工序的能源产耗预测模型，实现“自平衡、自检查、自组织、自优化”

图 3-26　韶钢智能制造中人工智能的应用方向

皮带机、焦炉四大车、高炉炉前作业自动化、炼钢保护渣加渣自动化、少人化、无人化应用；在诸如取样测温、自动标号、自动贴标、包装等场所，探索机器人替换危险、重负荷重复性劳动岗位。

（2）用可视化交互技术，准确识别设备状态，形成从单台设备到产线群的设备状态综合监测诊断能力，实现设备故障预警和预测维修，减少设备故障损失。

（3）基于预测控制、专家系统、模糊逻辑等技术，在关键工艺参数在线连续检测基础上，建立综合模型，采用自适应智能控制机制，实现设备状态和制造过程在作业计划层面的联动，实现制造过程关键变量的过程智能控制。

应用以上人工智能技术，韶钢在智能制造中要着力解决的问题主要包括：岗位安全、作业效率、产品质量、生产成本、环境保护、职业健康等，如图 3-27 所示，即牢记初心和使命，关注钢铁冶金行业难点和痛点问题，大力推动智慧制造促进企业转型升级；同时又要以人为中心、以安全、质量、成本为主线、以效益为目标，对制造过程中人机关系进行重构。

◆ 牢记初心和使命，关注钢铁冶金行业难点和痛点问题，大力推动智慧制造促进企业转型升级

◆ 以人为中心、以安全、质量、成本为主线、以效益为目标，对制造过程中人机关系进行重构

图 3-27 韶钢智能制造中通过人工智能技术需要着力解决的关键问题

3.1.9.3 宝武韶钢智能制造示范项目

A 大数据应用方面

韶钢在大数据技术的应用方面，通过大数据、智能模型、控制系统、检测系统等共同协作，构建了韶钢松山智慧中心，如图 3-28 所示。在智慧中心 1600m^2 的厂房内，汇聚了原本分散在韶钢铁区及能介区的 8 大工序、30 个系统、42 个中控室、436 个操作岗位工人要做的工作，管控面积辐射半个厂区。韶钢 2 楼集控中心，满屏的大幅显示器和操作台，被分成 7 个工作岛，能够展示来自生产现场的各种画面和分析模型。

该中心是一个贯穿铁、烧、焦的一体化智能管控平台，实现了距离 5km 以上跨工序、跨区域、远距离的大规模集控和无边界协同，实现 35 万点数据的全覆盖，报表自动生成，手机 APP 自动推送，分层级按时发布到相关人员。该项目最大亮点在于植入了铁区及能介一体化智能管控平台，基于大数据中心，集成了 100 多个智能模型，对现场采集的 30 多万个点数据进行关联、交互和动态分析，就像一个“钢铁大脑”，对全厂的生产运行进行智能感知、智能分析、智能预测和智能决策。

图 3-28　韶钢松山智慧中心

过去，生产现场一般是发现问题后才去检查或处理，比较被动，而这个平台能够对铁区各系统运行状况进行评分、诊断，并且提出预警和智能化的专业建议，让各种异常炉况处理得更加及时。智慧中心改变了钢厂的生产组织模式，将三座高炉的产线集中管控，操作电脑就浓缩到了三分之一，管理更加扁平高效。

智慧中心将现场生产与管控平台无缝对接，完善了现场监控手段，并实现了跨厂、跨工序的远距离沟通，骨干人员能有更多时间去研究精细化的管理。随着智慧中心建成，韶钢组建了一支专家委员会，这批人的职能将逐渐与管理分割，集中研究生产技术问题，进一步提升韶钢的智能化水平。

具体来讲，韶钢松山智慧中心主要采用了十大创新技术，从而打造出行业领先的钢铁集中操作监控中心和决策中心，如图 3-29 所示。

(1) 基于流程、组织、管理、技术相结合的系统优化
(2) 基于铁素流、能量流、信息流“三流”耦合的能介与铁区协同管控
(3) 跨工序跨系统集成
(4) 远距离大规模集控系统安全技术
(5) 危险区域作业的本质安全提升
(6) 面向操作人员的友好化系统设计
(7) 基于超融合的区域大数据中心
(8) 铁区及能介一体化智能管控平台
(9) 炼铁智能诊断与控制技术
(10) 能源智能分析与优化技术

图 3-29 韶钢智慧中心的十大创新技术

B 视觉识别应用方面

a 韶钢检测中心金相图谱云计算

基于人工智能、AR 增强现实技术、大数据比对、深度学习算法，将智能分析识别技术应用到钢材金相分析领域中，实现了金相分析、图谱识别及评级自动化智能化，通过数据积累和自学习实现检测准确率达到 100%，消除了人工检测的不确定性，提高了金相检测结果溯源性。

b 韶钢炼钢厂视频识别

韶钢炼钢厂则积极推进智能改造，其中“视频监控系统改造”“3 号连铸机连续测温改造”两个项目于 2017 年 6 月投入运行。这两个项目的投运进一步优化了工艺，提高了生产效率，提升了岗位安全水平。

C 机器人应用方面

a 韶钢炼钢连铸大包自动浇钢

如图 3-30 所示，韶钢炼钢连铸工序中推进机器人的应用，通过激光和双目识别技术实现精准定位，完成了机器人自动套装/拆卸大包长水口、机器人自动测温/取样、长水口碗部自动清理、机器人自动加覆盖剂、自动分拣覆盖剂以及自动加大包长水口密封圈等 13 项功能，实现了特钢大方坯连铸平台的无人化和智能化。

图 3-30　基于机器人的韶钢炼钢连铸大包自动浇钢

b　韶钢 LF 炉机械手测温取样控制系统

韶钢 LF 炉通过机器人控制系统、检测系统、测枪机构等共同协作，使用工业机器人替代人工测温取样，实现了测温取样无人化，在消除作业危险因素和降低劳动强度的同时，使冶炼过程更加的高效、标准、可靠，如图 3-31 所示。

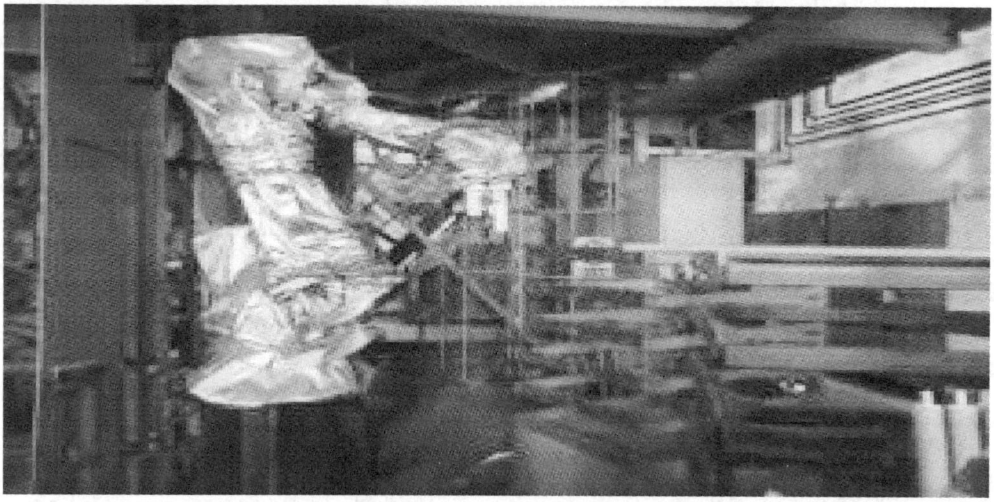

图 3-31　韶钢 LF 炉机械手测温取样控制系统

c　韶钢炼钢一分厂化验机器人快分系统

通过炼钢化验机械人实现炉前在线精准检测，完成接样、制样、分析、结果上传全线智能化等功能，实现炉前样品检测全自动化，大幅提高炼钢检测效率，对生产提供及时准确的检测支撑，如图 3-32 所示。

图 3-32 韶钢炼钢一分厂化验机器人快分系统

D 智能检测与优化技术应用方面

a 韶钢炼铁厂 7 号高炉水处理集中控制系统

炼铁厂 7 号高炉水处理集中控制系统项目于 2019 年 4 月份施工建设，历时 4 个月，8 月正式投入运行。该系统为韶钢 2017 年智能制造项目之一，也是炼铁厂今年第一个投入运行的智能制造项目。7 号高炉水处理系统主要用于高炉冷却水的处理，该系统原设立在 7 号高炉水泵房内，班员最初有 9 人，实行四班三倒运作。经过本次智能化改造后，水处理控制系统设在 7 号高炉中控室，实现自动操作、控制。经两轮人力资源优化后，该系统现有班员 4 人。

b 韶钢炼钢厂 3 号连铸机中间包测温

韶钢炼钢厂 3 号连铸机中间包测温原来是人工操作，浇一炉钢需手动测温 6~7 次。改造后，工程技术人员在中间包增加了钢水连续测温装置（测温管），现在浇一炉钢仅需手动测温 1~2 次。不仅如此，连续测温装置能快速、连续、准确地测量中间包钢水温度，实现温度与铸机拉速的合理匹配，减少钢水污染，提高铸坯质量。现在，操作人员可以随时掌握中间包钢水温度及变化趋势，及时采取措施，防止由于钢水温度偏高或偏低而导致漏钢、断浇等工艺、质量问题。此外，该测温系统运行成本低，操作简单方便，极大降低了人工测温的安全风险（高温、烫伤），也为进一步提升工业线材品质创造了条件。

c 韶钢钢坯铁路运输智能化

韶钢在国内首创的“物流部钢坯铁路运输智能化”项目经验收检测，各系统完成了智能化运输项目既定预期，项目通过验收。这标志着韶钢在智慧制造方面又获得了新突破。

钢坯铁路运输智能化技术属国内首创技术，项目以钢铁行业物流运输智能制造创新精神为驱动，以打造钢铁行业智能化标杆、无人化运输体系为项目最终目标。系统综合运用列控、雷达监测、图像识别、无线通信、天眼等技术，实现了列车自动驾驶、障碍物自动监测、视频目标自动追踪、机车远程控制等功能。该项目是韶钢 2019 年的标志性智能制造项目，涉及区域主要是炼钢二工序至特轧厂的钢坯热送。项目通过改造一台机车，完成通信布网，实现自动驾驶，完成地面通信、自动驾驶、安全防护、瞭望识别等功能和技术。项目将现有的钢坯运输内燃机改造成为具备精准定位、远程控制和自动驾驶等功能的机车，并辅以障碍物检测、进路自动排列、无线通信、实时监测等技术，实现钢坯运输智能化，降低作业劳动强度和安全风险，撤除繁重调车作业岗位。

3.1.10　案例 4：中信泰富特钢集团智能制造进展

3.1.10.1　中信泰富特钢集团智能制造规划

中信泰富特钢集团积极践行《中国制造 2025》，集团制定并下发《中特集团智能制造工作方案》，加快推进智能制造，能进一步提升市场竞争优势，巩固集团在特钢行业的领导地位。集团制定的智能制造工作方案如下：2019 年年初制定工作方案，明确推进企业示范项目，建立内外结合的专家团队，确定项目管理机制；2019 年年末建立基础信息支撑平台（私有云），在集团、企业智能装备、智能技术应用取得突破，建设试点、示范标杆项目；2020 年中期在智能互联方面取得突破，建立智能运营与决策平台，建立虚拟仿真系统，优化排程；2021 年年初建立工业大数据平台，实现智能互联。构建智能制造体系，打造特钢运营新业态。预计在 2025 年之前，实现数字化车间、智能工厂的全面推广，推进企业转型升级。基于这项工作方案，集团旨在推进智能制造，实现生产方式、经营方式、商业模式的智能化转型，建立数字化、网络化、平台化的中特集团的特钢新业态。在短期内（2020 年），成为中国特钢行业智能制造的引领者；在中期（2025 年）时达到国际特钢行业智能制造的先进水平；远期（达到 2030 年）成为国际特钢行业智能制造的引领企业。

集团智能制造近期的重点任务如下：

（1）智能制造纳入发展战略，项目纳入技改管理程序。

（2）智能制造要在“产品研发、质量提升；产销协同、优化排程；智能装备、设备诊断；数字化车间、智能工厂”等应用上有所突破。

（3）建立数字化车间、智能工厂的标杆示范，集团至少成功申报 2 项工信部智能制造示范项目。

(4) 建立集团网络通信体系、云计算平台体系、大数据平台体系、信息安全防御体系，初步建立新型信息技术应用的创新机制和激励机制，锻炼和培养出一大批新一代信息技术的人才队伍。

(5) 形成集团“研发、质量、工艺、装备、网络、软件、算法”等门类齐全的内外结合的专家团队，在建设智能制造工作过程中，实现高效协同、联合创新发展。

(6) 在机器人、人工智能、智能互联等技术应用取得突破进展。机器人代替人走上岗位，可以精确持久的工作，提高生产智能化水平，改善“脏、险、累”的劳动条件，实现降本增效、减员增效。

(7) 全程智能物流取得成功案例。尝试电子标签、物料跟踪、车辆定位、运输物流的技术应用，在智能物流管理与物联网应用上取得新突破。

(8) 智能运营与决策支持。利用各种信息资源，整合管理信息与过程信息，通过决策看板提供支持。通过数据挖掘和数学模型，辅以人工智能和自动化技术，支持业务人员专题分析，做出相关业务判断，实现智能运营。

(9) 可视化与虚拟现实。全面展示生产过程的各类数据，追求透明、快速、直观、全面，且具有良好的用户体验。建立虚拟仿真系统，实现生产过程与虚拟空间的映射；优化生产计划和过程模型的仿真。在虚拟世界中完成运算和决策，影响物理世界的高效运行。

3.1.10.2 中信泰富特钢集团智能制造进展

集团在2019年启动的项目有兴澄特钢1280m^3高炉产线一体化智能制造系统，兴澄炼钢轧钢产线智能制造示范项目，新冶钢特冶锻造产线智能制造示范项目，中特集团经营数据及决策看板项目，模型及机器人应用项目。

A 兴澄特钢1280m^3高炉产线一体化智能制造系统

炼铁生产因高炉“黑箱”的复杂性，传统炉况判断和生产操作调整以经验性为主，如何从定性到定量，揭示“黑箱”内部反应规律，提升炼铁数字化、智能化、标准化水平，降低成本、提升产量、保证质量、平稳长寿是一个亟待解决的问题。因此，此项目主要针对以下几方面内容展开：

(1) 对MES、PLC以及铁前各工序的二级系统的分散数据进行统一采集、滤波、存储、管控，积累并形成兴澄特钢1280m^3高炉数据资产。

(2) 充分利用机理模型、大数据、机器学习等技术，对铁前大数据进行深入挖掘与智能学习，实现工艺智能诊断与操作制度优化。

(3) 从传热学、炼铁学、冶金物理化学等机理层面建立合理的预警标准和管理机制，实现安全高效生产。

(4) 提高劳动生产率，降低冶炼成本，实现科学化、精细化和经济化炼铁。

（5）使兴澄特钢炼铁总体工艺装备及智能化达到国内先进水平，形成炼铁行业智能制造示范基地，实现“安全、环保、长寿、低耗、优质、高效”目标。

图 3-33 为高炉产线一体化智能制造系统的在线仿真界面，此界面展示的内容包括高炉内部料面下降过程、绘制软融带、风口回旋区、渣铁液面、挂渣厚度、炉缸剩余残厚。

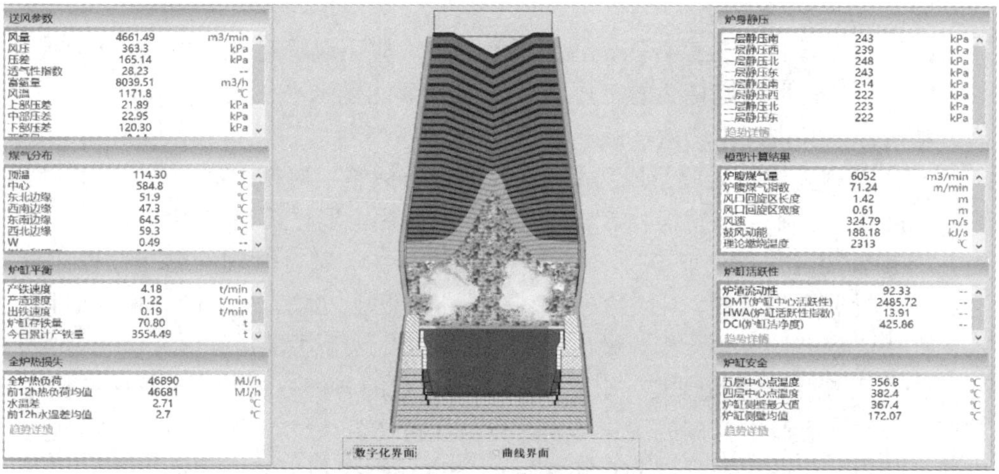

图 3-33　高炉产线一体化智能制造系统的在线仿真界面

图 3-34 为高炉产线一体化智能制造系统的烧结机尾热成像界面。此模块目

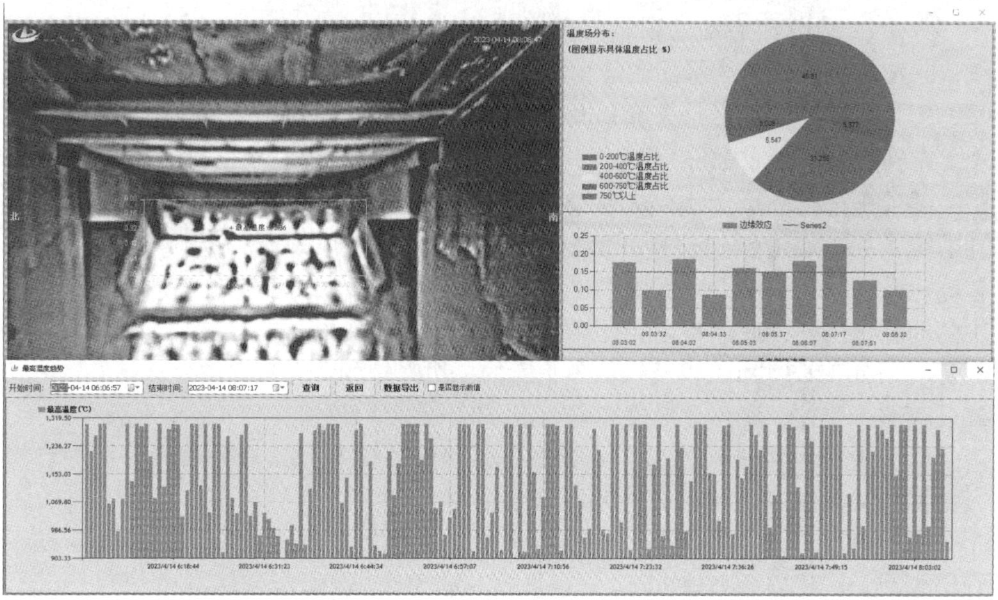

图 3-34　高炉产线一体化智能制造系统的烧结机尾热成像界面

前已投入使用，其中 FeO 需要积累数据。这个模块对烧结机尾断面温度场的分析，划分出边缘烧结矿所占的比例，从而帮助工艺人员在对烧结边缘采取工艺调整后，定量的判别边缘效应的变化趋势，同时也反映出不同时期烧结矿强度的变化，为工艺技术人员提供了数据支持。

B 兴澄炼钢轧钢产线智能制造示范项目

以客户为导向，以产品一贯制为主线，以工业大数据挖掘技术为基础，构建面向全体系质量人员使用的，从用户需求识别到用户使用的全流程智能质量管理系统。兴澄炼钢轧钢产线智能制造示范项目布局如图 3-35 所示。

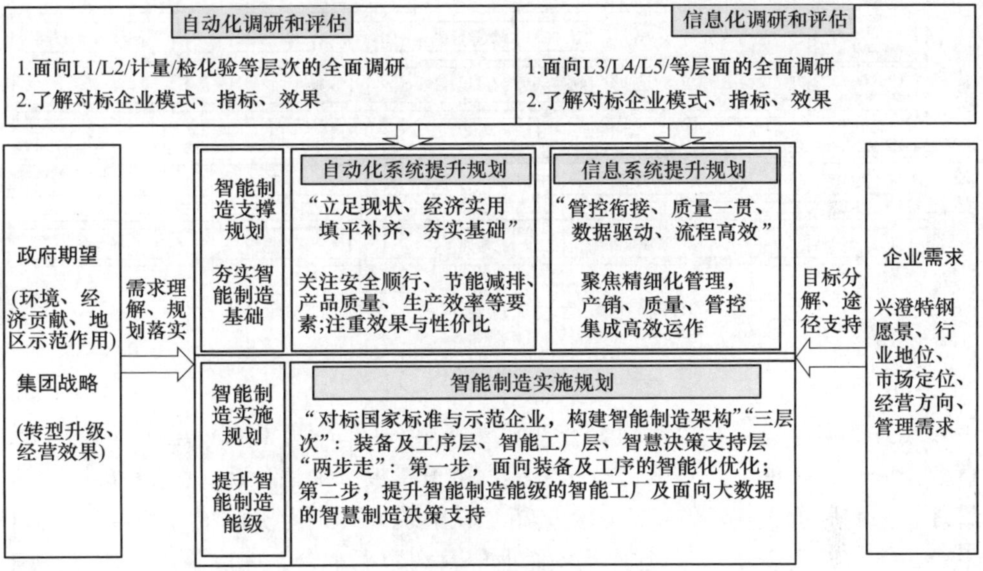

图 3-35 兴澄炼钢轧钢产线智能制造示范项目布局

C 特冶锻造产线智能制造示范项目

通过实施特冶锻造产线智能制造示范项目，可以产生巨大的效益。按照现有产线年特种高温合金材料产量为 19000t，用工人数为 265 人，人年均产量为 71.7t，新产线投产后，年高温合金等产量为 10900t，用工人数为 100 人，人年均产量为 109t，可实现效率提升：(109−71.7)/71.7×100%=52.02%。原来新产品的开发周期基本为 6 个月，通过项目的建设能够将新产品开发周期降低至 4 个月。新产品研制周期缩短：(6−4)/6=33.33%。现有产线的成材率为 71.28%，不良品率为 28.72%，新建产线成材率提升至 85%，不良品率 15%，通过智能制造项目的实施，不良品率降低：(28.72−15)/28.72×100%=47.77%。现有产线吨综合能耗（标准煤）为 674kg，新产线吨综合能耗（标准煤）降为 600kg。单位产量综合能耗降低(674−600)/674×100%=10.98%。按新产线产量 10900t，每吨运营成本降低(468+5234+3725-1560)/1.09=7215.59 元，按原有产线每吨成本 35000 元计算，单位产量运营成本降低 20.62%。

特冶锻造产线智能制造示范项目总体设计如图 3-36 所示。

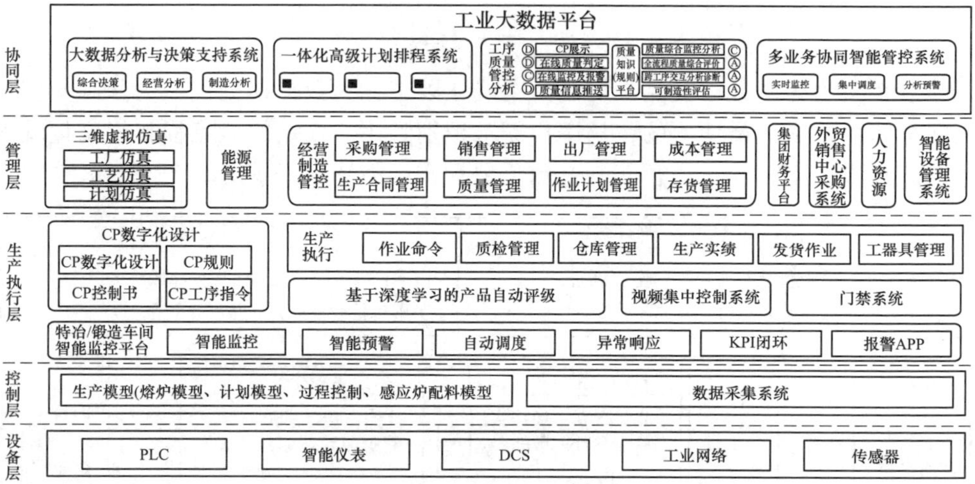

图 3-36　特冶锻造产线智能制造示范项目总体设计

D　经营数据与决策看板

经营数据与决策看板计划分三期建设：第一期 2019 年底，建成特钢集团经营数据中心，实现决策看板，内容包括：决策看板、销售分析、公司统计、绩效管理、采购分析、安环统计、财务分析、铁前统计、人力资源统计和自定义分析平台；第二期到 2021 年，建成集团企业经营大数据平台，完成集团企业（兴澄、冶钢、青钢、靖钢、铜陵、扬州）及上下游产业链的经营决策分析；第三期到 2023 年，建成集团企业“经营+工业”大数据平台，实现集团企业及客户的智能制造的协同与决策。

经营数据与决策看板的主要任务如下：

以数据为核心：建立集团经营大数据平台，对企业内外部经营数据实施科学管理，推动企业数字化转型升级。

业务驱动：挖掘业务部门的分析需求，通过业务部门来推动系统建设，揭示经营规律，增长公司经营智慧，释放信息化建设红利。数据、工具交到用户手里。

数据化管理：线下的数据回归线到线上；系统外的分析进入系统内；改变管理和技术团队的思维模式和工作习惯，推动公司工作方式的转变。

轻报表重主题：充分梳理各块业务数据，构建基础主题，在基础主题之上构建各项专业分析主题，确保数出一源，口径统一；在主题基础上把专项分析做深做透，并辅以数据自定义分析平台，减少固定格式报表的开发。

平台先进性：确保系统软硬件的技术领先以及未来系统平台的稳定性和可扩展性。

经营数据与决策看板平台结构如图 3-37 所示。

图 3-37 经营数据与决策看板平台结构

E 模型及机器人应用项目

集团新的二级模型增加的功能包括：基于化学成分的分类，建立钢铁材料变形抗力预测的神经网络模型；多层温度模型；平面形状控制模型；完成的板型与平直度策略；LP 楔形轧制模型。新的中厚板二级过程控制系统架构如图 3-38 所示。

通过优化二级模型核心部分轧制规程计算，修改二级模型算法，提高模型控制精度，实现二级大压下轧制，充分发掘轧制大压下轧制能力，具体效果为：轧制力计算精度稳定在 91%（10%以内），97%（15%以内），平均提高 16%；钢板厚度≤60mm 的同板差±0.2mm，组坯成材率由 88.6% 提高至 89.5%；厚度≥150mm 模具钢的探伤合格率已由原有的 80%提升至 98%以上，提高 18%；超宽超厚规格（厚度≥100mm，宽度≥3000mm）的低合金、高建高强、容器桥梁、船板、水电等的探伤合格率由 70%提升至 95%，提高 25%。

通过当前的一些智能装备、应用技术等手段并结合智能化、自动化集中控制的方法，累计在冶金流程代表性的节点上实际应用了近 20 套智能装备。截至 2020 年优化 77 个工位，下步对于镜像分析区域机器人应用、物料跟踪系统、各生产流程成熟的部

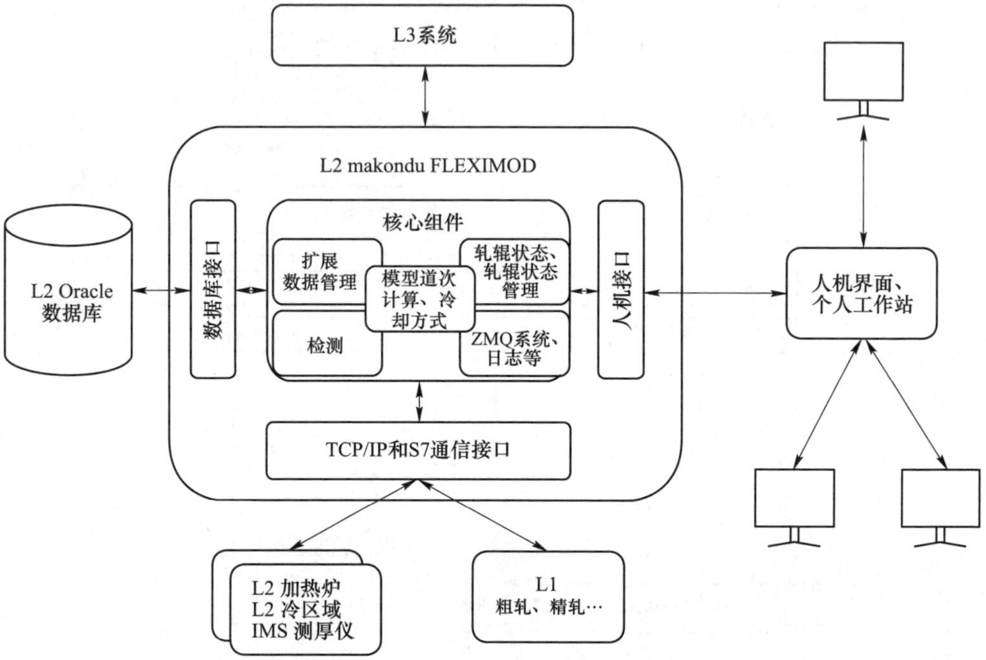

图 3-38　中厚板二级过程控制系统架构

位进行全面推广，争取年内优化 100 个工位目标。具体实施内容有：

（1）机器人应用技术：自动加渣机器人系统、高温贴标机器人、样棒存取桁架机器人系统、定尺剪取样机器人、钢球取样机器人系统等机器人的实际可靠应用。

（2）边缘智能技术：二维码自动识别系统、认面轧制控制系统、在线计数器改造等实际优化运用。

（3）无人化控制技术：无人抓渣行车控制系统、无人化堆取料机控制系统等优员手段。

图 3-39 为部分机器人项目的应用实例。

3.1.11　案例 5：河钢智能制造进展

3.1.11.1　河钢智能制造现状

河钢结合以客户结构高端化倒逼产品结构优化，不断推进制造的智能化应用，提高全要素生产效率和定制化制造水平，以满足不断升级的个性化、品质化需求，构建以客户为中心的新型产业生态。在顶层设计方面，河钢集团以《中国制造 2025》行动纲领为指导，以提升产品创效能力、加快企业转型升级为目标，以信息化和工业化深度融合为主线，充分利用新一代信息技术，在集团现有工艺

图 3-39 部分机器人项目应用实例

装备水平基础上，完成了《河钢集团智能制造发展规划（2019—2025)》的编制。这一规划是河钢集团自成立以来，首次在集团层面制定的智能制造专业发展规划，为集团从传统制造业向智能制造转型提供了路径指导，在此基础上还组织推动了集团各子公司智能制造发展规划的编制，为子分公司在年度智能制造方面的重点项目建设提供了指导。河钢以集团典型产线为载体，在对产线信息自动化现状充分调研的基础上，围绕产线产品结构调整和产线服务，对典型产线进行智能制造顶层设计。首次提出了面向未来制造的三象限理论，从本体、控制和管理三个维度解析现有信息系统架构的演变过程与未来数字双生系统的演变过渡关系，唐钢高强汽车板智能工厂建设获评国家级示范项目，验证了设计过程的可行性，为行业智能制造转型提供了理论指导和可落地、可借鉴的实施案例。借助产学研合作，建立智能制造支撑平台。

河钢汇聚全球技术创新要素，建立开放性的创新平台，先后与中科院、清华大学、重庆大学、北京科技大学、东北大学、昆士兰大学、瑞典国家冶金研究院等国内外知名科研院所，与西门子、浦项、海尔等著名企业和高端客户，共建立 26 个“产学研用”协同技术创新平台，实现国际化人才培养和技术创新的全面突破，为集团智能制造工作的开展提供重要的支撑。

河钢在传感器、机器人及工业大数据三个研究领域不断进行深入探索，推进新一代信息技术在钢铁行业的研发应用。河钢工业互联网平台功能构架如图 3-40 所示。此外，河钢着力提升老基地产线智能制造水平。

3.1.11.2 河钢各部门智能制造进展

自河钢唐钢高强汽车板公司 2016 年获得钢铁行业首个国家级智能制造示范

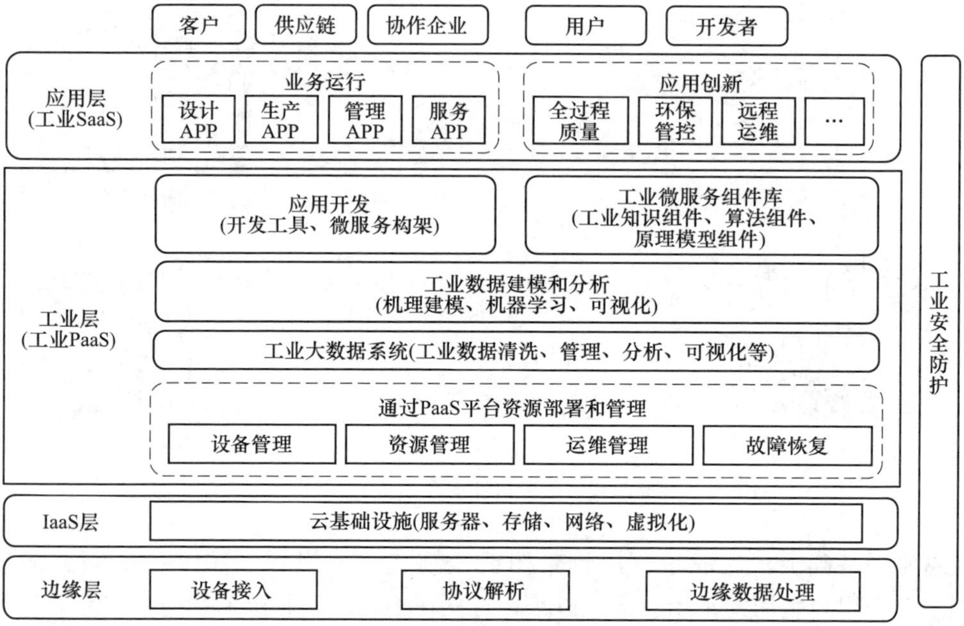

图 3-40　河钢工业互联网平台功能构架

工厂以来，继续以产线为中心，以顶层的、全局的视角进行统筹规划，构筑纵向贯通、横向集成、协同联动、符合中国智能制造标准的完整信息自动化体，以一系列的系统改造和提升，全面支撑智能化转型。

河钢邯钢通过大数据平台建设以及对现有系统的完善、升级，打通老区和新区的信息孤岛，实现全流程一体化的系统协同，实现大数据平台及其应用、天车无人化、智能装备及工业机器人应用和能源系统少人化。

河钢矿业依照各矿山、各工序流程的特点，分区域、有重点的打造智慧矿山建设标杆，“以点带面”推动智慧矿山建设。河钢矿业完成了以下几部分工作：（1）设备全生命周期管理系统整体上线运行；（2）私有云系统上线，引领河钢矿业进入“云”时代；（3）装备智能化，实现矿山生产少人化、无人化。其装备智能化主要体现在：主研发无人驾驶系统，实现铲运作业现场无人化；开发庙沟铁矿磅道无人值守系统；开发无人机尾矿库安全巡检系统；开发重卡无人驾驶系统，实现司家营北区露天无人开采；研发配电室自动巡检机器人；研发无人机采场边坡监测。

河钢石钢新基地以打造生产高度数字化、网络化、机器自组织为标志的短流程数字化工厂为目标，强化智能制造顶层设计理念。按河钢集团持续推进产品与客户两个结构再优化的整体要求，适应汽车、家电等用钢行业和重点工程对钢铁材料的定制化需求，打造从制造端直达客户端，全流程可视化的智慧营销平台

DAC (direct access customer)，从智能制造到智慧营销，建设数字河钢。

河钢乐亭钢铁基地打造钢铁行业的数字化管理平台，以“数字孪生”的理念，实现钢铁行业全流程的数字化，为进一步实现钢铁行业的智能化生产奠定基础。河钢乐亭智能工厂通过标准化、自动化、信息化三化融合实现生产业务单元的自感知、自决策、自执行、自适应，形成纵向贯通、横向集成、协同联动的智能制造体系，并以规模化定制的运营方式向市场提供最契合客户需求的产品与服务。

河钢乐亭基地智能制造体系具有如下特征：

(1) 定制型：通过订单归并、销产转换、标准+α定制设计、生产工艺自适应调整等实现面向订单的规模化定制生产。

(2) 自适应：基于知识库和大数据构造覆盖 PDCA 全过程的优化迭代回路，实现生产单元对生产要求的自适应。

(3) 精益性：一体化的五级系统形成横向到边、纵向到底的规范化管理与作业体系，实现质量、成本的精益管控。

(4) 知识库：基于企业核心冶金知识库，快速实现产品变形设计，并全面支撑生产/质量一贯到底。

(5) 大数据：通过大数据平台实现状态数据和行为数据闭环数据链，深度挖掘数据价值，支撑业务生产的优化迭代。

河钢乐亭钢铁基地 6 项关键技术为通过数字化建模技术辅助了解整个工厂的工艺布局和产线，通过全生命周期管理平台打通整个工厂企业的信息流传递，通过数字化驱动技术应用实现的重点工序三维设备建模和仿真运行，通过 BIM+GIS 技术融合应用实现对生产、物流等的动态管理和监控，通过数字化仿真技术实现虚拟工厂和实体工厂的动作同步运行，通过虚拟现实技术实现知识固化、知识共享，建立知识平台。

河钢乐亭钢铁基地智能化料厂通过对机器本身的位置及各种参数跟踪与控制，实现堆取料机设备智能化运行。利用视觉成像技术，实现设备姿态、料流等参数控制和无人化作业。在国内冶金行业大型综合料场的无人化、智能化上，达到国内一流水平。

河钢集团聚合数字化转型的能力资源，打造数字技术产业输出平台——河钢数字技术股份有限公司。河钢数字以 Weshare 物联网大数据平台为支撑，全面聚焦智能制造、智慧城市两个方向，为客户提供自主可控的数字技术系统解决方案。河钢数字与西门子、华为、北京大学、东北大学、西安电子科技大学全方位开展紧密合作，共建大数据研发平台和工业互联网联合创新实验室，推动工业互联网与钢铁行业的深度融合，加快传统制造的数字化转型升级。

河钢数字具备多个平台：

（1）河钢数字工业互联网平台：提炼、凝聚大工业制造知识和经验，深化与华为、西门子、金蝶等世界知名企业在数字化技术方面的战略合作，共同打造以钢铁行业为背景并服务于制造行业的工业互联网平台。

（2）河钢数字大数据平台：河钢数字拥有具备自主知识产权的 Weshare 物联网大数据开发平台，基于平台可提供大数据采集、ETL 数据融合、大数据存储计算、数据治理、数据智能分析和可视化六个模块化服务，平台开发能力已在医疗、政务、工业、教育等领域得到成功的检验与应用，可为各行业客户提供成熟的大数据开发服务。

（3）河钢数字智能制造解决方案服务：河钢数字将利用其在冶金自动化全流程控制软件设计、企业 MES、ERP 等信息系统开发、自动化设备、仪表设计生产以及智能无人天车的开发实施等方面能力，成为具备五级信息化工业企业智能制造整体解决方案服务提供商。

（4）河钢数字智慧城市运营平台：河钢数字将以大数据平台为基础，利用其在智慧城市建设领域积累的大量数据开发与实践经验，打造成为专业的智慧城市建设与开发、运营服务提供商。

（5）河钢数字供应链金融平台：河钢数字将利用其在钢铁行业积累的丰富的供应链、金融管理、智能物流等方面的成功运营经验，不断深化和拓展互联网服务，向全行业输出具备专业运营能力的 B2B 供应链金融平台服务。

（6）河钢数字 IDC 运营服务：河钢数字将利用通过 T3 认证的集团云计算中心，向内外部客户提供资源层、平台开发层及应用层的工业级 IDC 运营服务。

3.2　人工智能在机械工业智能制造中的应用

3.2.1　人工智能技术在汽车无人驾驶领域的应用

无人驾驶汽车是采用自动驾驶技术，通过传感系统感知道路环境、自动规划行车路线并控制车辆行驶的智能交通工具。作为其核心的汽车自动驾驶相关技术，亦是当前人工智能应用的重要领域之一。汽车处在复杂的行驶环境中，且相比较其他类似技术应用领域如无人机等，无人驾驶汽车对行驶安全性有着更加苛刻的要求，对其自动驾驶系统的环境感知、分析、决策等能力都是极大的考验。传统的感知技术在检测与识别能力方面都无法满足无人驾驶发展需要，而人工智能领域的深度学习算法被证明在复杂环境感知方面具有巨大优势，因此在当前汽车自动驾驶相关技术领域得到了广泛的应用。

自动驾驶车辆相关技术包括车辆导航系统、定位系统、电子地图、地图匹配、全局路径规划、视觉感知、车辆控制等关键技术[13]。在增强自动驾驶系统的环境感知能力方面，人工智能领域中的深度学习方法有着广泛的应用。传统上应用于环境感知的计算机视觉算法往往需要基于专家知识人工提取特征，在算法的鲁棒性设计上存在困难。而深度学习的自学习特征则能够极大提高算法的效率和速度。

在提高自动驾驶技系统的规划决策和执行控制能力方面，对人工智能领域中增强学习应用较多。增强学习方法不需要数据标注的过程，可以将整个驾驶环境及操作系统作为整体系统研究，为系统中子模块增加了鲁棒性。即使在某些子模块失效的情况下，整体的系统也能通过与环境的交互实现稳妥行为，更有效处理环境中的特殊情况。传统上只依靠标注数据进行学习得到的模型，如果训练数据过拟合，会在实际驾驶过程中产生较大偏移，无法满足自动驾驶系统的要求，而增强学习的应用则能够对这种偏移进行较好的修正。

3.2.2 基于数字化管理的产品全生命周期研发一体化知识平台

如图 3-41 所示，基于数字化管理的产品全生命周期研发一体化知识平台主要面向机械产品“设计—制造—运维”的全生命周期一体化管理需求，在满足产品性能需求的前提下，通过全方位的知识集成，重用既有经验，提高设计效率，压缩研制周期，降低研发成本。业务模型管理充分利用既有的产品本体知识及组织管理知识，在产品设计阶段考虑可加工性，降低潜在加工难度，减少潜在废品率，缩减零部件加工成本。在设计数据版本管理基础上，针对产品本体进行全生命周期的数据管理，维护各环节数据之间的关联性，为产品族的循环优化提供便捷。

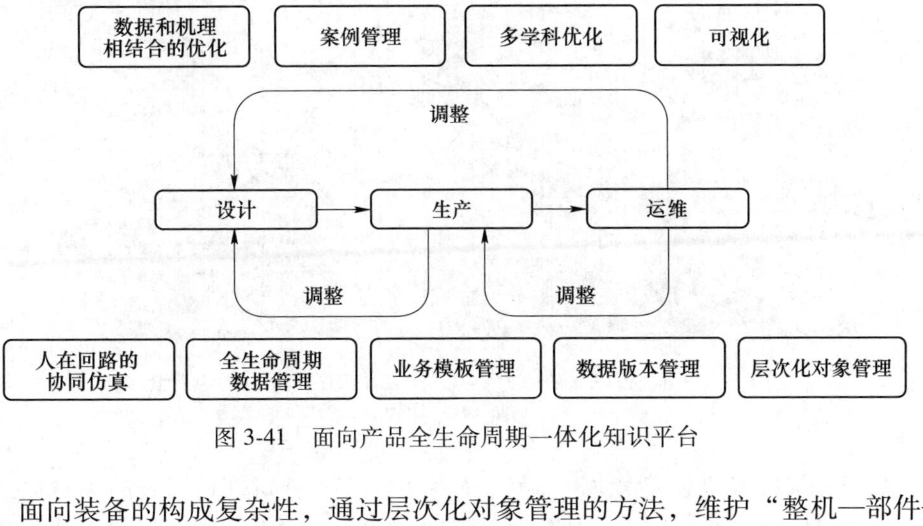

图 3-41 面向产品全生命周期一体化知识平台

面向装备的构成复杂性，通过层次化对象管理的方法，维护“整机—部件—零件”的产品需求信息传递模式及“零件—部件—整机”的设计模式。在研发过程中，采用人在回路的协同仿真对零部件和机械产品整体进行评估，充分发挥现阶段难以数值化的人工技能及经验，并以数据和机理相结合的方式对零部件进行优化设计，以多学科优化模式对装备零部件和整体进行全局优化。

针对不同型号产品，在案例管理基础上，以产品造型机设计参数为基础，构造加工装配知识及运维知识，建立产品族的知识体系。通过面向产品全生命周期一体化知识平台的建立，对“设计—生产—运维”数据进行一体化管理，实现研究产品性能的优化、加工装配性能的优化、基于运维数据的优化，最终实现支持机械品优化演进的全方位知识管理。

3.2.3　基于数字感知的汽车制造全流程生产管控与可视化技术

数字感知与信息技术的深度融合是实现智能制造的重要途径，也是智能化、可视化工厂的重要基础。可视化的汽车智能制造通过信息化和数字感知技术的应用（图 3-42），借助集成、仿真、分析、控制等手段，通过机器和人类技能的协同作用，以提高生产率和质量，同时仍保持可持续的工作条件以及人的健康和安全，形成高效、用户友好的系统，为制造工厂的生产全过程提供整体解决方案[14]。人工智能技术在汽车制造当中的应用主要包括基于三维模型的数字化协同研发等。

图 3-42　基于数字感知的汽车制造全流程生产管控与可视化
（来源：UPS 中国）

基于三维模型的数字化协同研发以数字化为基础针对部件、产品等对象进行上下游集成协同研发。基于虚拟仿真技术的智能化模拟工厂通过收集汽车制造全流程的生产数据，建立汽车制造全流程生产的可视化仿真模型，在计算机终端设备中实现模拟制造。基于制造过程管控与优化的智能化车间以产品全生命周期的相关数据为基础，采用虚拟仿真技术对汽车制造的不同环节进行模拟、分析、评估、验证和优化，对全流程生产过程进行模拟和优化的同时实现全流程生产的实时可视化监控。

基于数字感知的汽车制造全流程生产管控与可视化从全生命周期工艺流程角度包含：加工可视化，如加工路径规划、工艺规划分析、切削余量验证等；装配可视化，如人因工程校核、装配节拍设计、空间干涉验证等；物流可视化，如物流效率分析、物流设施容量、生产区物流路径等。而从生产管控角度包含：车间生产计划与管理可视化以及现场制造采集与控制的可视化。

3.2.4 人工智能技术在无人机领域应用

无人机系统（图 3-43）包括目标检测、身份识别、数据分析、智能避障、智能决策等技术模块，涉及机器视觉、图像处理、深度学习、数据分析、路径规划、强化学习等多项技术。无人机系统通过机器视觉等传感器搜集数据，通过应用深度学习等机器学习方法对数据进行分析，为无人机在飞行参数、路径规划等方面提供可靠决策支撑。

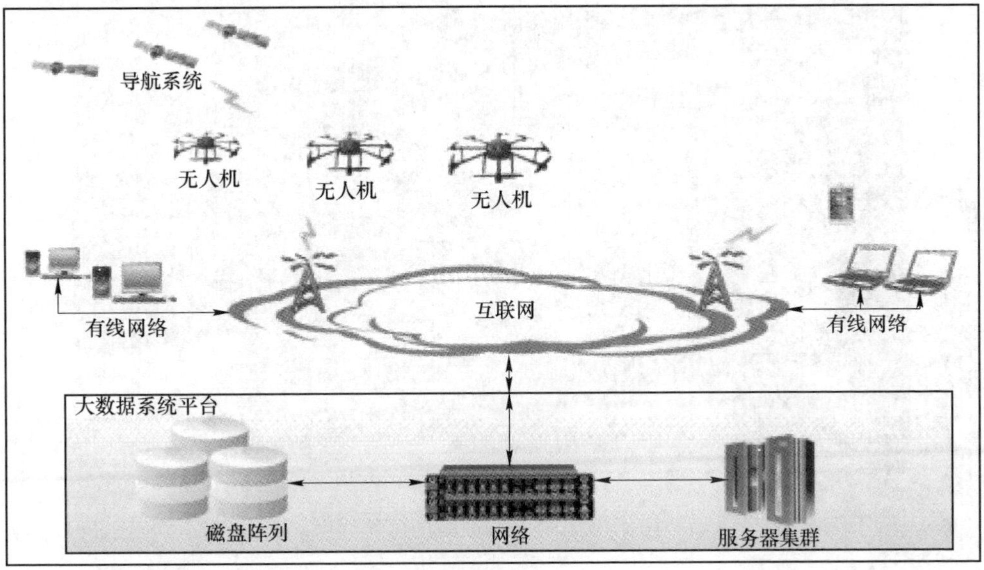

图 3-43 无人机大数据系统
（来源：农业农村部）

无人机行业传统的关注点在无人机平台本体的研发和优化，而在大数据、云计算、物联网等新兴信息技术产业发展的背景下，无人机作为稳定可靠的飞行平台能够使得大数据的采集更加便利，数据处理的效率进一步提升。目前无人机大数据系统主要面向的应用领域包括水利、电网、资产管理和建筑工程等。如使用无人机组成空中通信网络平台，并使用人工智能算法优化网络结构，在诸如紧急情况之类的不同场景中增强无线网络的覆盖范围和速率性能[15]。

3.2.5　基于增强现实的机械装备智能制造

增强现实（AR）工具已在多种工业环境中应用。增强现实技术（图 3-44）通过将人眼能够看到的现实景观与计算机生成的虚拟景观进行融合和叠加，增强使用者对现实场景的观察效果，提升感知能力。与之配套的 AR 应用程序可以允许用户通过与实际工作环境共享信息或从实际工作环境共享信息来进行动态交互。AR 系统在不同制造过程中都具有普遍的适用性，例如产品设计、生产计划和控制、工厂和产品维护等[16]。在机械设备装配过程中应用增强现实技术，可通过在真实装配环境中叠加虚拟的装配引导信息，在三维空间中为装配人员提供直观的引导指令。除此之外，增强现实技术还可以在三维场景中将装配工具、部件的实体及其相关的虚拟信息融合叠加，帮助装配人员更好地理解任务，提升装配人员信息获取的实时性和完整性，改善装配人员与设备的人机交互效果。

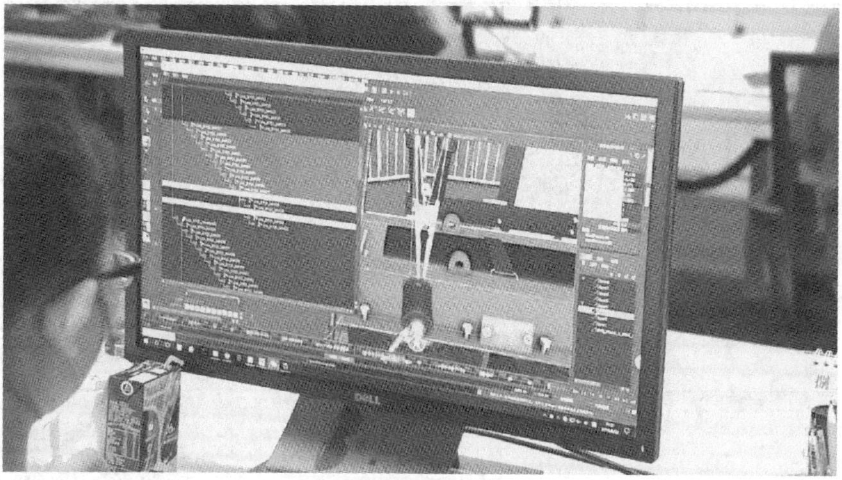

图 3-44　基于增强现实的智能制造

（来源：0glass）

增强现实技术在以下领域有很大应用前景：

（1）装配规划仿真。借助增强现实技术，在产品规划设计阶段设计人员就可以在三维环境中建立产品的虚拟模型，将结构化虚拟装配流程多视角直观展示，并通过交互式作业仿真来规划装配工艺。

（2）装配操作引导。借助增强现实技术，在生产现场生成可视化装配指令来指导装配作业，并根据规划的装配单元、装配顺序、装配方法和装配指令引导整个装配过程，实现精准化元件对接，降低装配难度，提升装配操作效率。

（3）装配质量监控。增强现实技术结合环境感知和智能识别技术，实时监控整个装配操作流程，自动分析装配参数，及时发现装配过程中的操作失误，减少装配过程中检错和返工消耗的时间，保障装配质量。

3.2.6 案例：特斯拉汽车自动驾驶[17]

特斯拉汽车主要产品的自主驾驶能力尽管距离L4、L5还有一定差距，但其已经能够在极大程度上实现自动驾驶并大大减少驾驶员的负担。特斯拉汽车的核心优势在于自适应巡航和辅助转向两方面的能力。特斯拉汽车的核心功能主要在三个方向：行驶中维持自动车道保持、变道时的自主判断和动作、泊车时的自动识别和停靠。特斯拉汽车自动驾驶系统可以自己接管刹车油门和方向盘，例如在没有红绿灯的城市环路中沿着车道自动行驶。如果前方有车辆，开启自动驾驶的特斯拉汽车可以自主跟随前车。在道路空阔的情况下，特斯拉汽车可以自主设定巡航速度并维持行驶。在转弯的情况下，特斯拉汽车可以自主调整速度和方向，同时维持车道。

当前，在自动驾驶能力的实现方面，已经有许多公司试验了多种不同的技术手段。目前主流的技术包括使用激光雷达和摄像头等不同频谱的传感器进行信息集成，然后交给中央计算机进行信息判断和车辆动作。特斯拉汽车则将使用摄像头作为唯一的信息获取器，并将重点放在加强神经网络对图像识别的效果上。这种情况下，雷达等传感器信息并不重要，甚至可能对神经网络的判断产生干扰。同时，硬件的增加也会带来设备和系统集成等方面的成本。全世界几十万客户使用的特斯拉汽车，共同为特斯拉的神经网络提供图像样本。特斯拉的神经网络在各种图像和汽车动作样本的训练下不断迭代完善，在提高自主驾驶的安全性和行驶品质上取得了越来越好的效果。

3.2.7 现状与建议

汽车的智能制造，在我国整体装备制造业中具有举足轻重的地位。目前，汽车智能装备制造比较成熟的领域，主要包括整车制造以及零部件制造。随着我国的国民经济不断发展，城市化进程不断加快，汽车也逐渐成为我国越来越多城镇和农村家庭的必备，也为汽车装备智能制造的发展带来新的机遇。

目前，西方发达工业国家垄断了大部分汽车智能制造装备开发的核心技术和能力。我国目前在这一领域发展较快，在国际市场上初步具有一定的竞争能力，占据了一部分市场份额。总体来说，我国在以下三个方面的能力需要进一步得到加强。首先是汽车智能制造装备相关生产设施的整体设计的能力，其次是相关系统的研究、开发、生产、售后一条龙的能力，最后是具有技术针对性的工艺单元的研发和生产能力。

对于汽车制造行业，人工智能在制造管理、创新生产模式、提高生产效率和产品质量等方面发挥着重要作用。首先，在汽车生产过程中，人工智能技术能够对汽车生产设备工况，当前生产流程工艺参数等信息进行采集和分析。同时，能够对生产过程中出现的产品质量问题进行收集、特征提取并存储在知识库中。基于大数据和机器学习技术，不断对汽车生产中的薄弱环节以及产品缺陷进行学习和分析，为研发和工程相关人员的处理和改进提供参考。

目前，国内汽车行业生产企业的整体技术实力不是很强，相关配套技术仍然有提升的空间。国内与汽车产业相关的人工智能原创性理论基础不强，重大原创成果不足；在基础理论、核心算法、基础材料、软件与接口等方面，与西方人工智能发展较快的国家相比还存在较大差距；人工智能产业结构布局还不完善；人工智能人才队伍距离行业的实际需求具有较大的距离。因此，在国家政策方面建议：

（1）加强关键核心技术研发及产业化。加大支持力度，加快汽车产业智能制造系统集成及从自动化硬件到控制软件技术研发及产品推广应用，提高软硬件技术和装备的自主化水平，并推动软硬件协调发展。

（2）加快发展汽车产业智能制造硬件装备。重点发展具有深度感知、指挥决策、自动执行的高级数控机床、工业机器人、增材制造装备、全自动智能化生产线及相关智能制造技术，争取在新型传感器等智能核心领域取得突破，尽快实现工程化和产业化。

（3）加快汽车产业智能制造相关软件的不断发展。ERP、MES、PDM 等系统的完全自主开发需要进一步加强，同时客户管理系统和装备控制系统等也需要不断推进自主创新。同时，面向制造、产品、市场大数据分析和使用的相关软件系统的自主开发也迫在眉睫。

（4）加强国内面向汽车制造行业的人工智能原创性理论研究和实践，重点在汽车产业人工智能基础理论、核心算法以及关键设备方面完善产业结构布局，进一步加强人工智能人才队伍特别是尖端人才队伍建设，满足汽车智能制造行业发展需要。

（5）加强在汽车产业智能制造领域的公共性技术供给力度。培育建设一批面向汽车产业智能制造共性技术研发及服务的平台，为企业引进国外成套成熟技术及本土研发的先进技术提供支撑。

（6）推动汽车产业与装备、通信等行业协同创新。推动和鼓励我国汽车制造企业牵头，联合我国汽车装备供应商以及与装备制造相关的系统软件供应商、互联网领军企业等行业企业进行协同创新，共同推动新一代信息技术与制造技术的融合，合力开展汽车产业智能制造领域的技术开发。

（7）加强智能制造和人工智能相关人才培养。在人才政策上继续发力，不断加强智能制造人才培养，为智能制造人才的成长和发展提供良好的环境，进一步加大相关政策扶持和激励机制，为建立能够在新的形势下承担起智能制造发展的人才队伍不断努力。实施管理队伍能力提升工程，培养一批既具有长远的战略眼光，同时也有实际工作管理能力的复合型人才。

3.3 人工智能在航空工业智能制造中的应用

航空产品一般外形和内部结构复杂、应用材料种类繁多，零部件数量巨大，零部件之间的装配协调关系复杂且精度要求高。航空产品的研制过程是一个技术难度大、协作管理复杂的系统工程。因此航空工业产品设计、制造与装配的全过程需要不断研究先进的科学方法和技术手段，应用人工智能技术和智能制造系统，完善和创新产品研制模式、方法和过程，提高航空工业产品性能、研制质量、缩短研制周期、降低制造成本，增强航空制造工业企业的国际竞争力。

针对航空工业智能制造领域的最新人工智能技术包括拓扑优化应用到航空智能三维设计与制造、航空智能制造装备、航空发动机智能制造、航空工业的智能制造与装配技术和4D打印技术几个方面。

3.3.1 基于拓扑优化的航空智能三维设计与制造技术

在飞机的结构设计中，为提高飞机的飞行性能，通常考虑减轻飞机的结构重量。据统计，在不影响飞机飞行性能的情况下，飞机结构重量减轻1%，就可以减轻飞机总重量的3%。拓扑优化方法是飞机结构设计轻量化的一种重要手段[18]。与经验式的设计模式不同，拓扑优化的产品模型是在给定载荷、工况等约束条件下，满足产品性能要求的最优拓扑设计结构，同时优化结构重量，是一种有效的飞机轻量化优化设计方法，已被应用到新机型的设计研发环节。图3-45所示为飞机上一个连接零部件的拓扑优化过程，针对初始结构模型，利用有限元法建立其受载荷状态下部件的应力分布，将其集成到拓扑结构优化模型进行迭代优化，获得最终的连接件结构。

目前国内航空制造企业已采用三维工艺设计可视化、装配过程仿真、多系统集成和业务流程优化等关键技术（图3-46），建立了可以支撑装配、机加、钣金、冶金等各类工艺设计业务需求的系统化、集成化的航空企业级数字化工艺设计和制造平台，升级二维传统工艺设计制造模式为三维可视化工艺设计制造[19]。

将飞机制造工艺设计平台与生产管理系统的集成，通过三维工艺电子数据，将工艺指令等工艺数据信息发放到车间生产现场，以三维、动态、交互式的定制展示和描述工艺过程。通过直观显示产品的设计结构关系、工艺关系和几何尺寸，工艺仿真过程和工装使用定位方法等，使操作人员按指令进行操作，准确快速地查阅工艺过程中需要的信息，提高工作的准确性和效率，从而将飞机生产工艺、人员、设备、工装及工具等资源和信息有效集成。

图 3-45　飞机结构件的拓扑优化过程示意图

三维数字化设计　　数控加工　　数字化装配

图 3-46　飞机三维可视化制造——装配过程示意图

3.3.2　航空智能制造装备技术

航空智能制造装备主要包括智能机床、智能机器人、智能控制装置及系统、智能物流系统、传感识别及信息采集装置等，能够对设备、工艺系统及加工状态进行实时监测。飞机智能制造装备包括部件数控装置和整体装置，具有传感功能、信息采集功能、识别功能、自动加工、自适应加工及测量控制一体化等功能，同时还有加工、装配、运输类工业机器人等。研制应用的飞机智能制造装备包括智能化加工中心、机器人智能焊接-打磨系统、飞机大部件对接与装配系统、部件及总装自动化喷漆系统等。目前这些飞机智能制造装备和制造单元的智能化程度还有待进一步提高。

以飞机等航空大型零部件的自动喷涂装备为例，这些装备集机械、电子、控制、传感器等软、硬件系统为一体，包含复杂的工艺技术，需要多方合作完成。以提高军用战斗机隐身涂层的质量和性能为目的，美国军方与洛克希德马丁和达索两个公司合作研制了战斗机的自动化涂装生产线。2011 年，战斗机隐身涂装生产线投入使用，生产线中的 DELMIA 机器人系统主要用于 F-35 型战斗机的自动喷涂工艺。如图 3-47 所示，DELMIA 系统的喷涂流量误差控制在±3%，同时能够保证 95%以上的涂层测量点厚度满足公差要求[20]。

图 3-47 DELMIA 机器人的自动喷涂

（来源：航空制造技术）

3.3.3 航空发动机的智能制造技术

飞机发动机是飞机制造的核心，其结构复杂且工艺要求高。人工智能技术是通过程序代码来实现的。数字孪生技术就是将航空发动机数字化成计算机模型，如图 3-48 所示。通用电气先利用数字孪生技术为航空发动机构建一个数字“双胞胎”，再与人工智能算法结合形成智能模型[21]。航空发动机的智能模型可帮助工程师优化设计方案，智能模型可提供 4~5 个设计方案，工程师再依据经验从中择优；同时智能模型还能够利用大数据，实时预测发动机故障，如压缩机受损、涂层腐蚀受损等，保障发动机的运行安全，优化发动机检测频率和费用。

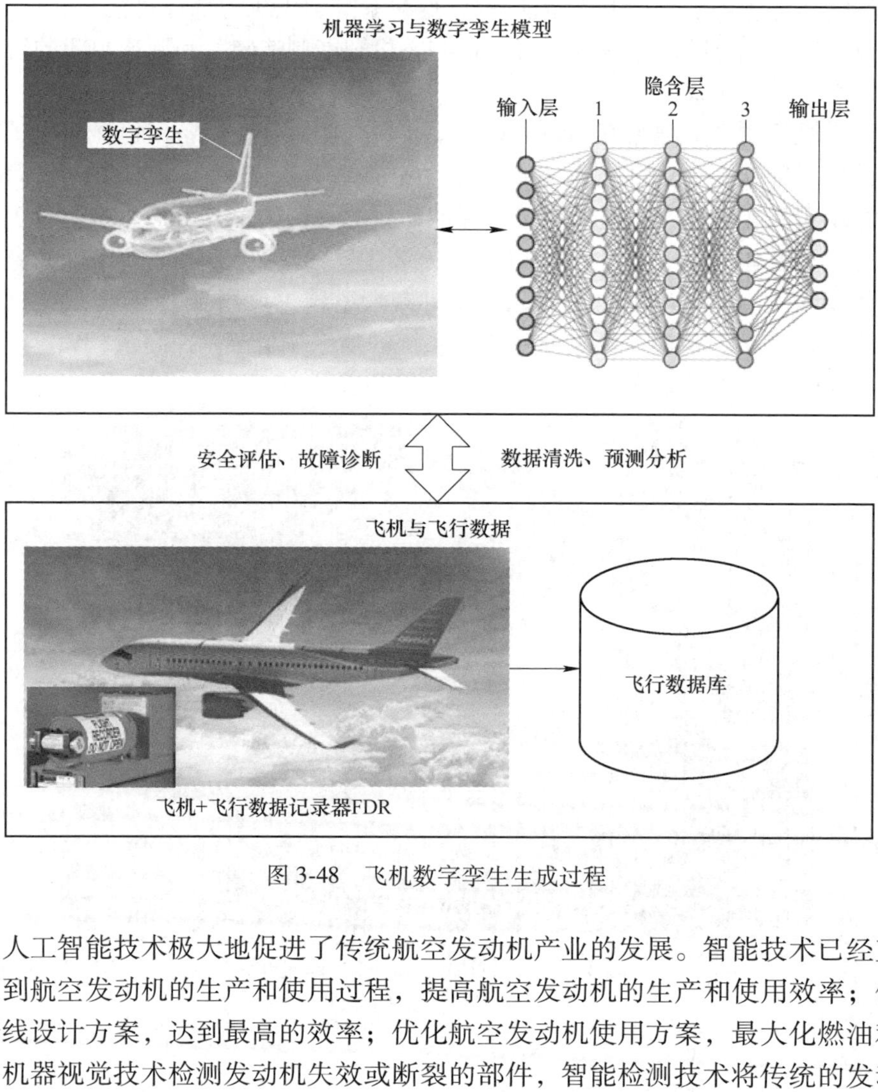

图 3-48　飞机数字孪生生成过程

人工智能技术极大地促进了传统航空发动机产业的发展。智能技术已经直接应用到航空发动机的生产和使用过程，提高航空发动机的生产和使用效率；优化生产线设计方案，达到最高的效率；优化航空发动机使用方案，最大化燃油利用率；机器视觉技术检测发动机失效或断裂的部件，智能检测技术将传统的发动机叶片检测时间从原来的 20h 缩短到 20min，节约人力，同时避免人员操作误差，提高了检测的精度。

3. 3. 4　航空智能制造加工与装配技术

飞机结构件种类包括机翼大梁、壁板、梁间肋、框、大型支撑接头和对接接头等，这些结构件具有槽腔多、壁厚薄、要求精度高等特点。飞机结构件加工需要满足飞机变斜角理论曲面等机翼结构件的通常特性，同时兼具零件轮廓尺寸大、槽腔深和基准平面轮廓度要求严等特性。高速数控铣削加工是目前飞机结构件机械加工的主要方法，通过数控机床与柔性夹具在结构和控制上智能集成来完成。

在飞机大型部件对接过程中已经开始使用气垫运输技术，如波音、空客等航空公司。气垫运输技术结合了先进的测量定位技术和数控技术，实现了大型飞机部件在对接过程中的平稳运输，大大提高了飞机装配的工作效率和质量。

借鉴汽车工业中的洗车概念，飞机制造中的柔性装配生产线最早出现在民机产品的装配中，波音公司建立了第一条脉动式飞机装配生产线。脉动式飞机装配生产线如图 3-49 所示。飞机脉动式制造生产线的优势主要体现在精度和效率方面，通过优化生产线布局、生产调度，实现不同飞行产品在同一生产线上不同产量的装配需求，提高高端装备设备利用率，从而降低生产成本。

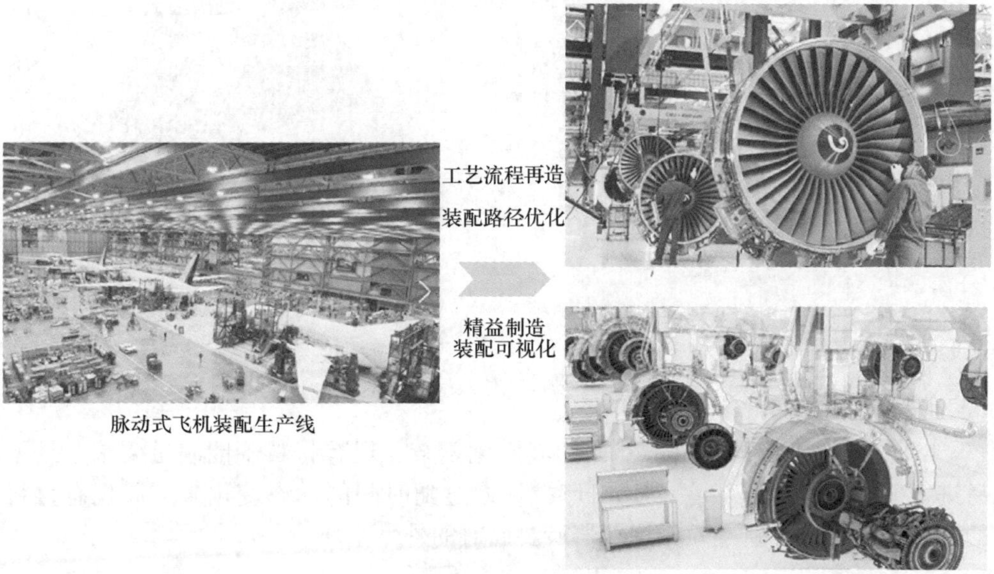

图 3-49 脉动式飞机装配生产线

3.3.5 航空智能制造 4D 打印技术

4D 打印技术是指智能材料结构在 3D 打印技术的基础上材料可自适应地实现自身的结构变化。由 3D 打印技术制造的智能材料的结构，在外界环境的刺激下可以发生随时间变化的形状、结构。相比于 3D 打印技术，4D 打印技术增加了一个时间维度，4D 打印技术制造的智能材料结构可以随着时间、环境变化发生改变。4D 打印制造的三维实体结构是智能的、可以随外界环境发生相应变化的，不再是不变的。4D 打印技术制造出的智能结构可以发生由一维或二维结构向三维结构的扩展变化，或者由一种三维结构转变成另外一种不同的三维结构，更加适合当前的环境变化。

“可被编程的世界”将由 4D 打印技术创造出来，实现一定意义上的“智能制造”概念，对传统制造业包括航天制造等产生深远的影响。例如，美国国家航空航天局利用一种全新的 4D 打印技术，制作出用于外太空的先进纤维材料（图 3-50）。这种材料是由微小的金属组成，在激光和电子束的精确控制下，通过熔融聚合物或烧结金属粉末逐层叠加，形成链甲般的材料，用于保护航天器的外层。这种技术打印出来的智能材料不仅具有特定的形状，还拥有了特定的智能功能，可以根据需求任意定制形状甚至折叠，同时可以回收再利用，重新打印成新的结构再次使用。

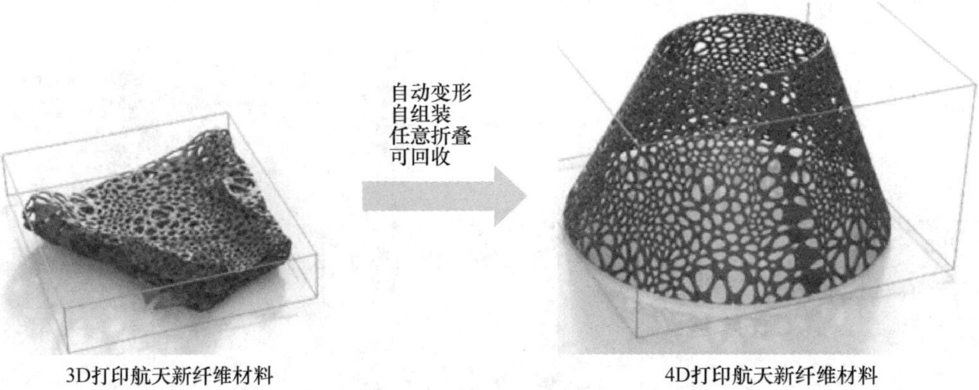

图 3-50　航空 4D 打印智能材料

4D 打印技术将被应用于外界环境变化复杂、现有材料不能满足要求，且不易进行部件更换工作环境，4D 打印技术通过随时间的动态变化来扩展现有材料的性能，从而适应航空航天飞行器所要面对的外太空环境。

3.3.6　案例：波音 787 中的智能制造

波音 787 的智能制造过程，包括飞机的设计、生产与管理，引入了物联网、大数据、云计算、人工智能等技术，取得了显著的飞机制造速度和质量。

以飞机的复杂装配过程为例，采用基于数学模型的装配技术，运用三维可视、数字化模型，对装配工艺对象按照不同层次进行分解，分析确定各部分装配工作，对于每一个装配工作优化决策零部件的安装顺序，从而确定不同的装配任务。根据装配工装功能单元与产品零组件安装的关联关系，确定每个装配任务对应的装配操作。利用仿真软件，结合飞机装配路径规划、装配物料以及实际装配布局，将装配操作分解为对应于单个零件的装配动作，建立模型进行装配路径可行性分析。通过仿真评估模块对仿真模型进行有效性评估，分析该模型的制造能力，根据要求不断进行优化，直至满足工艺要求。

在波音 787 的智能装配中，采用阵列式装配技术来支持部件之间的精确装配关系。运用轻巧的型架式起重运输系统和室内 GPS 技术，对飞机装配过程进行定位，提供实时的定位测量数据。运用智能感知技术，对制造车间人员、设备、工装、物料、刀具、量具等多类制造要素进行全面感知。利用计算机对数据进行实时处理，计算出飞机各部件需要移动的距离，将多源、异构、分散的车间现场数据转化为可用于智能决策和精准执行的可视化制造信息。将物联网技术应用到装配过程中，提供装配要素动态组网、装配信息实时采集与管理、装配评估的集成方案，实现装配过程可视化，有效实现装配要素的实时监控以及装配过程的跟踪，提供实时的装配信息。采用智能物料配送技术，使智能装配小车以最短移动路径运输。

在管理过程中，通过无线网络技术将设备、工作人员等进行有效互联，实现工作人员对设备的操控。运用云服务技术，将各类制造资源和制造能力进行统一化、集中化管理和经营，将飞机装配资源动态共享，实现多主体协同完成某阶段制造。利用 Dassault 的 PLM 套件创建全球协作平台，与合作伙伴协同研制。

与波音其他机型的制造过程相比，波音 787 的智能制造明显在装配质量和速率上有很大的提高，装配周期缩短的同时，降低了飞机的生产成本。

3.3.7 现状与建议

航空工业在“十五”至“十一五”期间就已开始启动智能制造基础技术的研究工作。“十二五”期间则是从航空工业基础层面开始推进智能制造技术的工业化应用。2013 年，航空工业开发建成的基础系统包括复合材料自动化成型系统、加工自动化系统、装配系统、自动化检测系统、自动化喷涂系统、智能化仓储系统、智能化生产运行控制系统，在这些系统的基础上打造了智能数字化制造车间。航空智能数字化车间集制造数据准备、制造执行和产品检测于一体，突破了数字化制造、自动化物流传输、数字化生产运行控制等技术，有效支持了航空复合材料构件的工程化生产，提高了复合材料构件的成品质量。2014 年 11 月，航空工业在国内率先提出了“动态感知、实时分析、自主决策、精准执行”的智能制造特征，构建了包含企业联盟、企业管理、生产管理和控制执行等 4 个层面的航空工业智能制造架构，提出了“建立一个创新中心、突破三大关键技术、落实七项重点任务”的航空智能制造推进计划，选择智能制造试点单位，开展智能制造关键技术突破和应用实践。

2015 年在智能制造试点示范项目的 46 家中，航空制造工业企业占了 3 家。2015~2017 年，航空工业共有 15 家单位的 21 个项目获得智能制造类试点示范、标准化与新模式的专项项目，以及工业转型升级项目、制造业与互联网融合发展试点示范项目。目前，航空工业昌飞“直升机旋翼系统制造智能车间试点示范”等 4 条生产线获得工信部智能制造试点示范项目支持，航空工业成飞“飞机大型复杂结构件数字化车间”等 15 条生产线列为工信部智能制造专项试点项目。

加快人工智能技术在航空智能制造领域的应用，一是要加强军民融合产业创新，要积极发挥好政府的引导、协调作用。对于影响军民融合创新协同的关键因素，如技术转让、信息沟通等因素，政府和企业应该给予特别关注。要发挥政府作用，转变政府职能，从体制机制、法律规范、信息平台搭建等方面提升军民融合产业创新协同度。二是要依托政府间航空合作机制，加快促进多渠道的产业、技术、人才等交流合作，推动建立更高层次、更加开放的世界航空产业合作发展新格局，共同应对全球挑战，共享航空市场和资源，与发达国家的先进航空科研机构展开科研与应用合作，推进我国航空制造业的高质量发展。

3.4　人工智能在石化工业智能制造中的应用

3.4.1　智能化石油天然气开采关键技术

油田和气田开发过程是一个复杂、动态、时变的过程。为达到油气田开发的最终采收率和效益的最大化，提出智能化油气田开发的概念。通过在油气田的勘探、评价、开发、调整与管理等工作的全过程中实施动态的数据采集、解析和优化措施，实现油气田开采的最优目标。智能化油气田的主要特征为实时、协同和可持续[22]。

智能化油气田的建造历程包括 2000 年前后的四维地震和智能井等单一技术；2005 年的封闭式协同作业环境链环管理、油藏监测、单井优化、生产优化、油气藏优化、资产整体优化等；2010 年的光缆技术和纳米技术在智能化油气田中的应用等。目前更加注重项目的协同运作，实现闭环式油气藏智能管理[23]。

如图 3-51 所示，智能化油气田实施过程中重视数据实时采集、数据传输和云平台处理、仿真与优化模型、智能化优化技术、智能决策技术。通过采用实时的、适用的经济技术措施，将智能化过程贯穿油气田开发全生命周期，开展油气田开发过程的持续、动态优化。

智能化油气田的基础是数据，核心是仿真、优化模型与算法。通过传感器、测井仪器以及井下和地面其他各种测量工具获取的实时油藏数据属于不同来源的数据，都将用于油藏的动态建模。智能化油气田的油藏仿真与优化模型是基于油田的历史生产数据、当前的运行状态过程建立的，同时进行实时动态更新。智能化油气田覆盖全油藏的各个维度，具备处理不确定性的柔性能力和实时更新调整的智能能力，同时更新优化油气田经济生产指标等。智能化油气田集成系统平台，生产管理人员可以通过实时数据，快速准确预测单井、油气田和生产系统的

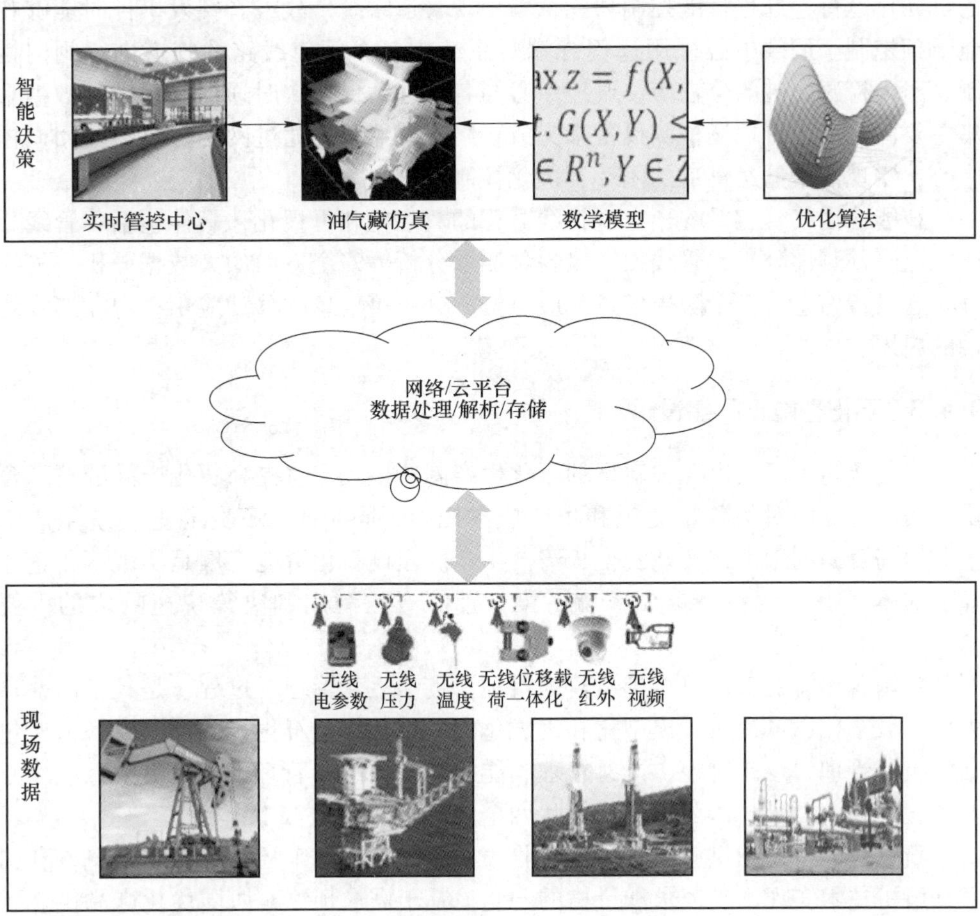

图 3-51 智能化油气田实施框架

变化，有效缩短油气田系统的开发响应时间，通过动态调整油气藏的模型参数，实现决策层的预期开发目标。

3.4.2 智能输油气管线系统

随着我国大力发展石油、天然气的管道运输，油气输送管道发展迅速，特别是西气东送的长距离油气输送工程。输油气管道直径大、运输距离长、输送量大且压力高，管理上难度很大。长距离的油气管道通常会经过不同地区、不同自然环境、不同地质条件等，这些都对油气的正常输送产生一定的影响。靠人工管理油气管道，需要的人工劳动强度大，且效率低，维护成本高。

智能输油气管道系统由远程管道运行与监控调度中心系统、油气站管理系统、管道运行现场检测设备三部分组成。智能输油气管道系统能够实现管道全程的自动化运行，远程智能控制功能，当出现管道系统事故或者突发事件时能够智能干预控制。调度中心采用远程终端对系统中各个管道线路的管道进行阀门控制、压力检测、阀门分输等，调控中心与各油气站保持实时通信，系统的数据采集主要由管道运行现场检测设备来完成，终端仪器数据通过网络信息传输回调控中心，实现油气输送管道的闭环、优化控制。

智能输油气管道系统还实现管线全程的数字化和可视化，具体包括：管线外腐蚀风险预测性分析、管线损害风险预测性分析等安全方面的大数据分析；管线分布、运行信息、安全隐患信息、应急资源分布等信息的移动应用；智能巡线终端的应用。

3.4.3 石化智能工厂建设

石化智能工厂提出一种新型的石化生产制造模式，将提高石化产品的技术含量，缓解企业面对的价格竞争和生产成本压力，同时改造石化行业传统生产工艺，提高资源利用率，实现安全、清洁生产。建设石化智能工厂是实现石化企业降低成本、提升效益、减少环境污染、资源有效利用和决策快速响应的重要途径。

我国石化智能工厂以卓越运营为目标，贯穿运营管理全过程，是具备高度自动化、数字化、可视化、模型化和集成化的炼化工厂。石化智能工厂模型框架包括供应链管理、生产管控、设备管理、能源管理、HSE 管理和辅助决策六项核心业务，感知、预测、协同和分析优化四个关键能力和 IT 支持体系。

石化智能工厂的供应链管理实时收集石化供应链各个环节的数据信息，利用数据解析技术实现产品需求和价格的预测，基于需求预测，协同优化产品供应链的原料采购、生产、供应、销售、存储和运输，达到供应链的利益最大化。石化生产管控基于生产过程的数字化，实现全面、实时的生产过程和操作过程监控，建立产品质量、生产过程安全的预测模型，保证全流程的物料平衡和全厂在线优化，实现生产计划、调度和操作的集成协调优化。

炼化企业建成工业 4G 无线网络，实现了智能巡检和操作协同，提高石化生产的操作平稳率和产品合格率。利用石化装置的历史数据分析和挖掘装置的报警规律，形成装置的知识库并建立预警模型；针对设备运行状态，利用数据解析技术进行设备状态评估以及智能诊断，科学安排设备的预防维护；采用机器学习算法实现了石化的智能排产和动态优化；应用物联网技术实现库存物资准确盘点和智能配送；建成超大型、全自动且无人操作的化工立体仓库，实现固体产品包装和仓库作业的自动化管理以及无人装车发货。

HSE 管理通过实时监控生产、排放和环境，实现生产安全评估、预测，从而规避安全、环保风险。能源管理是实时统计能耗量和能效水平，预测能源需求，优化能源的供应和消耗，实现工艺、设备和流程的能耗协调优化。设备管理通过实时设备监控和移动巡检设备，预测设备运行状态并预报维修时间，实现基于设备状态的维修，达到维修与生产的集成协调优化调度。辅助决策则为领导层提供准确的生产经营数据，预测生产经营风险并具有追溯分析能力，达到系统、综合分析石化企业复杂经营决策问题的能力。

3.4.4 基于 CPS 的石化生产过程智能监测与优化

在 CPS 系统环境下，石化工业的生产过程数据可以通过检测装置进行实时的感知和采集，再通过有线和无线网络传输到各个生产过程的建模单元、监测单元和操作优化单元。

针对 CPS 环境下的数据采集与通信，无线通信采用工业无线协议规范，而现场检测系统一般提供标准串行通信方式，研究二者之间的数据互通技术，解决数据拥塞问题，保证数据通信实时性。在现场设备与工控机之间采用无线传输，且传输距离较远要加入中继节点，考虑建立多条无线传输的冗余通路，确保无线传输的稳定性。同时就无线节点较多，维护困难的问题，提出基于 TCL 脚本和组态软件的数据监控和故障诊断机制，以有效保证无线网络的稳定、安全运行。

3.4.5 石化全流程生产计划智能决策

炼油生产全流程为多阶段、混合生产过程，包括原油储运和混合、炼油生产过程、成品油调和与配送。原油供应保证炼厂加工原料库存，油品配送则将炼厂产品发往油品库区或最终用户；石油炼制过程即炼油过程，以原油为原料，经一次物理加工分离和二次、三次化学转化工艺，加工成多种组分油；通过油品调和生产出符合国家标准的燃料油、工业润滑油和化工原料；炼厂生产的成品油和其他产品通过管道或者公路、铁路配送往其他油库或用户。炼油过程针对不同的原料组成（馏分结构与分布）进行工艺加工，转化成所需的各种产品，实现整个生产过程的净利润最大化。

如图 3-52 所示，炼厂全流程生产计划优化是依据成品油市场对炼厂产品的需求和原料供应市场的信息，来决策原油购买种类和数量、炼厂装置各生产工况下物料的加工种类和数量、组分油的品质和数量、油品调合方案、成品油品质和数量，目标是最大化炼厂的生产净利润。炼厂的全流程生产与物流系统具有生产流程长，流程与物料关系复杂，生产过程产品收率和质量依赖输入原料、设备的工艺机理和工况，物流过程则受到天气、安全等因素影响具有不确定性等特点。这些特点与系统的实时数据息息相关。石化全流程生产计划智能决策研究内容包括：建立炼厂全流程生产的数据库；提炼炼厂全流程生产计划问题；建立炼厂全流程生产计划问题的数学模型，采用数据和机理混合建模方法进行全流程生产过程建模；采用改进的混合建模方法建立炼厂全流程生产计划问题的数学优化模型；设计炼厂全流程生产计划模型的求解算法及边际效益分析。

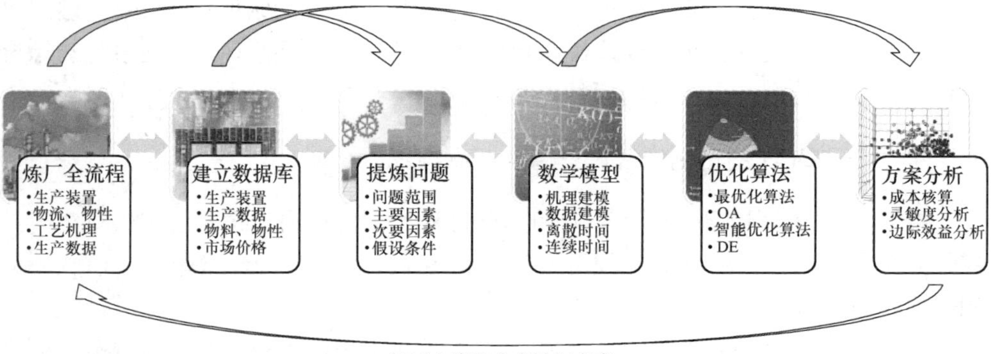

图 3-52　炼厂全流程生产计划优化技术方案

3.4.6　案例：九江石化智能工厂

九江石化是集炼油、化肥、化工为一体的国有特大型石油化工企业，也是国内首批率先进行智能工厂建设试点的四家炼化企业之一。九江石化智能工厂建设包括软、硬件系统，绝大部分系统依靠国产化或自主开发解决。在传统石化企业信息化三层平台，即过程控制层、生产执行层、经营管理层的基础上，九江石化建设开发了集中集成平台、应急指挥平台、三维数字化平台等公共服务平台。2015 年建成的智能工厂框架具有装置数字化、网络高速化、数据标准化、应用集成化、感知实时化等特点，率先建成并投用石化智能工厂，出台了石化企业级智能工厂标准规范体系，成为 2015 年石化企业唯一被列为国家智能制造试点示范项目的入选单位。

九江石化十分注重数字化建设，建立了国内首家企业级中央数据库 ODS，现已集成 MES、LIMS、ERP 等 25 个系统，数据支撑包括调度指挥、大数据分析、三维数字化等 21 个系统，为实现智能制造构建了基础信息平台。基于中央数据库，集成 MES、ERP、LIMS 等重要数据，建立了基于核磁技术的原料油评估，自主开发了炼油装置的机理模型，推广 APC 应用，试点 RTO，实现炼油全流程闭环优化管理。在石化安全管理方面，HSSE 管理实现实时可视化，各类报警、视频监控与 119 接处警系统实现集中管理、实时联动。九江石化的“环保地图”系统实时在线监测各类环境信息，针对异常情况可及时处置，并进行环境的闭环管理。

九江石化利用工业物联网打通了生产运营、过程控制、经营管理的独立系统，构建了公共协调服务平台实现集中集成管理、三维数字化和应急指挥功能等，解决了各子系统之间的信息壁垒问题。

通过智能工厂的建设，九江石化实现了管理效益的全面提升，实现经济利润达20.24亿元，创历史最好水平[24]。

3.4.7 现状与建议

随着石油化工行业两化融合、智能工厂建设的深入，人工智能技术的应用越来越深入到石化工业的生产实际。2015年到2018年，我国实施了305个智能制造试点示范项目，其中包含27个石化项目，如中石化九江石化、镇海炼化、茂名石化、燕山石化的智能工厂建设，为石化行业树立了标杆和典范。2018年工信部公布的两化融合管理体系贯标试点企业名单中有49家石化和化工企业。工业互联网、大数据、人工智能等新技术助力石化行业开启智能制造升级。

人工智能技术在石化行业广泛应用还需要进一步在标准数据资源库、人工智能标准体系、安全保障体系等方面完善。通过数据安全协议，打破企业间数据壁垒，开放共享石化生产与物流数据。搭建石化企业与科研院所的稳定合作桥梁，互通有无，完善现有的智能方法，并将其标准化后推广到相关石化企业，避免重复性的智能化工作。石化企业的安全保障尤为重要，如何在安全、可靠的环境下实施人工智能技术，促进石化企业的智能化生产、大规模个性化定制、预测性维护等方面的提升，需要健全的安全保障体系建设。国家层面应当鼓励、敦促石化行业建立公共数据共享平台；支持石化企业与高校联合在人工智能方向的实践与创新，限制企业对国外技术的盲目依赖；鼓励石化企业自身的人工智能实践活动。

3.5 人工智能在资源工业智能制造中的应用

在资源工业领域，西方发达国家已针对自动化、数字化、智能化开采技术进行了长期研究，“智能化矿山”和“无人化矿山”等发展模式已经成为必然趋势，成为全球资源工业领域的技术热点和发展方向。为了实现我国从矿业大国到矿业强国的转变，我国的矿山建设也必须走创新之路，应用人工智能技术建设智能化矿山。目前，国内部分大中型矿山在生产流程数字化、生产装备智能化等方面做出了努力并得到一定程度的提高，智能化水平在不断提升。

3.5.1 智能矿山定义与建设内涵

3.5.1.1 矿山生产与管理的复杂性

矿山生产过程是一个动态的连续过程，产品质量受地质情况、设备效率、操作水平等因素影响较大，并且存在很大的不确定性；随着生产规模的不断扩大，生产过程的管理控制、实时跟踪、控制纠偏、动态调整的难度越来越大。

矿山生产依赖于大型专用设备，生产水平依赖于设备处理能力和设备管理维护水平。单机设备以及设备的互联而形成的生产线、车间以及厂矿等多层级设备管理是一个复杂系统问题。目前单机设备智能化、设备间的协调管理控制尚未得到很好的解决。

作为产品的矿石物料在生产过程中呈离散物料流体。矿石物料加工处理受诸多因素影响，粒度结构、组成与形态等不断发生变化，是一个复杂的时空非线性动力学过程，难以借助单一技术手段来进行标记、追溯与跟踪。

与此同时，产品质量稳定性、产品产量、能源消耗、原料消耗、生产安全等因素相互制约，共同影响矿山生产效率与经济效益。现代管理理念融入企业管理，实现企业流程再造、智能管控、组织优化，不断提升企业核心竞争力，是矿山企业经营决策亟待解决的问题。

通过人工智能技术针对管理进行提升从而实现效益最大化，实现快速响应、动态可控、实时分析、细化管理，已经成为矿山企业共识。随着经济全球化的迅猛发展，外部市场对矿山企业的影响越来越突出，矿山企业也希望能够积极应对。采矿技术及设备装备水平的大幅提升，特别是信息技术的飞速发展，为矿山企业快速响应外部变化，提供了可能。

3.5.1.2　智能矿山建设内涵

智能矿山建设规划应在对现实状态数据透彻感知的基础上，利用机器学习、人工智能、大数据分析等方法，抽象为知识，从而能够面对未知领域进行分析，实现更为智慧的决策，最终追求更为快速的响应，如图 3-53 所示。

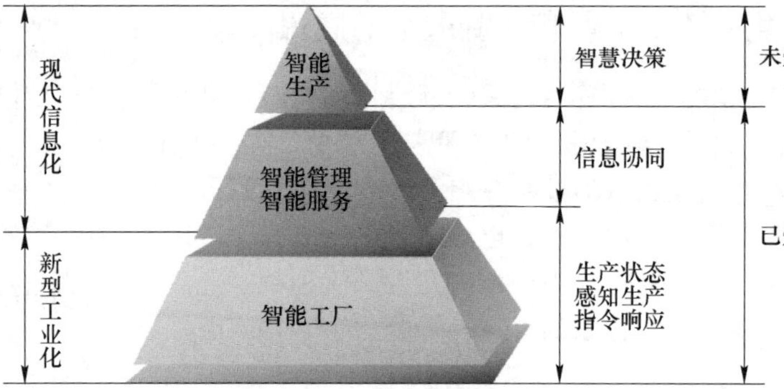

图 3-53　智能矿山规划示意图

智能矿山具有两大基础平台，即大数据分析平台和矿山物联网平台，这是矿山实现智能化生产管理的基础。智能矿山是建立在数字化、云计算、物联网、协同管理网络基础上的，具有智慧创新、智慧制造、智慧管理特征的先进矿山企业。其物理基础是互联网、无线网和物联网，具有更透彻的感知、更全面的互联互通、更深入的智能化的特征。智能矿山将使矿山企业的变革创新能力、安全生产能力、资源利用能力、企业管控能力、持续发展能力、文化素养水平等各个方面得到极大的提高。

智能矿山核心是在统一的时间坐标和空间框架下，科学合理地组织各类矿山信息，将海量异构的矿山信息资源进行全面、高效和有序的管理和整合。其任务是在矿业信息数据仓库的基础上，充分利用现代空间分析、数据采矿、知识挖掘、虚拟现实、可视化、网络、多媒体和科学计算技术，为安全生产、矿产资源评估、矿山规划、开拓设计和决策管理进行模拟、仿真和过程分析提供支撑平台。

打造“智能矿山”不是单纯的信息化项目，是“战略+管理+技术”的系统工程，信息技术只是一种手段，其目标是建设新型矿山企业。

3.5.2 基于人工智能的智能矿山建设

3.5.2.1 采掘无人化

智能矿山需要基于人工智能技术对传统采矿技术理论进行变革和创新，包括无人采矿技术、井下勘探与物探技术、井下快速定位与自动导航技术、地下矿井人员定位技术、自动化指挥调度系统等。利用信息技术和人工智能技术，实现采掘过程的无人化，不仅可以提高工作效率，而且可以大幅提高生产安全水平。另外，应用人工智能实现采掘无人化，也要同步调整与之配套的生产组织模式、设备维护模式与保障模式，从而实现整体效益的最大化。

3.5.2.2 矿山综合信息平台

利用计算机技术为矿山企业实现综合信息网络化、过程控制自动化、安全管理信息化、生产集约高效化，使得信息与业务之间完全融合、信息共享，最终实现矿山资源与开发环境数字化、技术设备智能化、生产过程控制可视化、信息传输网络化、生产管理和决策科学化。其内容涉及系统构架、基础网络、数据仓库、地理信息、传感感知、工业自动化、平台软件、地质保障软件、安全保障软件、生产管理软件、矿山 ERP 软件、大数据分析软件、综合调度软件和应急指挥软件等信息系统通用技术等。

借助虚拟现实、三维模拟和人工智能技术建立起来的矿床模型、采矿模拟、地下矿井仿真、井下围岩力场仿真等，能够实现矿井上下三维实体及景观的计算机动态显示，帮助矿山企业了解矿体形态、构造，模拟地下矿井火灾场、井下围岩力场和地下矿井水灾场，实时跟踪监控矿井人员，为矿山决策和工程计算提供功能服务。

3.5.2.3　数字矿山与智慧采矿决策

数字矿山是指以矿产资源开发过程数字化信息为基础，对资源、规划、设计、生产和管理进行数字化建模、仿真、评估和优化，并持续应用于矿山生产全过程的新型矿山技术体系和生产组织方式，也称为数字化矿山。随着智能矿山各种类型海量数据的获取和集成，从矿山数据库中挖掘知识成为智能服务的一个瓶颈问题。从海量数据中提取有用的知识，基于此建立决策支持和智能服务的专家系统，是实现智能矿山的关键技术。

智能采矿是在数字化矿山的基础之上，利用系统工程理论及网络自动控制和人工智能等技术，以开采环境数字化和采掘装备自动化为特质，实现采矿计划、生产、调度和决策等过程的智能化，是现代矿山信息化发展的一个新阶段。智能矿山的本质是利用信息技术积累管理经验，通过机器学习与人工智能，形成知识库，从而应对未知世界的变化。利用内部与外部的大量数据积累，统筹分析最佳生产解决方案，在各自层级与领域分别运用决策支持理论，实现局部最优，全局效益的最大化。

3.5.3　智能矿山工业互联网

智能矿山依赖于智能工业物联网技术在矿山领域的全面应用，以工业互联网和物联网为主要载体。具体来说，智能矿山是在特定矿山工业场景下，将人、设备、环境通过软件定义网络及智能感知系统互通互联起来，使得用户可以借助智能矿山操作系统开放平台开发各种定制化功能（各类子系统 APP），形成具有自学习、自演化及快速迭代能力的矿山人工智能系统。智能矿山采用人工智能、物联网、云计算、大数据、地理信息技术、虚拟现实、智能机器人、轨道交通技术、无线通信技术、自动控制、计算机软件、移动互联网、高端装备制造等高新技术，应用于矿山生产各个作业环节，实现矿山全流程、全生命周期的数字化与智能化，是工业化与信息化的有机结合和新的发展阶段。

3.5.4　案例 1：人工智能在矿山爆破与粒度检测中的应用

3.5.4.1　人工智能在矿山爆破中的应用

在矿山开采中，爆破块度信息至关重要，因为它直接影响了矿石装载、破碎、运输直至磨矿等工序，从而极大地影响矿山综合生产效率。据专家分析，爆破效果能够影响矿山 70%~80%的生产环节和设备使用效率。任何重视生产效率的矿山管理层都不会对爆破质量掉以轻心。

以数据解析为基础的人工智能技术在爆破设计过程的集成应用，实现了矿山爆破全面革新，将会带来新一轮矿山综合效益提升。根据不同的应用场景，可基于点云数据和基于图像数据对爆破块度进行分析，可以快速分析爆破块度，准确得出块度区间分布，并进一步实现钻孔爆破可视化评估功能，这是保证矿山爆破质量不可或缺的助手。

矿山工程师使用专业的爆破设计分析软件，可以直接输入点云数据或图像数据，并且结合以往的块度分析结果和现有炮孔测量结果，进一步完善爆破设计。还可以用于自动生成下一生产环节所需要的数据报告。矿山工程师可以选取不同的爆破参数（如炮孔孔径、间距、排距、装药量和微差起爆等），通过仿真计算生成不同的爆破效果热图并进行分析比较，最终达到最优的实际爆破效果。针对实测块度与设计块度之间存在差异的区域，可找出影响爆破效果的关键问题，例如，由于浸水或装药量不足所引起的拒爆，受不同地质条件、炮孔坍塌或不完整以及爆破自由面距离等因素的影响。这些分析结果可以用于优化下一步爆破工序设计。其他影响因素包括爆破抛掷距离、爆破漏斗等空间参数，也可以点云数据的形式输入到爆破软件中，用于炮孔设计优化。

将先进的数据解析技术于引入矿山爆破环节，是一项开创性的创新技术，已经在国外矿山引起轰动，深受广大矿山工程师的青睐。过去的测量数据只是以平淡无奇的数字串呈现出来，不能反映真实的空间坐标信息，工程师在使用时，只能简单取平均值，无法定位非优化区域，无从进行空间分布优化。而在数据解析技术的帮助下，工程师针对任何爆破中出现的特定问题都能准确地找到具体根源，帮助现场采取措施，及时改进爆破设计，例如修改爆破软件中的装药分布，以确保在富水区段使用合适的防水炸药。通过与钻机移动导航系统对接，导入钻孔实测数据，与炮孔设计相互验证，从而及早地对后续工序设计参数进行调整优化，最后达到综合最优的爆破效果。

3.5.4.2 人工智能在矿石粒度检测中的应用

爆堆的矿石块度分布是评价矿山开采爆破效果的主要参数，且矿石的粒度信息也是反应选矿过程中破碎机工作状况的重要指标。因此，实现矿石粒度信息的实时检测，对于矿山的生产具有十分重要的意义。

通过采用人工智能技术，可以解决矿石粒度分布检测的核心技术环节，即矿石图像分割。通过编写图像分割算法，实现了对矿石图像的实时、准确分割。这种方法不仅对图像清晰度要求低，分割结果准确，而且可以适用于不同品位、不同作业环境下的矿石图像，如图 3-54 所示。

3.5.5 案例 2：鞍钢矿业智能矿山建设

鞍钢矿业针对国有大型铁矿山企业经营发展亟待解决的问题，创新性地提出并践行了战略创新管理体系；突破了“采、选、冶工艺独立优化”的思维定式，

图 3-54　图像处理技术在矿石粒度分布检测中的应用

确立了矿冶工程“五品联动”的新模式。统筹考虑矿石地质品位、采出品位、入选品位、精矿品位、入炉品位，将矿山生产勘查、采矿、配矿、选矿、冶炼五大环节集成为大系统，实现了生产过程及管理环节的整体优化，确保了整体效益最大化。战略创新管理体系的实践标志着鞍钢矿业进入全新发展阶段。

在落实发展战略过程中，鞍钢矿业信息化建设始终处于国内行业领先水平，具有良好的数字矿山建设基础。

（1）建成标准化基础设施平台，实现信息运维规范化。在企业信息化建设过程中，鞍钢矿业以国际标准来衡量建设水平，先后获得 ISO20000 运维系统认证、ISO27001 安全系统认证以及 CMMI 软件成熟度认证。并通过自主运维平台建设实现了维护人员对各信息系统运行情况的“更透彻地感知、更智慧地判断、更快速地响应”，从而提升了管理水平，提高了工作效率，降低了生产成本，增加了企业效益。

（2）建成一体化数字采掘平台，实现生产管理透明化。通过矿山全面铺设 MESH 网络与移动服务商无线网络的互补，实现了矿区的网络覆盖，为采掘区域的信息化建设奠定了基础；通过矿山综合地质信息系统的建设，实现了采掘目标的数字化，使资源利用效率有了显著提升；通过智能车辆调度系统、牙轮钻精准定位系统、车辆油耗管控系统、炸药车实时监控系统建设，实现了采掘设备的自动配置和线路优化，提高了生产效率；通过各应用系统的规范化集成，使得生产勘探、储量计算、开采设计、采掘组织、测量验收等各环节形成闭环控制的有机整体，实现了数字化开采。鞍钢矿业生产执行系统如图 3-55 所示。

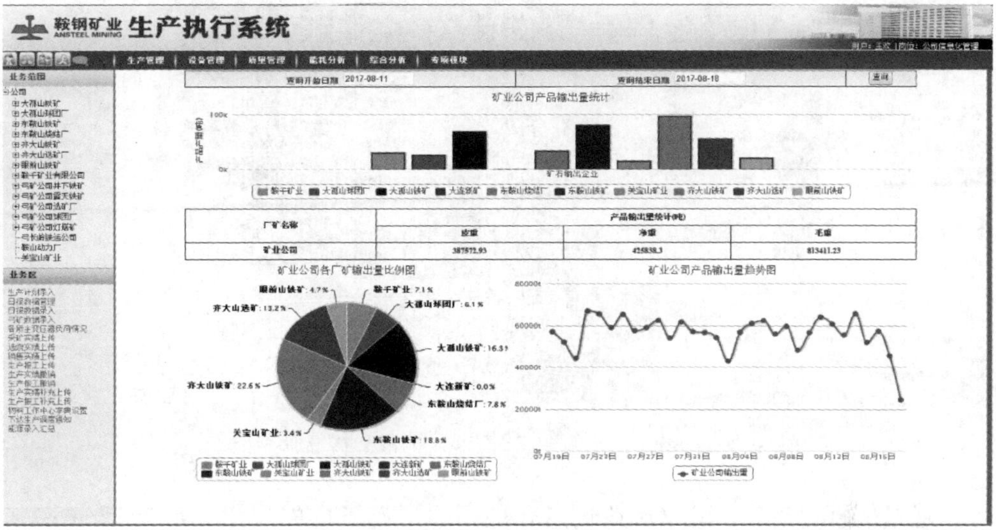

图 3-55 鞍钢矿业生产执行系统

通过选矿、球团、烧结全流程自动控制系统建设，实现破碎、球磨、选别、球团、烧结等选矿工序环节的有效衔接，降低了生产成本；通过管控一体化系统建设，实现了全局生产过程的实时管控。

（3）建成人性化安全管控平台，追求生产企业本质安全。建成了 EHS（环境、健康与安全）管理信息系统，关注环境、健康与安全管理；完成了矿山“监测监控、人员定位、通信联络、紧急避险、压风自救、供水施救”六大安全系统的建立，接轨国家标准；开展了“露天矿山地下复杂采空区精确探测和爆破治理关键技术研究、金属非金属矿山重大灾害致灾机理及防控技术研究、采场边坡稳定预警系统”等国家级重大课题的研究和实践工作，有效解决了冶金矿山企业生产经营中的重点难点问题。

（4）建成集成化业务管控平台，实现规范高效协同管理。MES 系统建设以及以企业 ERP 建设，形成了鞍钢矿业管理系统 AMS（Ansteel Mining Management System）架构，建成了由标准化基础数据采集、全流程自动控制系统、MES 生产执行系统、ERP 企业资源计划到运营决策系统的完整五级体系架构。

通过多年来信息化建设，实现了具有“生产管理透明化、设备管理标准化、职能管理流程化、业务财务一体化”特点的信息化平台。

（5）建成个性化移动应用平台，实现按需安排工作空间。建设了涵盖信息发布平台、协同办公平台和智慧服务平台三个维度的个性化移动应用平台，如图 3-56 所示，给传统办公带来移动化的巨大变革，实现了按需安排工作空间的目标，起到了鞍钢矿业业务流程加速器、信息价值放大器的作用。

图 3-56　信息发布平台　协同办公平台　智慧服务平台

通过信息化建设，鞍钢矿业信息化应用水平有了质的变化，到 2012 年底基本完成了“数字化矿山”的建设任务。2013 年起从鞍钢矿业发展与实际生产需求和引领全国矿业信息化建设发展的角度，鞍钢矿业在物联网、云计算、大数据等新一代信息技术领域进行了积极探索，提出了建设“智能矿山”的发展战略。

3.6　人工智能在智能物流中的应用

物联网是指通过信息传感设备，把任何物品与互联网连接起来，进行信息交换和通信，以实现智能化识别、定位、跟踪、监控和管理的一种网络[25]。它是在互联网基础上延伸和扩展的网络。在物联网上，可通过传感器、射频识别（RFID）等各种信号采集设备或识别技术，实时采集所需的设备、资源、能源、环境、人员等各种需要和相关信息，构成一个网络，实现物与物、物与人、物与网络的连接，以实现数据感知、解析、预测、诊断、控制等。

作为一种经典的经济活动，物流随商品生产的出现而出现，也随商品生产的发展而发展。物联网、人工智能、大数据等技术的发展，使得传统物流在模式和专业技术方面得了新的发展和诠释，演变成了具有创新性的智能物流。智能物流是在运输、仓储、包装、分拣、配送、装卸搬运等基本物流活动环节中实现自动化、信息化、透明化，从而实现数据感知、全面解析、系统优化及时面对动态环境的自我协调能力，以达到智能化水平。智能物流的实现能大大降低各相关行业运输的成本，提高运输效率，增加企业利润。

3.6.1　智能物流装备

物流领域很早就开始有效应用了传感技术，例如电子标签（RFID），它是物联网中应用广泛的非接触式自动识别技术，将 RFID 固定在物流设备或物品上，利用读写器可以获取物品或物流设备的相关信息，可以提高物流过程数字准确度和透明度，有效减少缺货损失，提高物流效率。

如图 3-57 所示，用于 RFID 技术将运输的货车以及货物信息进行实时采集，可完成车辆及货物的实时、定位跟踪，监测车辆及货物的状态等情况。在运输过程中，将货物、司机以及车辆驾驶情况等信息通过物联网、互联网实时高效地连接起来，提高运输效率、降低运输成本，降低货物损耗，清楚地了解运输过程中的一切情况。

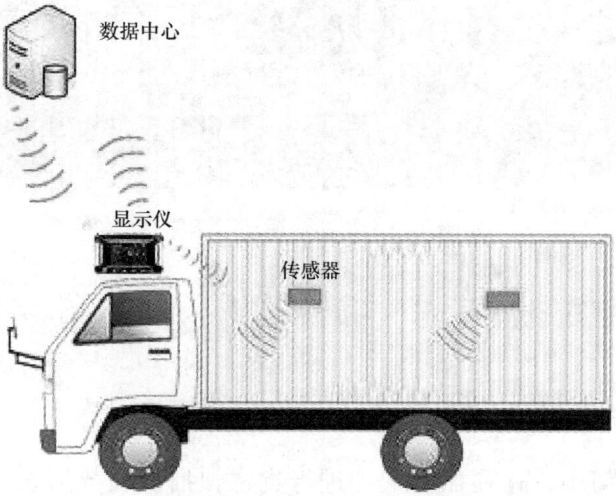

图 3-57 运输设备于数据中心信息交互示意图

此外，人工智能技术的发展和应用推动智能快递柜、自动化立体仓库、自动分拣设备、智能物流设备等现代物流装备快速发展，且逐渐由自动化向智能化转型。

3.6.2 智能快递柜

如图 3-58 所示，智能快递柜是基于物联网技术，能够对物体进行识别、存储、监控和管理等功能，与 PC 服务器一起构成了智能快递投递系统。PC 服务端能够将智能快递终端采集到的信息数据进行处理，并实时在数据后台去更新，方便使用人员进行查询快递，调配快递以及快递终端维护等操作。

快递员将快件送达到指定的地点后，将其存入到快递终端后，智能系统就可以自动为用户发送一条短信，包括取件地址以及验证码等信息，用户可在 24 小时内随时去智能终端取货物，简单快捷地完成取件服务。

除了运用到物联网技术之外，智慧物流还包括云计算以及人工智能等相关技术，将采集的数据传输到云平台，利用云计算、人工智能技术将数据进行分析处

图 3-58　智能快递柜示意图

理，能够提高运输效率以及节省人力资本。而物联网技术是传统行业数据获取的重要途径，发展物联网产业至关重要。

3.6.3　基于物联网技术的无人化仓储

在传统的仓储中，往往需要人工进行货物扫描以及数据录取，工作效率低下；同时仓储货位有时候划分不清晰，堆放混乱，缺乏流程跟踪。如图 3-59 所示，将物联网技术应用于传统仓储中，形成智能仓储管理系统，能提高货物进出效率、扩大存储的容量、减少人工的劳动力强度以及人工成本，且能实时显示、监控货物进出情况，提高交货准确率，完成收货入库、盘点调拨、拣货出库以及整个系统的数据查询、备份、统计、报表生产及报表管理等任务。

智能仓储的成功离不开人工智能等技术的大力推动。传统的仓储管理中存在诸多弊端，通过人工智能技术提高装备技术水平，提升自动化能力，实现机器替代人的战略，可有效解决仓储物流管理的现存痛点。近年来，无人化这个概念逐渐被运用到了社会中的各个行业，而与物流有关的就有无人分拣机器人、无人驾驶卡车和无人叉车，越来越多的新装备也开始投入到实际运用中。

随着互联网、电子商务的迅猛发展，消费者的需求逐渐转变，对仓储系统的智能化、柔性化提出了更高的要求。无人仓储是新型物联网、人工智能技术与传统物流产业融合的创新，实现了货物从入库到包装、分拣、搬运等流程的智能化和无人化。仓储机器人主要以承担搬运、码垛、分拣等功能的机器人为主，可分为分拣机器人、搬运机器人、配送机器人。这些机器人不仅可以让整个物流环节更加便利，减少错误信息的发生，而且可以降低劳动力的体力负担，提高工作效率。

图 3-59 自动化立体仓库示意图

传统电商物流仓储的环节是从入库、上架、拣货、包装、分拣到最后配送到用户的手中。过去通过人工进行入库和上架以及对货物的验收存在很大的弊端，人工码放货物杂乱无章且码放层高有限，但通过无人仓等技术的应用以及自动化设备的接入，利用机械手等设备完成的货物分拣整齐有序，并且节省了大量的人力和时间，利用机械手和算法，对商品关联订单进行计算，改变货物存储位置，通过算法码放货物，仓库空间的密度大大增加，货品出库时间也大大加快。

3.6.4 案例：京东智慧物流

作为自建物流体系代表的电商平台，京东在物流领域的发展可谓是行业标杆[26,27]，京东成立了“××事业部”。和谷歌曾经闻名世界的“××实验室”的多样性不同，京东“××事业部”专注于打造京东“无人科技”，希望巩固京东自建物流体系的优势，并且可以降低成本提高效益。

京东推出“无人仓”项目，实现了自动化时代到智能化时代的大跃迁，其智能化体现在，传统工业机器人将不再只是执行手臂，还将被赋予大脑智慧，使其具备自主判断和行为能力，从而完成复杂多变的仓储任务，为客户更快更好地提供物流服务。

京东无人仓使用了自动立体式存储、3D 视觉识别、自动包装、人工智能、物联网等前沿技术，使得单日分拣能力达到 20 万单，40000m^2 的仓库内各种机器人多达上千台。在机器人使用方面，既有传统的 AGV 叉车，又有 6 轴机器人、自动供包机器人等十几种不同工种的机器人，如图 3-60 所示。

无人仓固然是一个极其复杂的系统，但最能体现智慧化的，并不是执行指令

图 3-60　京东无人仓

的能力，而是自主决策、判断、纠错以及自我修复的能力，即无人仓在运营过程中，与面单、包装物、条码有关的数据信息要靠系统采集和感知，出现异常要自己能够判断。

以京东大型无人分拣区为例，这片区域里穿梭着 300 个分拣机器人，这些被工作人员称为地狼的机器人靠二维码和惯性导航有序地取货、扫码、运输、投货，行驶速度惊人，每秒 3m，还能自动排队，电量耗到 30%会找充电桩自主充电。依靠视觉识别和智能导航技术，无人仓“智能大脑”在 0.2s 内为地狼计算出 680 亿条可行路径，并做出最佳选择，而当地狼出现常规故障时，它能在 30s 内自动修复。京东物流方面表示，无人仓的效率是传统仓库的 10 倍。

此外，结合先进的自动化、感知、AI 等技术，京东“××事业部”设计研发了无人配送车，也可以称之为配送机器人，这是自动驾驶技术在物流方面的应用，希望以此减少配送过程的人力成本，从而提高效益。

在京东“××事业部”，配送机器人的应用场景，目前主要集中在相对封闭的环境，主要是产业园区、商业区、居民社区和高等院校等，结合周边京东配送站点投入使用，这样的区域路况简单，人流量和车流量都比较小，如图 3-61 所示。

综合考虑路况、人流量、行驶距离等因素，通过优化算法规划好形式路径，在配送站完成商品装载后根据规划路径出发，在行驶过程中遇到行人、宠物、车辆等障碍物能够避障行驶，遇到有红绿灯的十字路口能够识别红绿灯。当无人配送车到指定位置后，通过京东 APP、手机短信等方式通知用户收货，智能货箱系

图 3-61 京东无人配送车

统支持验证码、人脸识别和一键链接取货等多种人机交互模式。

京东无人配送机器人在 2016 年 9 月正式发布后，从 2017 年 6 月开始，在北京、上海、西安、长沙等多座城市的多所高校以及多处园区进行常态化运营。

在无人配送上，除了地面的无人配送外，京东还应用了无人机。京东的无人机包括多轴无人机以及固定翼无人机。多轴无人机适应于短途无人配送，类似城市配送这样的最后 1km，固定翼无人机适用长途无人配送，类似干线物流。航程超过 1000km、起飞重量超过 800kg、巡航高度 3000m、巡航速度超过 200km/h、翼展超过 10m 的固定翼无人机 JDY-800，2018 年 11 月首飞成功。

在京东，通过物联网技术可以捕捉仓内的每一个资源的状态，包括人、设备、设施、库存、订单，通过这种动态状态的捕捉，可以即时获取到生产线上的瓶颈。通过物联网，将感知的这些数据汇聚到中央调度系统，由中央调度系统去做柔性的、动态的安排。利用大数据和人工智能技术可以突破现有仓库不同商品、不同作业模式的限制，可以根据当前的订单结构和仓库产能，自主地调控对不同订单、不同业务流程的作业模式，从而解决全领域、全业务形态、全品类商品的同仓生产问题。人工智能技术为仓储物流的精细化作业、智能化作业提供了提升空间。

3.6.5 趋势与展望

随着物联网、人工智能技术与传统物流产业的深度融合，将加速物流行业向数字化、系统化、智能化方向的发展，主要表现在以下几个方面：

（1）物流数字化。随着射频数据通信、条形码技术、扫描技术和数据采集越来越多的应用于物流设备和物流活动环节中，基于物联网技术，将物流过程中设备、人员、环境等信息进行采集和存储，通过和人工智能识别将采集到的各种文本、音频和视频信息转化成数字信息，使所有的物流要素都实现数字化，并在此基础上实现数字感知、解析与优化。

（2）物流系统化。供应链之间的协同，要求物流装备更加系统化，而不仅仅是集成化。如在某一个物流环节提供某种模式的装备，而在另一个物流环节提供另一种模式的装备，彼此之间没有形成系统性，很难实现现代物流的高效协同。这就要求物流装备不能各自为战，一定要有彼此之间的协同，小到托盘，大到仓库的物流设施及运输设备等，一定要实现系统化[28]。

（3）物流智能化。物流行业目前无人化的进程多是仅仅实现了设备的自动化，通过自动化的设备解放了人们的双手和双脚，并没有取代物流过程中人的决策和智慧。而智能化则是基于人工智能、运筹学和全局优化、区块链等技术，使自动化的设备根据当前环境和任务能自动优化决策，使其具有“大脑”的功能。未来物流的发展，将通过与上述技术结合逐步将自动化装备向智能化物流装备转型，人工决策向智能化系统转型。

3.7　工业互联网在智能制造中的应用

工业互联网已成为发达国家推进“再工业化”的发展战略，是新兴国家和老牌发达国家的竞争的焦点，谁抢占工业互联网技术的制高点，谁就抢占新一轮科技革命和产业变革制先机。工业互联网对于我国尤为重要，能够深入推进我国供给侧结构性改革，全面促进我国工业向数字化、网络化、智能化方向转变，从而加速实现制造企业转型升级，完成我国经济的新旧动能转换。

3.7.1　工业互联网概念

工业互联网实质是实现智能制造的关键基础设施，其核心作用是将工业生产和制造各个环节紧密相连，使生产过程形成一个有机整体。依据工业互联网，生产中各个要素可以得到最合理的安排和利用。具体地讲，工业互联网在智能制造中的作用，就是通过工业互联网平台把设备、生产线、工厂等生产制造环节、供应和销售等流通环节以及金融环节等更紧密地连接融合起来。工业互联网的作用可以拉长制造业产业链，形成从底层的设备和系统、到厂区和地区的全面互联互通，从而提高效率，推动整个制造服务体系智能化；促进制造业和服务业之间的融合，使工业经济各种要素资源通过共享得到高效利用。

工业互联网必须采用开放模式，通过构建一个通用的基本架构，使各个厂商设备之间可以实现数据共享。这个架构的标准除 Internet 网络协议外，还包括诸如 IT 系统中数据的存储容量、互联和非互联设备的各种指标。工业互联网要落地实现，必须制定通用标准，打破技术壁垒，只有这样，才能激活和促进互联网在传统工业的应用，更好地实行物理世界和信息世界的融合。

我国政府高度重视工业互联网技术，为促进工业互联网的发展，2017 年 11 月，国务院下发了关于深化《工业互联网+先进制造业》指导意见，指出工业互联网发展应重视体系建设，这些工业体系包括网络体系、平台体系和安全体系。

2019 年 1 月 18 日，工信部在下发的《工业互联网网络建设及推广指南》中明确提出了我国工业互联网发展的目标和路线：我国的工业互联网发展应以构筑支撑工业全要素、全产业链、全价值链互联互通的网络基础设施为目标；着力打造工业互联网标杆网络、创新网络应用，规范发展秩序，加快培育新技术、新产品、新模式、新业态，使我国工业互联网在 2020 年形成相对完善的网络顶层设计。

工业互联网的根本作用是要解决信息的互联互通问题。2012 年，美国通用电气公司将工业互联网的核心概念定义为：使人、数据和机器连接起来。人、数据、机器这三个要素在工业互联网中相互的关系，可用图 3-62 形象地表示出来。

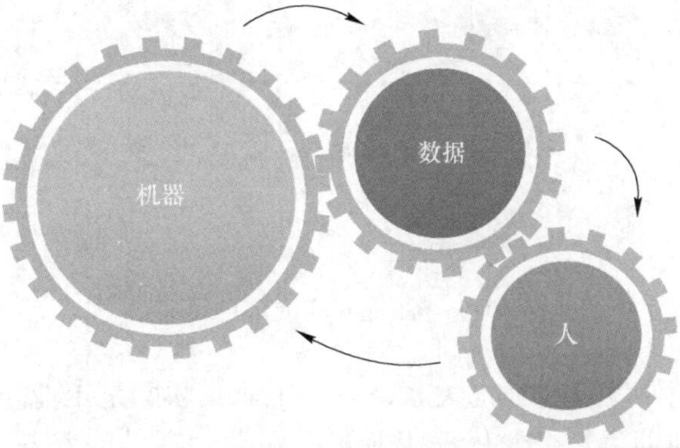

图 3-62　工业互联网核心要素

工业互联网在智能制造中的应用，就是在生产制造过程中让数据“流动”起来，使工业企业能够通过数字化和信息化从数据中挖掘价值。具体地说，工业互联网可以帮助一些企业减少用工量，压缩运输成本，提高产品质量和产品制造水平，有利于优化存量、降低企业的综合成本。同时，发展工业互联网，也有利于工业企业升级换代、向生产高附加值产品的先进制造业方向发展。最后，工业互联网还有利于推动制造业全产业链的融通和企业的创新发展。

工业互联网必须实现全面互联互通，只有这样才能实现数据流动和分析，完成工业制造的智能化变革，形成工业经济体系的新模式。如图 3-63 所示[29]，以互联网为基础的工业互联网，就是使工业系统的各种元素如机器、人以及系统全面互联起来。互联解决了通信的基本问题，特别是数据端到端的流动以及跨系统的流动技术，为充分分析、建模奠定了基础。企业通过工业互联为基础的数据流动和分析，实现智能化生产；工业经济依据网络化协同、个性化定制以及服务化延伸，发展出制造业新的模式和业态。

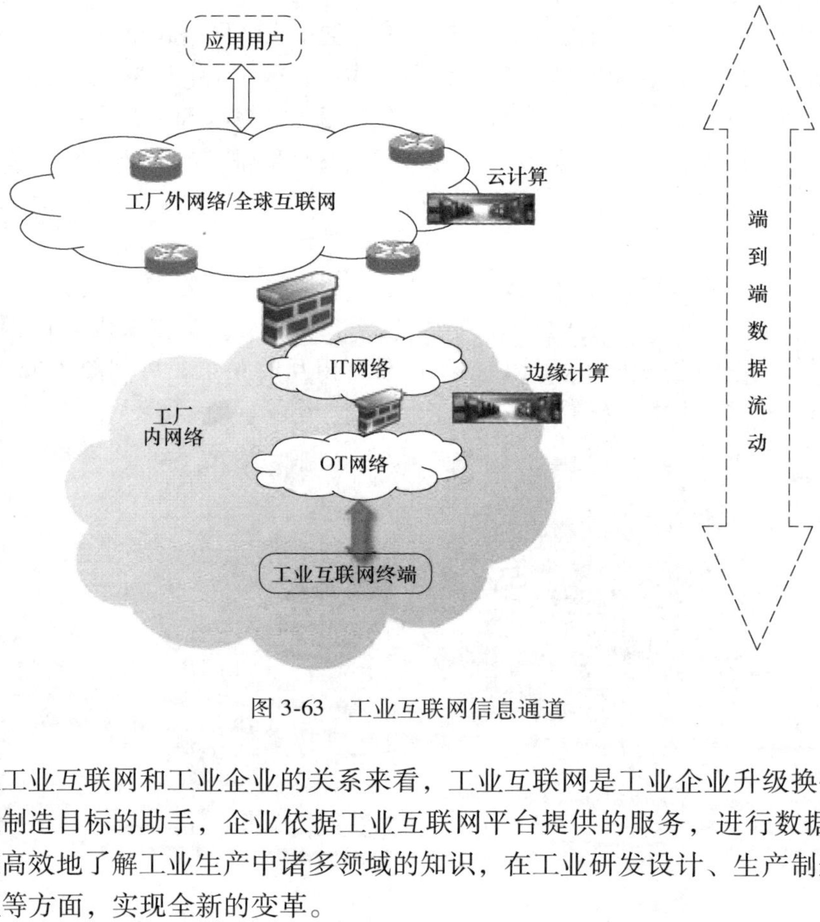

图 3-63　工业互联网信息通道

从工业互联网和工业企业的关系来看，工业互联网是工业企业升级换代、实现智能制造目标的助手，企业依据工业互联网平台提供的服务，进行数据分析，更精准高效地了解工业生产中诸多领域的知识，在工业研发设计、生产制造、经营管理等方面，实现全新的变革。

3.7.2　工业互联网平台建设

工业互联网平台是工业互联网的核心，可以说，离开了工业互联网平台智能制造的实现也就无从谈起。为实现支撑工业智能化发展的核心作用，工业互联网平台必须包括基本的不可或缺的功能。这些功能包括：海量异构数据汇聚与建模分析能力、将工业经验知识软件化与模块化的能力、支持各类创新应用开发与运行的能力等。依据这些能力，工业互联网平台可以起到支撑生产智能决策、业务模式创新、资源优化配置等作用。

中国工业互联网产业联盟在 2019 年 5 月发布了《工业互联网平台白皮书（2019)》，指出工业互联网的发展短期仍将以设备侧和工厂侧为主，数据确权、数据流转与平台安全仍是平台治理面临的重要问题。

工业互联网平台与一般商业模式相比，发展模式更复杂，对平台企业有更高要求，政府对于与国家战略联系紧密的互联网平台发展应发挥更大的作用。加深对工业互联网平台架构的认识，对于整个工业互联网建设具有重要意义。当前工业互联网平台架构过于简单，如果将这种平台架构等同于工业云平台，显然无法反映工业化和信息化方面的深刻含义，更不能反映各个工业制造业的特殊性。

目前国内还有许多企业身处信息孤岛之中，技术和需求得不到有效对接，因此亟需构建工业互联网平台，使更多制造企业能在平台上实现信息和利益共享，创造出更高经济效益和更大社会价值。

工业互联网的作用是实现精准、实时、高效的数据采集与互联，为构建完成如此功能的一个体系，首先要建立面向工业大数据的开发环境和应用环境，能够完成对大数据存储、集成、访问、分析、管理功能；同时，该体系能够将工业技术、经验以及知识实现模型化、软件化、复用化；能够以数据的有序自动流动和运用，解决复杂制造系统面临的不确定性，并不断优化研发设计，实现生产制造以及运营管理等资源有效配置；最终形成多方参与、合作共赢的制造业生态。基于以上目标，通过分析国外工业互联网平台架构，其核心要素包括数据采集层、管理服务层（工业 PaaS）、应用服务层（工业 APP）等，平台结构如图 3-64 所示[30]。

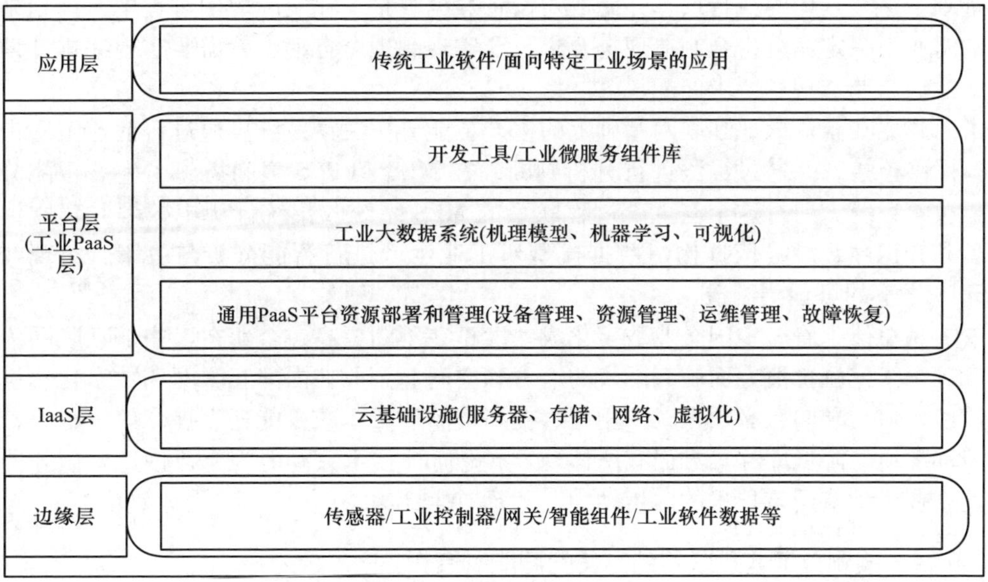

图 3-64　工业互联网平台参考架构

目前，全球范围内工业互联网平台在数量、体量、行业覆盖等各个维度上的规模都在不断扩大，国内工业互联网企业正在不同领域、不同地区加快平台布局，市场呈现“百家争鸣”的发展局面。这些工业互联网平台已有 300 多家，包括海尔、航天云网、用友、工业富联等制造业企业，纷纷布局工业互联网，推出自家平台。据雷锋网了解，目前工业互联网平台主要能力仍处于工厂全周期排产、物流监测，以及各行业更为关注的预测性维护，其中，在更受关注的预测性维护方面，能力仍然极为有限。从工业互联网应用的目前状态看，我国正处于工业互联网平台发展模式探索初级阶段，工业互联网平台建设应该采用技术创新与商业模式协同的方式，逐步探索出可持续的自我发展的道路。

3.7.3　工业互联网内网在智能制造中的应用

现今，工业互联网技术在工业企业的应用中不断发展，在这个过程中，工业企业出于自身安全等利益考虑，更多应用聚焦于设备侧和企业系统内部。例如炼钢过程，整个钢铁冶炼是一个能源变换系统，也是一个复杂系统，因而可优化空间巨大。据公开资料显示，国内某钢铁企业通过将炉群设备互联及集中管理，构建无人空间，实现全自动控制后，最终在工厂节能、产量以及产品质量精度方面都有明显提高，实现少人化管理。

在现代钢铁精炼、连铸、热轧、冷轧全生产过程中离不开信息系统的支持，这些信息系统包括 DCS、PCS、MES、ERP 层级，各自担负着与之对应的任务。其中，MES（生产制造执行系统）的工作，是在下达计划进到 MES 后，将这一计划下达至具体的执行层，并完成对设备数据收集。在实际应用过程中，计划来的时候不一定完全符合制造现场要求，要实现制造全自动，就需要实现编排计划下达后与制造现场要求匹配。

建立在企业内部互联网基础上的生产智能分析决策系统。通过将前道工序进行网络连接，并通过算法进行分析判断，在 MES 和 PCS 之间搭建了生产智能分析决策系统。通过这个与生产过程联系的 MES 系统收集统计历史数据并建立模型和知识库，最终依据构建数据模型对工业生产进行智能分析与决策，实现在 MES 之下的可预测制造。

从总体上看，中国企业数字化成熟度正在不断提高，企业在以内部互联网为基础深入挖掘价值方面还有巨大的潜力和空间。企业在内部互联网和数字化建设应以价值为导向，必须在减少用工、提高产品质量、减少能耗、提高效率、改善劳动环境、降低库存等方面有所体现。不论何种技术只有能为企业创造价值才能使企业产生应用该技术的内生动力，才具有生命力。

3.7.4　案例：工业互联网助力美的智能制造

工业互联网为工业企业在效率及创新领域带来前所未有的发展，尽管其技术尚处于发展过程中，已有企业从自身利益出发，试探性地开展了工业互联网业务。

一些工业企业不再仅仅局限于企业内部互联网应用，已试探性地开始探索通过工业互联网平台开展采购业务，实现智能供应链功能。智能供应链的一个难题在于整个供应链的协作，供应链上的每一个单点优化无法达到整体最优目标，必须使上下游紧密关联的整个供应链体系实现一体化。当我们在每个单点进行优化时，很难做到很好的投入产出比，只有当我们找到上下游关联，将这些局部分析纳入整个体系里进行分析和考评，才可以从整个流程中找到不足，来改进整体效率并实现整体最优。如某企业用了云采购模式后，采购周期从原来的一个多月缩短到两到三周时间。集中采购之后，通过互联网可以与全球的供应商比价，可以显著降低企业采购成本。同时因为企业采用云平台之后，使采购流程更加简化，大幅降低了采购相关的人力成本。企业依据线上交易，对一些资产比较贵的物料可以实现零库存管理，这进一步降低了企业的生产制造成本。

提质增效是生产过程的智能化主要目标，提质不仅仅是产品本身的质量，涉及产品的物料，以及产品后续持续的分析和管理，所以提质本身除生产环节外，还要考虑供应链的原材料管理，以及后续的包括供应商的评级和工艺的改进优化，这也是一个产品整个生产流程的闭环。生产线效率这块分为能耗、环境分析、故障预测与维护等，如何加快生产节奏，如何提升转化率，提升整个生产运营的效率，是智能化生产的核心目标。依据工业互联网实现的数据和信息的互联互通，为企业实现智能制造提供了前提条件。

美的集团在利用工业互联网开展业务方面做了更深入的探索，打造了自己的工业互联网标杆工厂。其中一个案例是磁控管工厂，在该厂搭建了完整的信息化应用框架，通过各大系统的数据接口的贯通，实现了内外网互联[31]。

美的自主研发的 MES（制造执行系统）通过云端与供应商数据的对接，实现供应商来料的入库、品质和生产计划等信息贯通；依据物流和质量管理系统，实现了对物流配送和品质管控的整体控制；再通过 PLM（产品生命周期管理）实现制造和研发同步；最后，通过 CRM（客户关系管理）系统在销售端实现企业和客户对接。

通过改造，美的真正实现了数据与信息全流程打通。这个数字化工厂的自动化率、关键工序不良改善情况、人员效率、空间产出效率都得到了大幅提升。总之，工业互联网带来了效率提升。

综合以上案例可以看出，工业互联网作为工业企业数据和信息联通的基础设施，只有与智能化制造措施相结合才有实际意义。以工业互联网为基础的智能制造的核心目标是优化资源配置，其作用不止关注具体的设备、具体的生产线，而是关注企业、产业链和价值链整体。

3.7.5　趋势与建议

以工业互联网为基础智能制造技术，在工业领域具有巨大的市场潜力和发展空间，给人以无限的遐想与期待。这几年的实践中，工业互联网的落地却出现了各种各样的问题，作为工业互联网先驱的 GE，在工业互联网业务发展过程中也出现了诸多问题，已有工业巨头出于经济考虑，对其工业互联网等相关业务进行剥离和出售。国内工业互联网应用如今仍停留在初级阶段，要实现降本增效，整个工业互联网目前做得较好的企业已经可以实现工厂排期和相应的智能调度，真正能够实现预测性维护的厂商则少之又少。

工业互联网的发展并不是一帆风顺的，目前出现了一些瓶颈问题。工业互联网虽然经过了多年发展，但是，到目前为止，仍然还没有任何一个工业互联网平台占据了绝对领先的地位，并获得真正的成功。与互联网相比，工业互联网无论从连接的对象、连接的数量，以及相应的开发者等都发生了巨大变化。工业互联网所连接的数量比服务于商业领域的消费互联网大得多，应用场景也变得更复杂。工业场景与商业场景存在巨大差异，工业现场对智能生产线的稳定可靠要求很高，且工业领域有各种各样的设备，行业间存在很高的技术壁垒，不同行业需求也各不相同，各个企业的信息化程度差别巨大。工业领域的这些特点，对工业互联网为基础的智能制造系统的设计与实施提出了更高的个性化定制要求。

若使工业互联网为基础的智能制造技术的落地与应用还需从两个方面解决问题：一是建立适应工业企业智能制造需要的工业互联网技术，使工业互联网技术自身不断成熟和完善；二是深耕各企业内部的需求和特点，并利用工业互联网实现智能制造，达到为企业创造价值的目的。

尽管在工业互联网应用于智能制造过程出现了各种问题，但我们要对我国发展工业互联网为基础的智能制造坚定信心，清醒地认识我国在工业互联网方面存在特有的优势。我国的主要优势体现在以下三个方面：

第一，我国是互联网强国，世界十强互联网企业中，中国企业占有重要地位，具有雄厚的实力。借助这些方面的优势，特别是以消费领域为突破口，将会使我国在工业互联网发展方面抢占先机。

第二，目前，我国高度关注人工智能、大数据、云计算、网络安全方面技术，重视程度超过世界上的其他国家，如果将这些技术作为重大科技专项实施，将进一步加快我国工业互联网的发展。

第三，我国作为拥有非常强大的制造业和在工业互联网方面掌握了一定的核心技术的经济大国和人口大国，发展工业互联网具有得天独厚的优势。如果从国家层面因势利导，加强知识产权保护，形成良好的产业发展生态，工业互联网一定可以助力我国工业产业向智能制造业转变。

针对我国基于工业互联网的智能制造业的发展现状，我们的建议是：

首先，完善工业互联网技术，数据安全是一个必须面对的问题。目前，数据安全是工业互联网面临的最大技术挑战，很多企业不愿意上云分享自身所拥有的数据，主要担心数据失去了价值，给本企业带来商业损失。数据安全问题应得到高度重视。这个亟待解决问题受到高度关注，现阶段的工业互联网任务规划为：平台应用短期仍将以设备侧和工厂侧为主，数据确权、数据流转与平台安全仍是平台治理面临的重要问题。

另外，面对我国工业企业数字化发展不平衡的现状，对于处于不同发展阶段的企业有针对性地进行由低到高的数字化技术改造，逐次实现自动化、信息化，最终实现以工业互联网为基础的智能制造，使我国制造业水平达到一个新高度。

目前，世界正在经历着数字化、网络化新的转型时期，在这个转型时期我们国家大量的工业企业，正在逐步应用工业互联网。在这一特殊时期，机遇与挑战并存，发展智能制造业对作为制造业大国的我国意义重大，机不可失。以工业互联网为基础的智能制造的研究当务之急，就是联合一切可以联合的力量，让政府、科研部门、企业、平台形成合力，共同探索适合我国国情的工业互联网发展途径。

参 考 文 献

[1] 李欢，莫欣岳．“互联网+”时代下智能制造技术在我国钢铁行业的应用［J］. 世界科技研究与发展，2017，39（1）：62~67.

[2] 芦永明，钱王平，邓多洪，等．利用物联网技术实现钢铁企业智能化生产管理［J］. 中国冶金，2014，24（9）：1~5.

[3] 吕志民，徐钢，毛文赫，等．冶金全流程工艺质量在线监控和离线分析诊断系统［J］. 冶金自动化，2015，39（3）：15~21.

[4] 马林．邯钢炼钢过程质量跟踪分析自动化平台研发应用［J］. 通讯世界，2015（9）：212.

[5] 霍宪刚．工业机器人在钢铁行业的应用研究［J］. 山东冶金，2018（6）：56~58.

[6] 陈贝．工业机器人在 LF 精炼炉测温取样中的应用［J］. 中国金属通报，2018（10）：84~86.

[7] 叶新功，蔡道勇，李玉璞，等．巧用大数据诊断钢包回转支承轴承故障［J］. 中国设备工程，2018（24）：12~15.

[8] 刘锟．转炉烟气分析动态控制模型及其方法研究［D］. 北京：钢铁研究总院，2008.

[9] 霍东．云环境下钢铁行业的能源管理系统研究［D］. 长沙：湖南大学，2016.

[10] 管晓宏，等．信息物理融合能源系统［M］. 北京：科学出版社，2016.

[11] 吴礼云，梁高林，凌晨，等．分布式与集中式智慧能源管控系统在大型钢铁企业中的应

用 [J]. 冶金动力, 2017 (11): 7~10.

[12] 王国栋. 钢铁工业的绿色智能制造 [J]. 世界金属导报, 2016 (11): 1~9.

[13] Zhao J, Liang B, Chen Q. The Key Technology Toward the Self-driving Car [J]. International Journal of Intelligent Unmanned Systems, 2018, 6 (1): 2~20.

[14] Mozaffari M, Saad W, Bennis M. Efficient Deployment of Multiple Unmanned Aerial Vehicles for Optimal Wireless Coverage [J]. IEEE Communications Letters, 2016, 20 (8): 1647~1650.

[15] Reimann J, Sziebig G. The Intelligent Factory Space-A Concept for Observing, Learning and Communicating in the Digitalized Factory [J]. IEEE Access, 2019, 7: 70891~70900.

[16] Elia V, Gnoni M G, Lanzilotto A. Evaluating the application of augmented reality devices in manufacturing from a process point of view: An AHP based model [J]. Expert Systems with Applications, 2016, 63: 187~197.

[17] https://www.tesla.cn/autopilot, 特斯拉中国.

[18] 陈华, 邓扬晨. 拓扑优化方法在飞机结构件概念设计中的应用 [J]. 航空计算技术, 2006, 36 (5): 50~54.

[19] 惠巍, 王彦, 陶剑, 等. 航空制造领域中三维工艺技术的应用 [J]. 航空制造技术, 2013, 13: 43~46.

[20] 刘亚威. 机器人喷涂在 F-35 的应用 [J]. 航空科学技术, 2011 (5): 16~18.

[21] 孟震威, 秦新冰. 智能制造在航空发动机企业的探索与实践 [J]. 智能制造, 2017 (7): 29~34.

[22] Braswell G. Artificial intelligence comes of age in oil and gas [J]. Journal of Petroleum Technology, 2013 (1): 50~56.

[23] 贾爱林, 郭建林. 智能化油气田建设关键技术与认识 [J]. 石油勘探与开发, 2012 (1): 118~122.

[24] 王海龙. 九江石化: 流程型智能制造样本 [J]. 工业评论, 2016 (6): 72~77.

[25] 温家宝. 2010 年政府工作报告 [EB/OL]. (2010-03-15) [2010-05-12]. http://www.gov.cn/2010lh/content_1555767.htm.

[26] 王天文. 大数据技术在京东仓储中的应用与实践——"大数据与智慧物流"连载之五 [J]. 物流技术与应用, 2017, 22 (5): 148~149.

[27] 刘虹玉, 王双金. 大数据在仓储物流中的发展与应用——"大数据与智慧物流"连载之三 [J]. 物流技术与应用, 2017, 22 (3): 134~136.

[28] 蔡进. 物流装备行业应把握"四化"发展趋势. 2019-01-22. https://www.sohu.com/a/290854410_649545.

[29] 脉搏智造网. 3 分钟讲明白"工业互联网"到底有啥用, 这可能是最通俗易懂的解读 [EB/OL]. https://www.sohu.com/a/315449232_120051301, 2019-05-20.

[30] 工业互联网平台内涵及架构体系 [EB/OL]. https://new.qq.com/omn/20171218/20171218G0QV11.html.

[31] 工业互联网如何改变美的集团全球最大微波炉工厂? [EB/OL]. https://baijiahao.baidu.com/.

第4章 人工智能在智能制造中的应用前景和发展趋势分析

4.1 人工智能在智能制造中的应用前景

人工智能技术与行业技术的深层次结合能够促使传统行业发生变革，根本原因是人工智能技术在最近几年获得的战略性突破。在未来智能制造的发展中，人工智能技术拥有很好的前景[1]。

4.1.1 人工智能迈入“新一代人工智能时代”

人工智能技术进入了新时代，就是AI2.0时代。其根本原因是互联网、大数据、计算能力和各种先进技术相互融合实现的战略突破。深度学习、大数据智能、跨媒体智能、跨界融合、群体集成智能、人机协同、人机混合增强智能、群体智能等新特征，群体集成智能和自主智能装备正在成为新一代的人工智能技术的首要发展方向。实质上，新一代人工智能较以往的人工智能能够实现质的飞跃的原因主要有两个，一是其具备了学习的能力，二是其可以生成知识和更好地运用知识。通过这样的能力，我们可以更好的认识复杂系统，去改造自然和社会。新一代人工智能技术作为新时代科技革命的核心技术，我国为了抓住机遇，优先发展，抢在其他国家把新一代人工智能的发展摆在最重要的位置之前，提出了“新一代人工智能发展规划”，来发展新一代人工智能技术。只有这样我们才能充分认识到这项新技术的发展将深刻改变人类社会生活和世界。

4.1.2 人工智能成为新一轮产业变革的核心驱动力

新一轮工业革命的核心驱动力是新一代智能制造技术。它是新一代人工智能技术与先进制造技术的相互融合。21世纪以来，信息技术的快速发展，数字化网络化智能化的大范围普及应用，制造系统集成式创新不断完善，并相互融合聚焦在新一代人工智能技术的战略性突破和快速转化为现实生产力上面[2]。组成了新一轮工业革命的三大主要驱动力。

图4-1显示了中国制造2025的战略发展布局。人工智能作为新一轮产业变革的核心驱动力，是使整个社会生产力不断进步的不竭动力，新的人工智能技术、智能产品、产业领域、行业状态、生产模式在人工智能的驱动下快速发展，经济结构也因此发生了重大变革。麦肯锡进行了人工智能未来五年的预计，到

2025 年人工智能将成为众多智能产业发展的重要转折，并且全球人工智能应用市场规模也将逐步扩大，总值预计在十三亿美元左右。

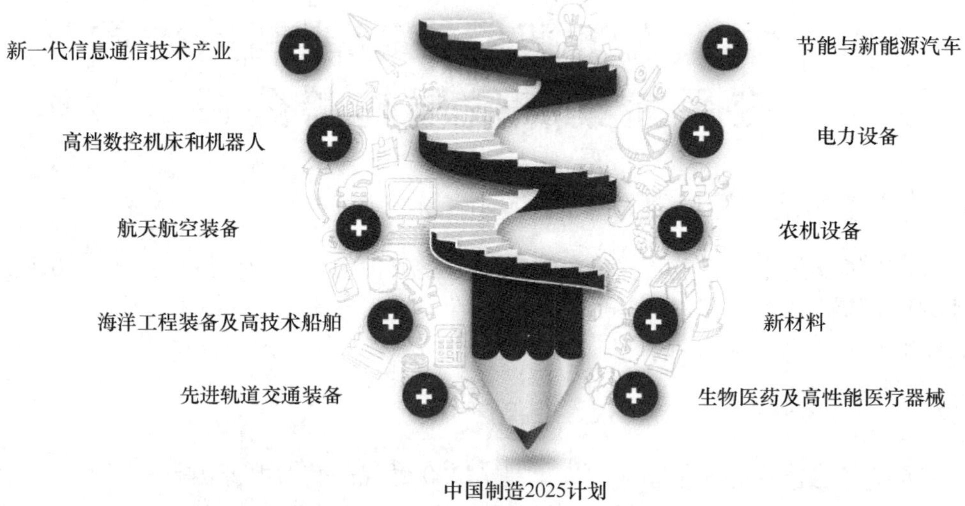

图 4-1 中国制造 2025 的战略发展布局

4.1.3 人工智能技术在制造业中的发展前景

科学技术不断革新的现在，越来越成熟的人工智能技术发挥着重要作用。在制造业向前发展方面，人工智能技术起到了关键推动作用。图 4-2 列出的大数据

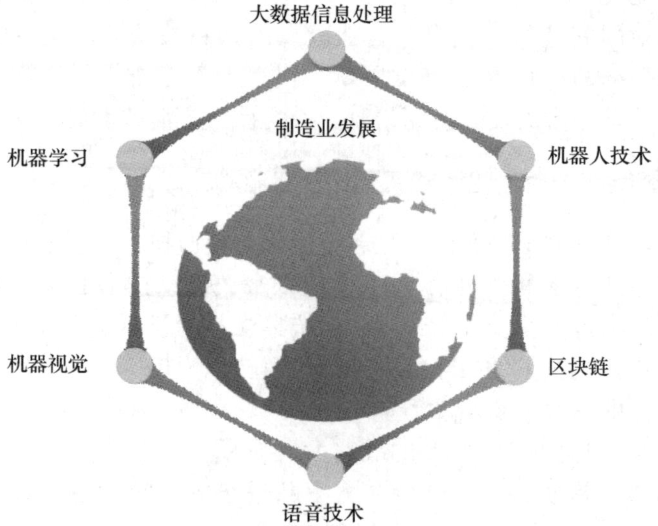

图 4-2 人工智能技术在制造业的发展前景

信息处理、机器学习、机器视觉、语音技术、区块链、机器人技术是目前人工智能技术的主流技术/算法，展示了人工智能技术在制造业的发展趋势。也说明了人工智能技术在制造业中得到广泛的应用。在这些新兴技术助力下，传统制造业的未来发展方向更加明确了。

深度学习/机器学习是利用学习规则来预测未知数据的学习方法。作为人工智能的核心学习算法，它使计算机有了自学习能力，在制造业的产量和销售管理、多产品并进生产、预测性维护中都有着广泛的应用[3]。通过大数据信息处理技术，工业过程中的海量数据，可以用在预测性维护等领域。特别是大数据信息处理技术依托云计算的分布式处理、分布式数据库和云存储、虚拟化技术等方面。除此之外，机器学习还能与语音识别、计算机视觉和机器人技术相结合，通过大量数据，训练人工智能，拓展其在工业界的深层次应用。

随着大数据的进一步发展，目前制造业的发展趋势是传统的商业模式由工业数据建立的新的商业模式所取代。制造业大数据的来源主要有以下几类：产品数据、价值链数据、运营数据和外部数据。通过推送营销、市场预测、精准匹配、智能制造、合作生产以及社交应用，能够实现数据制造。推送营销指的是通过客户关系大数据，进行推送营销；市场预测是通过搜索引擎或者电商平台的大数据进行市场预测；精准匹配指的是通过数据挖掘，精准研发设计产品；智能制造指的是通过传感器以及工业大数据的应用实现智能制造[4]；合作生产指的是通过供应链大数据以及用户大数据组织合作生产；社交应用指的是通过社交平台大数据，挖掘定制化、个性化需求信息。从以上可以看出，制造业新的发展趋势都将围绕着大数据展开。

随着资源配置的不断更新，多元化的数据形式也在不断地产生，人工智能技术得以发挥重要的作用，一方面，人工智能可以推动信息化产业的发展；另一方面，人工智能成为了新时代企业提高竞争力的重要手段。图 4-3 展示了人工智能对产品制造的重要作用。

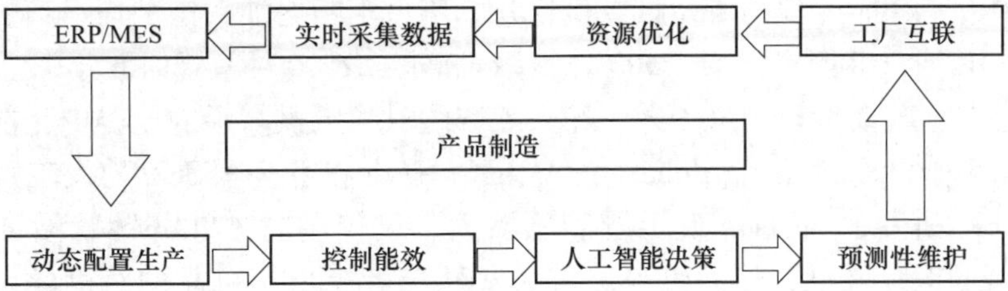

图 4-3 人工智能技术在制造业的重要作用

4.1.4 人工智能技术在工业 4.0 中的发展前景

在智能制造业应用人工智能技术后，相关操作人员只需要应用网络操作控制系统就可以实现对操作平台的智能控制，还可以使用监测网络系统，监控工业生产中的各种状态，这样能够改进传统监测技术的不足，更好地发挥监测作用。实现智能控制不但可以保障产品质量安全问题，还可以保证系统的稳定运行。使用人工智能在其他方面也具有一定优势，如构建网络化信息模型。通过构建模型可以有效地对产品的制造生产过程进行模拟，在节约成本的同时，提高了产品设计的质量与水平，并且通过改进工艺流程，对产品性能进行不断地优化[5]。

中国工程院院长周济对智能技术与制造工业的完美结合进行了分析。作为智能制造的主要目标的智能生产，是通过智能工厂来实现的。如图 4-4 所示，工业 4.0 有两大主题，分别为智能工厂和智能生产。我国的企业正在努力逐步实现新一代智能工厂。制造技术中的生产线、车间、工厂发生根本性的转化主要靠与新一代人工智能技术结合。新一代智能工厂较传统工厂在制造质量、效率和竞争力方面都有很大的优势。

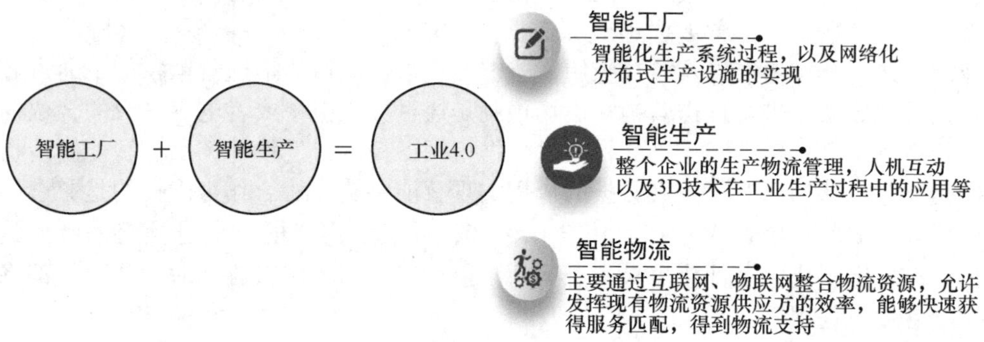

图 4-4　工业 4.0 的两大主题

4.1.5　我国国人工智能专利快速增长

我国人工智能专利的申请量在最近几十年，不断增加，年平均申请量逐年增加。从 2011 年专利申请不到 5500 件到翻 4 倍的 22000 件只耗时 6 年[6]。在 2016 年，更是有了轰动世界的进步，一场人工智能对战围棋高手的比赛中，前世界第一围棋高手李世石输给了 AlphaGo，AlphaGo 是由谷歌公司研发的人工智能机器人。由 IBM 研发的 Watson 人工智能机器人，仅仅用时十几分钟就阅读了超过 2000 万页的医疗文献，然后给身患重病女性患者提出了可靠的医疗建议。人工智能与众多领域的结合都展现出了令人可喜的效果，工业制造也不例外。而在全球 23 万余件人工智能专利之中，涉及工业制造中加工、管理、运输等流程的人工智能专利也达到了 35000 余条，比重超过了 15%。目前中、美、日、韩、德五国在这方面的专利数量处于领先地位。近五年我国的人工智能专利一直保持高速增长，在 2012~2016 年五年的复合增长率分别为 34.24%，超过全球平均增速。

4.1.6 政府出台人工智能方面政策

人工智能技术在未来发展中具有越发重要的战略地位，世界各国一方面纷纷围绕人工智能出台相关的政策，另一方面加快人工智能技术的研发和相关产业的发展，都希望在国际竞争中占据主导地位并抢占人工智能发展制高点。2017 年 7 月，我国国务院发布了《新一代人工智能发展规划》(国发〔2017〕35 号)，同年 12 月发布了《促进新一代人工智能产业发展三年行动计划（2018—2020 年)》(工信部科〔2017〕315 号)。这些政策详细规划未来人工智能的发展方向和目标，推动人工智能技术研发和产业化发展。当前，人工智能作为一项基础技术能够渗透到各行各业，如芯片制造、数据和平台等领域，在部分方向取得阶段性成果并向市场化发展。

新一代人工智能技术引领下的智能制造系统正在发展中，需要将新一代人工智能技术与新一代通信技术、新一代智能技术、新制造科学技术和应用领域新技术深度融合来实现数字化制造、网络化制造、智能化制造。图 4-5 展示了实现智能制造需要的几大关键技术。以工业领域的工业智能和信息领域的人工智能为主体同时融合其他智能技术的智能制造技术是未来智能制造技术的发展方向。工业智能和人工智能的相互借鉴和融合，有益于中国智能制造业的发展。通过这种智能制造系统的新思路，其协同发展的模式、手段与业态等也会随之不断更新、优化，基于类似顺应时代的技术和思想创新，我们的社会才会平稳地不断向前发展。

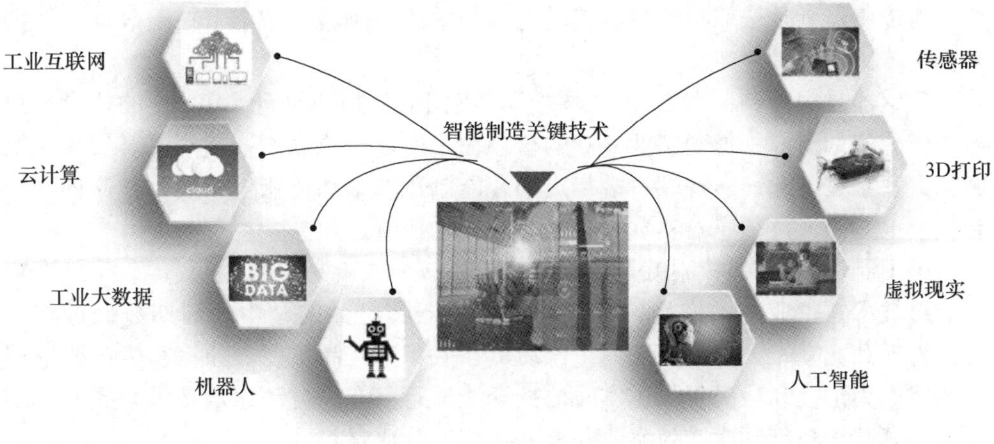

图 4-5 智能制造的关键技术

4.2 人工智能在智能制造中的发展趋势分析

智能制造在全球范围内快速发展，已成为制造业重要发展趋势，对产业发展和分工格局带来深刻影响。相对工业发达国家，推动我国制造业智能转型，环境更为复杂，形势更为严峻，任务更加艰巨。作为制造业智能制造转型的关键使能技术，人工智能的发展在为智能制造赋能的同时，也为机器从“劳动工具”向“劳动伙伴”的角色演进提供新路径。未来，人工智能在智能制造中的发展趋势如图 4-6 所示。

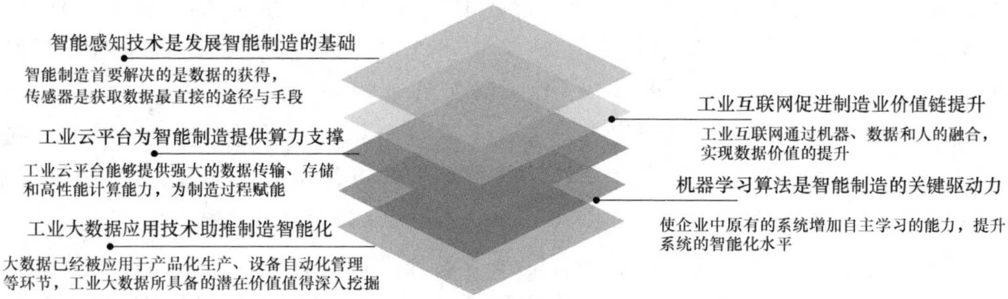

图 4-6　人工智能在智能制造中的发展趋势

4.2.1　智能感知技术是发展智能制造的基础

传感器是一种能够对当前状态进行识别的元器件，当特定的状态发生变化时，传感器能够立即察觉出来，并且能够向其他的元器件发出相应的信号，用来告知状态的变化。在数据的应用过程中，首先要解决的就是要获得准确可靠的数据，而传感器则是获取数据最直接的途径与手段。制造业的未来在于数据，数据来源于传感器。

传感器是中国制造 2025 的“内核”。美国信息物理空间（CPS）的建设也离不开传感器的支撑，德国工业 4.0 的核心在于通过“物联网”将产品、资源、机械、人联系在一起，实现端对端集成的智能制造技术和智能生产模式，这种联合和互动也必须通过传感器实现信息采集和自动控制。

中国制造 2025 的核心就是两化融合，主攻方向就是“智能制造”，是新形势下信息技术在工业中的应用，也是通过传感器将产品的全生命周期数据进行收集、管理和交互，大幅提高工业生产质量、效率和产品精度。如汽车生产线搭载传感器作为定位和检测手段，实时监控全线运行状态，自动化水平大幅提升，明显提高了装配精度和生产效率，并有效控制产品质量。

随着传感器在制造业中的广泛应用，未来的传感技术和产品的发展将朝着具有感、知、联一体化功能的智能感知系统方向发展；通过高度敏感的传感器实现多功能检测；通过边缘计算实现在线数据处理；基于无线网络实现感知测量系统的数据汇聚。未来智能感知技术的发展趋势包括以下几个方面：

（1）向高精度发展。随着自动化生产程度的提高，对传感器的要求也在不断提高，必须研制出具有灵敏度高、精确度高、响应速度快、互换性好的新型传感器以确保生产自动化的可靠性。

(2) 向高可靠性、宽温度范围发展。传感器的可靠性直接影响到电子设备的抗干扰等性能，研制高可靠性、宽温度范围的传感器将是永久性的方向。发展新兴材料（如陶瓷）传感器是一个重要的方向。

(3) 向微型化发展。各种控制仪器设备的功能越来越强，要求各个部件体积越来越小，因而传感器本身体积也是越来越小，这就要求发展新的材料及加工技术，目前利用硅材料制作的传感器体积已经很小。如传统的加速度传感器是由重力块和弹簧等制成的，体积较大、稳定性差、寿命也短，而利用激光等各种微细加工技术制成的硅加速度传感器体积非常小、互换性可靠性都较好。

(4) 向微功耗及无源化发展。传感器一般都是非电量向电量的转化，工作时离不开电源，在野外现场或远离电网的地方，往往是用电池供电或用太阳能等供电，开发微功耗的传感器及无源传感器是必然的发展方向，这样既可以节省能源又可以提高系统寿命。

(5) 向智能化数字化发展。随着现代化的发展，传感器的功能已突破传统的功能，其输出不再是单一的模拟信号，而是经过微电脑处理后的数字信号，有的甚至带有控制功能。智能传感器是用嵌入式技术将传感器与微处理器集成为一体，使其成为具有环境感知、数据处理、智能控制与数据通信功能的智能数据终端设备。其具有自学习、自诊断和自补偿能力、复合感知能力以及灵活的通信能力。这样，传感器在感知物理世界的时候反馈给物联网系统的数据就会更准确，更全面，达到精确感知的目的。

(6) 向网络化发展。网络化是传感器发展的一个重要方向，网络的作用和优势正逐步显现出来。网络传感器必将促进电子科技的发展。

4.2.2 工业互联网促进制造业价值链提升

工业互联网的价值是连接、赋能、跨界，而工业互联网的本质是连接，连接的对象是用户和企业的连接、设备和企业的连接、企业和企业的连接。在全面互联的基础上，通过数据流动和分析，形成智能化变革，形成新的模式和新的业态。而这一切互联是基础。连接的核心是交易，连接的重点是需求侧和供给侧。

工业互联网是机器、数据和人的融合。从构成要素角度看，机器、数据和人共同构成了工业互联网生态系统。工业生产中，各种机器、设备组和设施通过传感器、嵌入式控制器和应用系统与网络连接，构建形成基于“云-管-端”的新型复杂体系架构。随着生产的推进，数据在体系架构内源源不断地产生和流动，通过采集、传输和分析处理，实现向信息资产的转换和商业化应用。人既包括企业内部的技术工人、领导者和远程协同的研究人员等，也包括企业之外的消费者，人员彼此间建立网络连接并频繁交互，完成设计、操作、维护以及高质量的服务。

工业互联网是实现数据价值的技术集成。从核心技术角度看，贯彻工业互联网始终的是大数据，从原始的杂乱无章到最有价值的决策信息，经历了产生、收集、传输、分析、整合、管理、决策等阶段。这其中，就需要集成应用各类技术和各类软硬件，完成感知识别、远近距离通信、数据挖掘、分布式处理、智能算法、系统集成、平台应用等连续性任务。简而言之，工业互联网技术是实现数据价值的重要工具。

工业互联网是基于互联网的巨型复杂制造生态系统。从产业应用角度看，工业互联网构建了一个庞大的网络制造生态系统，为企业提供了全面的感知、移动的应用、云端的资源和大数据分析，实现各类制造要素和资源的信息交互和数据集成，释放数据价值。这有效驱动了企业在技术研发、开发制造、组织管理、生产经营、市场营销等方面开展全方位创新，实现产业间的融合与产业生态的协同发展。这个生态系统为企业发展智能制造构筑了先进组织形态，为社会化大协作生产搭建了深度互联的信息网络，为其他行业智慧应用提供了可以支撑多类信息服务的基础平台，为经济社会提质增效发展提供重要的驱动力量。

近年来，许多国家都制定了传统工业向智能化转型的行动计划，继德国提出工业4.0计划后，我国也提出了中国制造2025计划。基于我国产业链条完备和产业规模庞大的工业基础，大力发展智能产业必将使中国产业和经济迎来又一波的发展高潮。立足中国工业互联网发展基础，未来中国工业互联网将呈现以下演进趋势：

（1）工业数据从信息割据到无边界流通。传统制造业数据不仅在企业与企业间产生割据状态，同一企业的生产、设计、研发、管理、运营等环节都存在割据的状态。所谓工业互联网，是基于各种网络互联技术，从工业设计、工艺、生产、管理、服务等涉及企业从创立到结束的全生命周期串联起来。将赋能整个工业系统使其拥有描述、诊断、预测、决策、控制的智能化功能。

（2）信息化工具从单机软件到工业APP。对比现行基于传统架构的工业软件如ERP等，都是嵌入式软件或非嵌入软件模式的，这些都是属于单机版的软件，并且大多数都只是局限于装载该软件的工厂内部。而工业APP是基于微服务的工业软件，属于互联网对人类生产生活的改造的必然结果，对比传统的相对“固化”“封闭”的工业软件，工业APP必定会如其他互联网改造产物一样打破工业生产的传统体系结构，而未来的工业生产也将会以专业知识为导向，以数字化模型为单位，以工业微系统为载体。

（3）工业分析能力从云端到边缘延伸。传统的“端-管-云”模式难以应对日益增长的工业物联网终端，无法保证工业生产控制的实时性和可靠性。未来的工业分析能力将是“云计算+边缘计算”，云计算聚焦非实时、长周期数据的大数据分析，支撑周期性维护以及业务决策，边缘计算聚焦实时、短周期数据分析，支撑本地业务的实时智能化处理与执行。

(4) 工业通信从预设组网到灵活组网。数据的获取和处理是工业互联网发展的关键，在物联网终端快速增长的背景下，灵活、低成本的网络方案将成为发展方向。在此形势下，无线传输方案更具发展机遇，基于协议的定制化开发能力是方案商的核心竞争力。

(5) 安全防护范围从“IT 防护”到“IT+OT 防护”。当前工业防护范围主要局限在企业管理端，工控安全能力薄弱。随着工业互联网的发展，OT 将与 IT 进一步融合，联合防护成为发展趋势。

(6) 产品生命周期管理从实体测试到数据孪生。基于工业互联网技术获得的工业数据，数字孪生技术成为发展重点。未来产品从研发、生产到使用都会从传统产品生命周期管理转变为数字孪生应用场景，实现产品全生命周期的虚拟世界映像，提升全生命周期管理能力。

(7) 产品研发模式从单点作战到协同互补。传统研发模式面临产品复杂度高、研发周期长、研发涉及多学科、多单位参与、数据模型借用和继承关系复杂等挑战。但是当实现工业互联网的平台化，可通过平台聚合相关企业支援，以平台化统一管理协同研发共享支援。从而达到工业研发从总体设计到子系统单位间的协同共进的效果，以此提升数字化协同研制水平和科研生产能力。

(8) 产品供应链从静态管理到动态管理。传统供应链管理限于流程性关联，缺少数据驱动带来的整体价值传递和增值服务，导致企业同质化利润率下降、供应链协同效率低、核心业务流程受到职能管理的制约、信息共享较差等瓶颈出现。工业互联网可实现产品实时数据的采集与管理，基于实时数据实现供需双方精准的匹配，实现供应链的有效动态管控。

(9) 运营方式从割裂竞争到合作共赢。传统运营方式以企业为主体，产品上下游企业独立运营和管理，同环节企业高度竞争，资源配置率低，信息流通性低，上下游的信息不对称性高，也进一步加剧了恶性竞争。但是在工业互联网平台时代，产业内和产业间必定将各个环节的信息聚集企业，形成强大的信息流，这是符合当下共享经济潮流的。而这样的改变将会组成满足客户需求的最优厂商组合，这不仅能够完成资源的最优配置，也同时带动了我国经济的市场化转型。

4.2.3 工业云平台为智能制造提供算力支撑

云计算是人工智能领域的关键技术，具有高效、稳定、安全等优势。随着智能制造的推进，云计算在制造业中的应用愈加深化，有效帮助制造业提升产品附加值、提高生产效率、创新商业模式，加快推动产业转型升级。制造业智能化发展进程中，云计算由于其能够通过提供强大的数据传输、存储和处理能力，能够帮助制造业企业收集和处理大量数据，已经成为实施智能制造战略的重要支撑手段。工业云平台就是基于云计算模式，面向制造业进行服务的智能化平台。传统制造业对于专业计算的需求通常都是在工厂各车间配备大量计算服务器，具有成本高、算力低的弊端。应用工业云平台，用户可以在任何位置远程调用服务器计算，能够更加省时、省力和省钱。此外，智能制造需要高性能计算机和网络基础设施，应用大数据分析系统，对生产过程自动进行数据采集并分析处理，而工业云平台则完全吻合这些要求。

（1）工业云平台正成为支撑智能制造的重要基础设施。在工业云平台的支撑下，企业可以实现个性化定制、网络化协同制造、服务型制造等创新模式。在智能研发领域，可以构建仿真云平台，支持高性能计算，实现计算资源的有效利用和可伸缩，还可以通过基于 SAAS 的三维零件库，提高产品研发效率；在智能营销方面，可以构建基于云的 CRM 应用服务，对营销业务和营销人员进行有效管理，实现移动应用；在智能物流和供应链方面，可以构建运输云，实现制造企业、第三方物流和客户三方的信息共享，提高车辆往返的载货率，实现对冷链物流的全程监控，还可以构建供应链协同平台，使主机厂和供应商、经销商通过电子数据交换（EDI）实现供应链协同；在智能服务方面，企业可以利用云平台，通过对设备的准确定位来开展服务电商。

在智能工厂建设领域，通过物联网可以采集设备、生产、能耗、质量等方面的实时信息，实现对工厂的实时监控；另一方面，设备制造商可以通过物联网采集设备状态，对设备进行远程监控和故障诊断，避免设备非计划性停机，进而实现预测性维护，提供增值服务，并促进备品备件销售。工业物联网应用采集的海量数据的存储与分析，需要工业云平台的支撑，不论是通过机器学习还是认知计算，都需要工业云平台这个载体。

（2）发达国家正在加快布局工业领域云计算平台和服务。在当前信息技术与工业加速融合的大背景下，全球工业和信息技术领域的领先企业已在加紧布局工业云，抢占未来先进制造业信息网络服务和数据资源的制高点。如 GE 推出 Predix 工业云平台，在全球积极推进工业互联网应用。西门子于 2015 年底宣布搭建覆盖全球的跨业务新数字化服务平台 Sinalytics，对机器产生的大量数据进行整合、保密传输和分析，通过数据分析和反馈提升对燃气轮机、风力发电机、列车、楼宇和医疗成像系统的监控和优化能力。从发达国家企业的布局看，工业云平台由于能够灵活实现跨区域工业信息服务的部署和交付，已经成为国际巨头们投入的重点。如果说传统信息技术领域使美国企业占据优势地位，那么工业领域的信息服务发展正迎来群雄逐鹿的时代。谁能率先确立在全球的工业云服务覆盖，便能在智能制造时代掌握产业生态的制高点，并取得掌控工业数据的先机。

(3) 我国在工业云领域已具备一定的技术和产业基础。我国高度重视工业云发展,《国务院关于促进云计算创新发展培育信息产业新业态的意见》和《中国制造2025》都把促进工业云发展作为推进"两化"深度融合、支撑智能制造发展的重要举措。2013年以来,工业和信息化部确定了北京等16个省市作为工业云创新服务试点,已经取得了初步的成效。如国家超算中心所在的天津、济南等地,以及地方投资建设有超算中心的上海、北京等城市,均已依托本地超算中心的计算资源优势,以软件计算租用服务和工程分析咨询服务等方式,为装备制造、航空航天、生物医药、石油勘探等重点领域的工业企业提供计算机辅助设计、辅助工程、辅助制造等云服务。部分企业立足自身需求,在国内初步建成了以工业互联网为基础的装备远程运维平台,已经取得了一定的运营效益。

4.2.4 机器学习算法是智能制造的关键驱动力

机器学习是专门研究计算机怎样模拟或实现人类的学习行为,以获取新的知识或技能,重新组织已有的知识结构使之不断改善优化,是提高信息到知识提炼和知识归纳能力的方法。

现代的生产制造过程中的专家系统和模式识别技术已经广泛应用,视觉识别、自然语言理解、机器人多个学科在制造系统都有融合应用。原有专家系统更多是把业务专业人员的经验和实验数据用规则的方式在系统中定义,然后集成数学规划的算法根据给定条件找出问题最优解,如调度排产中处理多目标的动态规划;而模式识别是根据已经设定的特征,通过参数设定的方法给出识别模型从而达到判别目的,重点解决数据变化小、业务目标单一的感知问题,如生产信号处理、图像识别和SPC控制。而机器学习能够采用标准的算法,学习历史样本来选择和提取特征来构建和不断优化模型,使得企业中原有的系统增加了自主学习的能力,解决生产过程中不确定业务,提升系统的智能化水平。

将机器学习应用于智能制造系统,一种方式是建设的单个系统本身具备机器学习的功能,另外一种方式是建立企业级的机器学习平台,为企业中的其他系统提供机器学习的能力和服务,后一种机器学习平台系统架构可分成数据采集层、源数据层、数据存储层、数据分析层和应用层。

数据采集层主要收集机器学习所需要的原始数据,为平台提供学习的数据集。按照RAMI模型,数据采集层主要来源于外部系统、企业系统、工厂系统、车间系统、控制系统、现场设备和智能产品。外部系统主要采集企业上下游供应链数据和与企业相关的外部数据,例如竞品分析数据等;企业系统主要采集企业订单、客户信息、库存信息等;工厂系统主要采集主计划、设备台账等;车间系统采集工单信息、质量信息、操作日志、监控视频等;控制系统提供生产过程数据、环境、能耗等数据;从现场设备中采集仪表读数、启停信号等数据;智能制造生产的智能产品能够采集产品运行和维护数据。

源数据层保存从数据采集层获得的数据和信息，采用关系数据库存储已经组织过的信息；实时数据库存储压缩后的时序数据；用文件系统存储日志和视频等文件。另外如果需要机器学习平台进行流计算的实时数据，需要对应用层系统进行改造，把数据直接发送到数据存储层的消息队列中等待处理，这部分可以采用在企业服务总线中添加新的路径降低对原有系统的影响。

机器学习平台可定时把源数据层的数据抽取到数据存储层的值对数据库或对象数据库中，而实时数据库中的数据可以通过主动推送的方式发送给消息队列，文件系统中的文件通过文件提取的方式保存到分布式文件系统中。

数据分析层从数据存储层抽取样本特征，一般采用定时触发的批数据处理方式，例如一个工单结束后或者交接班时，得到机器学习需要的样本，把样本分成训练集和验证集两个部分，采用聚类、回归、神经网络等算法训练模型，再通过验证集对模型进行评估和调整模型参数。

训练并验证通过的模型就可以进行发布，对于通过机器学习得到的预测类模型（推荐模型、分类、神经网络），这类主要在实时性要求高的场景中根据输入反馈预测结果。采用流数据处理监控消息队列或者文件增量得到测试集，再使用模型计算得到测试结果，测试结果反馈给数据应用层使用。例如根据实时的仪表数据推荐最佳的设备工艺参数集进行生产，或者预测质量异常发送给控制系统进行报警停机。这类模型的应用也可以利用边缘计算，把预测模型发布给生产现场的工控系统或嵌入系统中进行使用。

4.2.5　工业大数据应用技术助推智能制造落地

无论是德国工业 4.0，还是《中国制造 2025》，在对制造业未来的发展上，“数字+制造”的模式已经成为必然，而实现制造业创新发展的基础，便是工业大数据的收集、分析与应用。我国是一个制造业大国，人口红利让我国的数据资源十分丰富，同样在工业大数据上也有一定的优势。就工业生产而言，随着技术的不断成熟，大数据已经被应用于产品化生产、设备自动化管理等多个环节。在国家大力推进智能制造的当下，工业大数据所具备的潜在价值更值得深入挖掘，具体应用方向如图 4-7 所示。

（1）应用工业大数据技术提升车间管理水平。现代化工业制造生产线安装有数以千计的小型传感器，来探测温度、压力、热能、振动和噪声等，利用这些数据可以实现很多形式的分析，包括设备诊断、用电量分析、能耗分析、质量事故分析（包括违反生产规定、零部件故障）等。在生产过程中使用这些大数据，就能分析整个生产流程，一旦某个流程偏离了标准工艺，就会发出报警信号，快速地发现错误或者瓶颈所在。

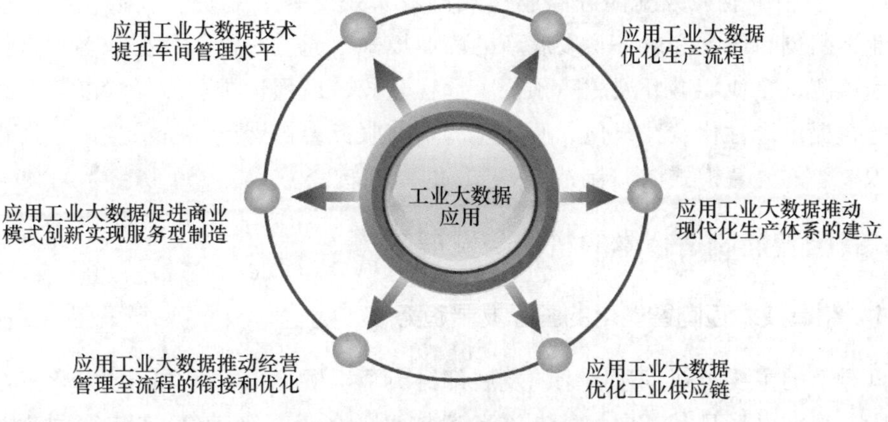

图 4-7 工业大数据的应用方向

（2）应用工业大数据优化生产流程。将生产制造各个环节的数据整合集聚，并对工业产品的生产过程建立虚拟模型，仿真并优化生产流程。当所有流程和绩效数据都能在系统中重建时，对各环节制造数据的集成分析有助于制造商改进其生产流程。例如，在能耗分析方面，在设备生产过程中利用传感器集中监控所有的生产流程，能够发现能耗的异常或峰值情形，由此便可在生产过程中优化能源的消耗，对所有流程进行分析，此举将大大降低能耗。

（3）应用工业大数据推动现代化生产体系的建立。通过对制造生产全过程的自动化控制和智能化控制，促进信息共享、系统整合和业务协同，实现制造过程的科学决策，最大程度实现生产流程的自动化、个性化、柔性化和自我优化，实现提高精准制造、高端制造、敏捷制造的能力，加速智能车间、智能工厂等现代化生产体系建立，实现智能生产。

（4）应用工业大数据优化工业供应链。RFID 等电子标识技术、物联网技术以及移动互联网技术能帮助工业企业获得完整的产品供应链的大数据，利用这些数据进行分析，将带来仓储、配送、销售效率的大幅提升和成本的大幅下降。跟踪产品库存和销售价格，而且准确地预测全球不同区域的需求，从而运用数据分析得到更好的决策来优化供应链。

（5）应用工业大数据推动经营管理全流程的衔接和优化。整合企业生产数据、财务数据、管理数据、采购数据、销售数据和消费者行为数据等资源，通过数据挖掘分析，能够帮助企业找到生产要素的最佳投入比例，实现研产供销、经营管理、生产控制、业务与财务全流程的无缝衔接和业务协同，促进业务流程、决策流程、运营流程的整合、重组和优化，推动企业管理从金字塔静态管理组织向扁平化动态管理组织转变，利用云端数据集成驱动提升企业管理决策的科学性和运营一体化能力。

（6）应用工业大数据促进商业模式创新实现服务型制造。大数据将帮助工业企业不断创新产品和服务，发展新的商业模式。通过对销售数据和客户数据的分析和预测，企业能够开展故障预警、远程监控、远程运维、质量诊断等在线增值服务，提供个性化、在线化、便捷化的增值服务，扩展产品价值空间，使得以产品为核心的经营模式向“制造+服务”的模式转变。

4.3 我国智能制造技术的机遇与发展趋势

4.3.1 制造技术迈向智能化的国际发展趋势

世界上的主要工业发达国家的发展都经历了机械化、电气化、数字化三个发展阶段，当前已经具备了向智能制造阶段转型的条件。随着 2013 年德国政府正式提出“工业 4.0”的概念，之后世界各国相继掀起了发展智能制造的热潮。在这些国家的制造企业中，未来趋势必然是以高度的集成化和智能化为特征的智能化制造系统，以取代传统制造过程中的人的脑力劳动为目标，在整个制造过程中通过移动互联网、大数据、人工智能技术，实现制造设备的智能化、生产决策的智能化、制造过程的最优化。当前，国际上制造技术向智能化发展的主要趋势包括以下几个方面（如图 4-8 所示）：

（1）基于数据的建模与优化仿真技术的应用。基于数据的建模与仿真技术是制造企业提升全流程生产过程智能化水平不可或缺的工具与手段，数据解析等人工智能技术贯穿于制造企业的产品设计、制造、管理、服务等产品全生命周期的不同业务领域。基于数字孪生的虚拟工厂仿真，基于数据和人工智能技术的生产过程建模、控制与优化，基于数据的生产过程监测与故障诊断，基于数据的产

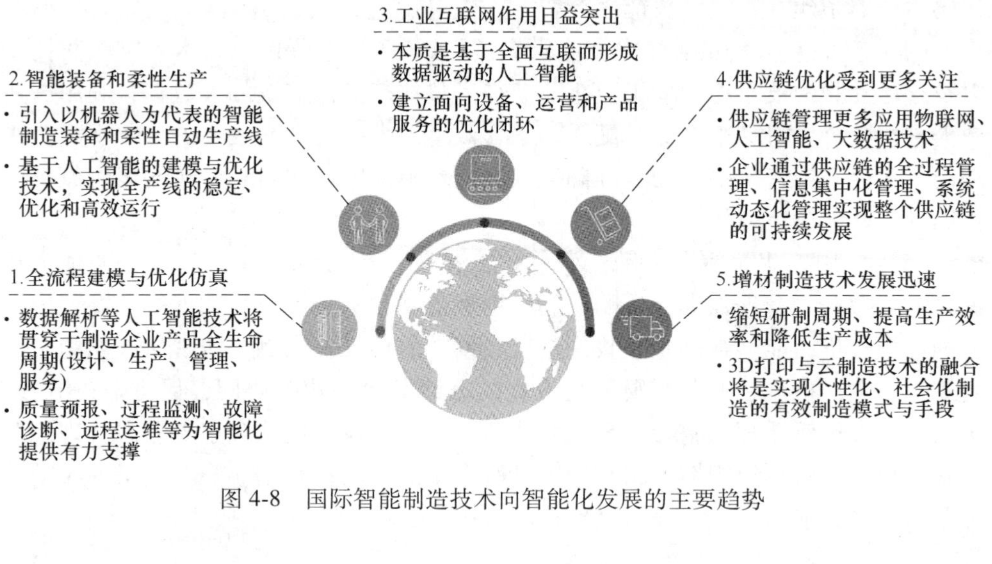

图 4-8 国际智能制造技术向智能化发展的主要趋势

品质量预报、监测与溯源，基于数据的产品远程诊断与运维服务，这些建模与仿真技术的应用将为制造企业的数字化、智能化提升提供强大动力。

（2）智能制造装备和柔性生产模式不断推广。随着当前劳动力成本的不断上升和劳动力短缺问题，以及传统生产过程中过度依赖人工经验等不足，越来越多的制造企业开始在生产过程中引入以机器人为代表的智能制造装备和柔性配置的自动生产线，并通过基于人工智能的建模与优化技术，实现全产线的稳定、优化和高效运行，保障产品质量和作业安全，提高产品的市场竞争力。

（3）工业互联网在制造中的作用日益突出。智能制造的实现主要依赖工业制造技术和工业互联网两个基础能力。工业制造技术主要包括先进的装备、材料和工艺等，它从根本上决定了制造边界与制造能力。基于物联网、大数据、云计算、人工智能等新一代信息技术，工业互联网能够充分发挥工业装备、工艺和材料潜能，提高生产效率、优化资源配置效率、实现产品个性化定制和实现服务增值。因此，工业互联网能够为智能制造提供关键的基础设施，它在本质上讲就是基于设备的全面互联从而形成数据驱动的人工智能，能够实现制造过程的三大闭环优化结构：

首先，基于过程数据实时感知和数据解析，对机器设备进行动态优化调整，能够实现面向机器设备运行优化的闭环。

其次，基于信息系统数据、制造执行系统 MES 数据、控制系统数据，使用大数据建模与分析技术，对生产和运营过程进行动态优化和调整，通过构建不同生产场景下的智能生产模型，能够实现面向运营优化的闭环。

最后，基于 ERP 系统的供应链数据、用户数据、产品服务数据等，利用大数据解析技术，对企业的资源组织和管理方式、用户服务方式等进行创新，构建生产工序的网络化协同、产品的个性化定制、运维的远程化服务等新型组织模式，能够实现面向企业协同、用户交互与产品服务的优化闭环。

（4）供应链动态管理、整合与优化受到更多关注。供应链管理是一个复杂、动态、多变的过程，随着物联网、工业大数据、人工智能技术在供应链管理中的应用，制造企业开始具备对供应链全过程数据的可视化和综合集成，进而对供应链全过程进行动态集成、整合，从整体上对供应链管理进行优化。这将帮助制造企业进一步提升物流效率，提高响应客户动态订单的响应速度，从而更好地满足多品种、小批量和个性化定制的新型市场需求。

（5）增材制造技术快速发展。以 3D 打印为代表的增材制造技术是材料、制造、信息技术的多学科交叉技术，它以数字模型为基础，运用粉末状的沉积、粘合材料，采用分层加工或叠加成行的方式逐层增加材料来生成各三维实体。其突出特点是无需机械加工或模具，就能直接从计算机数据库中生成任何形状的物体，从而缩短研制周期、提高生产效率和降低生产成本。3D 打印与云制造、网络化协同制造技术的融合将会成为实现个性化和社会化制造的有效模式和手段。

4.3.2　我国智能制造业为智能制造技术的发展提供了广阔前景和机遇

在全球产业转移的大背景下，我国传统制造业的压力已经显著增加，以低成本、低价格、大销量为主的粗放式发展模式已经无法满足客户日益增加的个性化定制需求，在制造成本上也难以为继。要解决上述问题，我国制造企业的智能化转型升级还有很长的路要走，只有不断增强人工智能等核心技术的研发能力，努力打造具有国际影响力的知名制造品牌，形成智能制造发展的新业态和新模式，才能使我国的制造业最终实现智能化。随着当前我国经济领域改革的不断深入，我国智能制造技术的不断发展也获得了新的机遇，如图 4-9 所示。

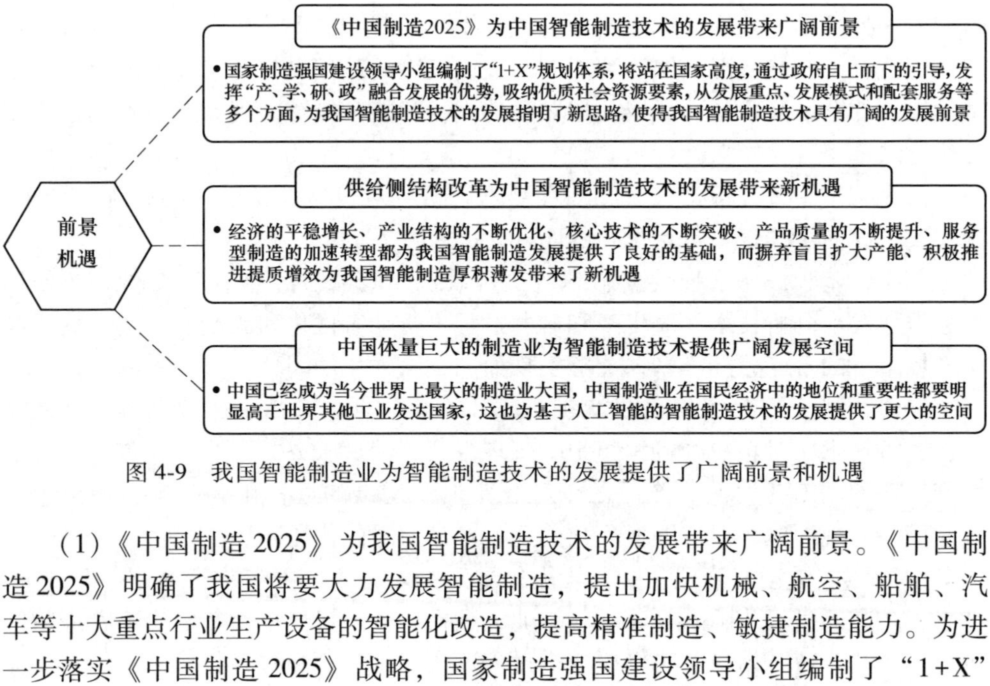

图 4-9　我国智能制造业为智能制造技术的发展提供了广阔前景和机遇

（1）《中国制造 2025》为我国智能制造技术的发展带来广阔前景。《中国制造 2025》明确了我国将要大力发展智能制造，提出加快机械、航空、船舶、汽车等十大重点行业生产设备的智能化改造，提高精准制造、敏捷制造能力。为进一步落实《中国制造 2025》战略，国家制造强国建设领导小组编制了"1+X"规划体系，将站在国家高度，通过政府自上而下地进行引导，充分发挥"产、学、研、政"融合发展的优势，从发展重点、发展模式和配套服务等多个方面，为我国智能制造技术的发展指明了新思路，为我国智能制造技术的发展提供了广阔的前景。

（2）供给侧结构改革为我国智能制造技术的发展带来新机遇。当前，我国拥有最大的制造业市场，我国自动化技术市场规模占世界市场份额的三成以上，认清现状利用自身优势发展智能制造技术尤为关键。近年来我国政府紧紧围绕"去产能、补短板、调结构、稳增长"的发展目标，不断推动供给侧的结构性改革，有效促进了产业结构的优化升级，使得高技术产业进出口规模以及产业增加值得到了显著的提高。经济的平稳增长、产业结构的优化、核心技术的突破、产品质量的提升等都为我国制造企业的智能化转型奠定了良好的基础，带来了新的重大发展机遇。

（3）中国体量巨大的制造业为智能制造技术提供广阔发展空间。改革开放40多年来，中国已经实现了由农业经济向工业和信息经济的跃迁，成为当今世界上最大的制造业大国，也是世界上唯一拥有完整的制造业体系、产品和产业链的大国。由于我国制造业在国民经济中的地位和重要性都要明显高于世界其他工业发达国家，因而为基于人工智能的智能制造技术的发展提供了更大的空间。

4.3.3 基于人工智能的我国智能制造发展趋势

随着我国政府在智能制造领域不断出台新的促进和支持政策，通过物联网、大数据、云计算、人工智能技术，实现由传统制造向智能制造的转型已经成为国内制造企业的广泛共识。作为中国制造业的主要驱动力之一，随着利好政策的不断出台，基于人工智能的智能制造行业将会持续稳定增长，智能制造在我国制造业中的地位和作用也将会变得越来越重要。从发展前景、技术融合、商业模式等方面来看，基于当前人工智能技术的快速发展，我国智能制造行业将会迎来以下发展趋势（如图4-10所示）：

（1）人工智能技术将不断在智能制造中获得深度应用。当前的市场需求呈现出多品种、小批量、个性化定制的特点，传统的制造模式难以有效满足不断发展变化的市场需求。因此，未来智能制造将不断将物联网、大数据、人工智能技术引入到制造过程中，通过将制造过程与人工智能技术的深度融合，不断扩展人工智能在智能制造中的应用，使得制造过程具有更强的自学习能力和自适应能力，从而更好地满足市场需求和动态变化。

图4-10 基于人工智能的我国智能制造发展趋势

（2）智能制造将向全过程协同发展方向迈进。在制造企业中，横向上产品的全生命周期包括产品的设计、制造、管理、服务等不同业务领域，纵向上制造框架包括底层自动化、过程控制、MES、ERP 等不同层级。智能制造需要通过物联网、大数据、人工智能技术实现对这些不同领域和不同层级的横向集成和纵向集成，实现它们的协同优化。

（3）智能制造的生产模式更加柔性化和定制化。随着生产过程成本的不断提高，制造企业迫切需要通过传感器、物联网、大数据、云计算、人工智能技术，实现制造过程的智能化升级，提高产品质量，降低生产成本。在智能制造模式下，制造企业的生产模式将呈现出柔性化和定制化的特点。

（4）人工智能应用过程中的制造安全问题受到极大关注。在制造企业智能化转型升级的过程中，物联网的应用无疑是一个关键因素。然而，作为企业最为关心的问题是，如何保障物联网环境下数据的可靠性和安全性。有效避免遭到数据攻击，以有效保障企业生产的安全性。这将在智能制造的构建过程中受到极大重视。

（5）智能制造行业将会进一步扩大。随着制造企业在数字化、网络化、智能化改造方面不断增长的需求和发展动力，智能制造将逐渐向以冶金、石化、纺织、机械等为代表的传统制造领域渗透，使得智能制造所涉及的行业进一步扩大。

（6）制造场景将能够快速转化。传统制造模式难以满足定制化和柔性生产的需求，而基于人工智能技术与制造过程的深度融合，制造企业基于制造过程的智能化，能够实现从产品设计、制造、管理和服务不同业务领域的快速重组，从而能够实现不同制造场景的快速转换。

（7）数字孪生技术将会获得更广泛的应用。数字孪生技术的应用使得制造企业可以在虚拟环境下快速进行新工艺、新产品的设计和测试，对于当前制造企业生产过程复杂、资源需求高、成本高、风险大等问题，给出了解决方案。因此，数字孪生技术将会在制造企业中获得更广泛的应用。

（8）构建精准数据流闭环将成为打造智能制造生态体系的关键。随着工业数据的价值不断显现，制造企业将会越来越重视工业大数据及其应用。由于大数据等人工智能技术能够实现对市场需求、客户价值、制造过程、产品质量、过程监测、故障诊断等方面的分析和预测，从而帮助企业实现制造模式、决策模式、商业模式的转变，以更好地满足市场需求。因而，未来制造企业在智能制造生态体系的构建过程中，将更多需要从产品的设计、制造、管理、服务等产品全生命周期上构建闭环的数据流。

参 考 文 献

[1] 李杰，倪军，王安正．从大数据到智能制造［M］. 上海：上海交通大学出版社，2016.

[2] 王元明．新一代人工智能为高质量发展助力［N］. 天津日报，2019，第9版．

[3] 王万良，张兆娟，高楠，等．基于人工智能技术的大数据分析方法研究进展［J］. 计算机集成制造系统，2019，25（3）：529~547.

[4] 国家智能制造标准体系建设指南，2018.

[5] 陈巍．人工智能对工业4.0关键技术引领探讨［J］. 现代工业经济和信息化，2018，158：5~6.

[6] 2019中国人工智能专利发展专题报告，2019. https：//wenku. baidu. com/view/-678753cd76232f60ddccda38376baf1ffd4fe3da. html.

第5章　不同层面解析人工智能在智能制造领域应用的前景趋势

5.1　认知层面

人工智能随着计算智能、感知智能、认知智能的顺序发展的。计算智能主要具有快速运算，快速存储的能力。感知智能代表了视觉、听觉、触觉等感知能力，具体可以表示为人脸识别、语音识别等技术手段；认知智能表现得较为复杂，主要体现在分析、思考、理解、判断的能力。

随着科技的不断发展，目前人工智能的发展中，计算智能率先发展是通过储存能力不断提升实现的。而且通过移动互联网的大数据、云计算等技术的数据中，可以挖掘出更多有价值的信息，用于制造过程和商业分析，反过来这些实际需求也进一步推动了数据解析、语音、图像、视频等与感知相关的感知智能的快速发展。基于计算智能和感知智能的发展现状，人工智能正在向能够自主分析、思考、理解、判断等认知智能拓展，逐渐迈向智能化。

人工智能发展到现阶段，正处于由感知智能向认知智能迈进的过程中，是由大量丰富的感知、识别转化为智能自主的认知、理解。但是，不同于商业和网络大数据，制造业等工业面对的是复杂的过程数据，图像、声音等非结构化数据，以及设计图表、报表等半结构化数据，同时在生产过程中由于干扰因素众多，所采集的数据中通常包含大量的噪声，这些问题导致人工智能技术在工业制造中进行应用并助推工业企业向智能制造这个方向发展的过程中还有许多的困难，需要将大数据与工艺机理进行结合，进行跨界合作，同时也需要更注重数学和学习算法的研究，才能保证智能制造中人工智能向认知智能转化的过程中实现大的突破。

人工智能的核心是数据的抓取、认知、决策，这三者是相互依存的关系。一方面，认知和决策需要以大量的数据作为“认知”和“决策”的基础，使得基于传感器、物联网、工业互联网的数据感知和抓取成为人工智能在工业制造领域应用的先决条件；另一方面，通过抓取获得的大量工业数据也需要“认知”和“决策”等人工智能技术进行分析和挖掘，才能获得数据中所蕴含的有价值信息。因此，自然界的事物都是互相影响的，我们认识他们是依靠数据的收集、分析、认知，获取知识，最后再用这些知识去改造它们。“收集—分析—认知”是一个循环过程，通过不断循环，才能加深对事物的认识。

5.1.1 人工智能的演变过程

人工智能实质是对人的大脑中的意识和思维过程进行模拟，实现机器的智能化，就是要做到像人类一样在不同的环境下，能做出相应的反应。弱人工智能、强人工智能和超强人工智能这三种智能模式是在近些年的发展中逐步分化出来的人工智能的三个部分[1]。目前市场主要以“弱人工智能”为主，现在比较成熟的有监督学习等。人工智能技术通常需要大量的标签数据，弱人工智能只有在这些规则清晰、容易量化、可计算的领域，才会做得比人要好，超越人类。“强人工智能”则在学术界和产业界有着重要的地位。

不同领域中人工智能的认知过程需要与人类智能的各种能力相对应，这是一个复杂的协同发展模式，其中涵盖了机器学习，自然语言处理、语音识别、计算机视觉、规划与推理等多个人工智能的技术和方法，具体对应关系如表 5-1 和图 5-1 所示。

表 5-1 人工智能的演变过程

认知过程	具体阐述
弱人工智能	是一只适用单一领域的人工智能，它能够通过模拟人脑的简单功能来实现复杂的工作，像感知、记忆、学习和决策等
强人工智能	是一种宽泛的心理能力，可以结合情感、认知和推理来完成思考、计划、解决问题、抽象思维、理解复杂理念、快速学习和从经验学习等操作
超强人工智能	在几乎所有领域都拥有超强的学习能力。这种比人类大脑更强的学习能力可以在科学创新和社交等方面表现突出

5.1.2 感知智能与认知智能

人工智能在转变为认知智能的过程中，依然保留了计算智能与感知智能，借助于计算、存储+视觉、听觉、触觉的手段，实现了独立分析、思考、理解、判断的真正智能化。认知智能与感知智能的最大不同体现在，感知智能侧重于识别，而认知智能是了解事物的本质，机器学习等还依赖于数学分析，对数据的甄别非常重要[2]。

认知计算是对由信息分析，自然语言处理和机器学习领域等大量创新技术相互融合，形成的一种人工智能领域中的计算模式。认知计算能够帮助决策者从大量非结构化数据解析出有价值的规律。认知系统能够更加自然地与人类进行交互，它能够获取海量的多源数据，对已有的历史信息进行解析，充分考虑到了自身与数据、人们的信息交互之间的联系。

机器学习、深度学习促进了感知智能的发展却也存在一些可以改进的地方，像是在逻辑的使用方面。具备规则推理关系的 AI，却又对动态学习不擅长。因

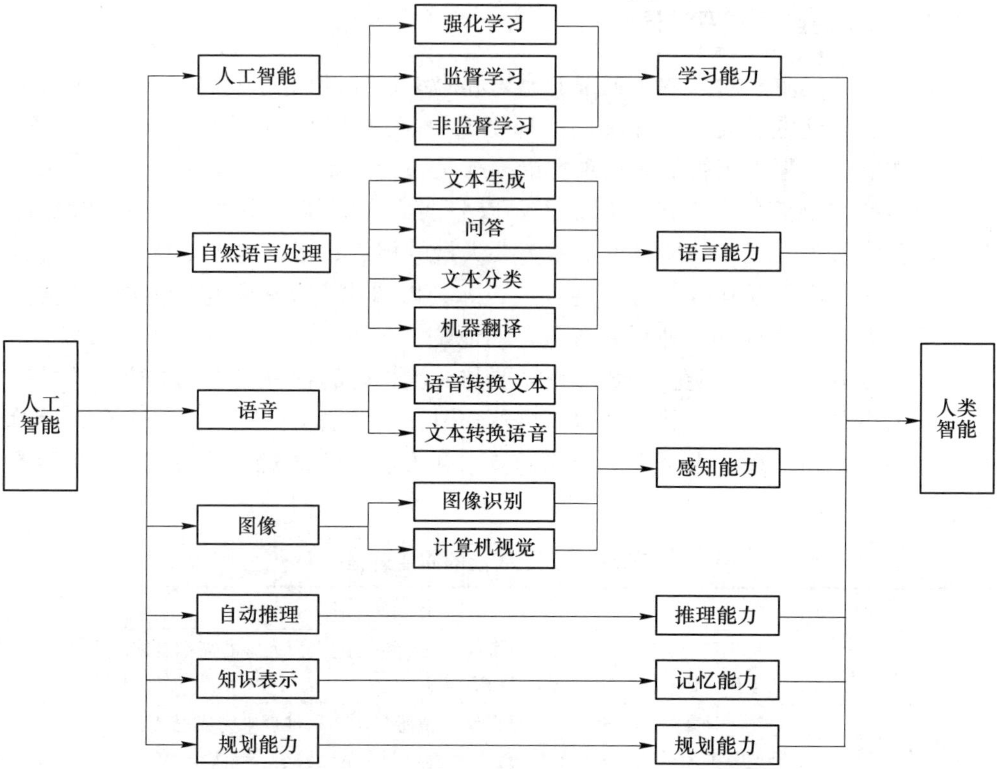

图 5-1　人工智能到人类智能的认知过程

此，要实现 AI 推理需要融入认知智能，需要构建完备的知识图谱，同时具备深度学习和推理能力，并在更多大数据采集、计算、挖掘中不断更新知识库，最终将贯穿感知与认知，实现高效率的智能化服务，完成完善的认知智能生产和服务。

人机协同是通过符号主义与深度学习相结合，深度融合。所谓符号主义，代表着一种基于数据推理的智能模拟方法，利用图数据库对数据进行整合分析，主要体现在推导结果的标准上。符号主义在融合了机器学习、深度学习以后，从理论上来说，可以贯通感知智能与认知智能。

AI 在认知过程中具体表现为：

（1）数据在线，就是将不同领域、行业中清洗干净的高质量数据线上线下打通，进而完善数据维度。

（2）数据解析过程，通过知识图谱技术，把数据集成起来，包括图像、文本、语音、结构化数据等多源异构数据融合，进行运算加之以逻辑推理，这就是数据分析、数据挖掘、数据判别。

（3）形成反馈机制实现人工智能，将人类大脑里的核心知识、算法迁移到计算中，让计算机自主去做决策，达到向行业大脑的认知智能输出的目的。

需要关注的是，在统一感知和认知的智能化应用中，这不是一个机械的单向路径，更多数据、行为、理念会通过垂直行业人类专家、服务对象不断地得到反馈，在这种闭环系统下，将会促使制造业中人工智能系统的不断成长和完善，达到双向促进和人机协同的目的。

5.1.3 人工智能技术的认知系统发展过程

认知工程已经在一些工业系统、自主无人驾驶飞机、自动驾驶汽车、医疗保健规划以及虚拟助手中得以应用。通过优化系统的方式，将知识、情景感知和情境智能融合在一起。针对带有黑箱特性的工业系统，通过传感器产生的可靠数据能够提供给控制系统，以便于实现所期望的结果，从而指导机器进行智能操作。

图 5-2 显示了认知工程学的应用，借助于控制回路的要素：感知、决策以及执行。做完一个操作之后，系统通过输入信息来进行学习，考虑历史学习并且融入情景意识和态势感知，来对下一步操作进行指导。

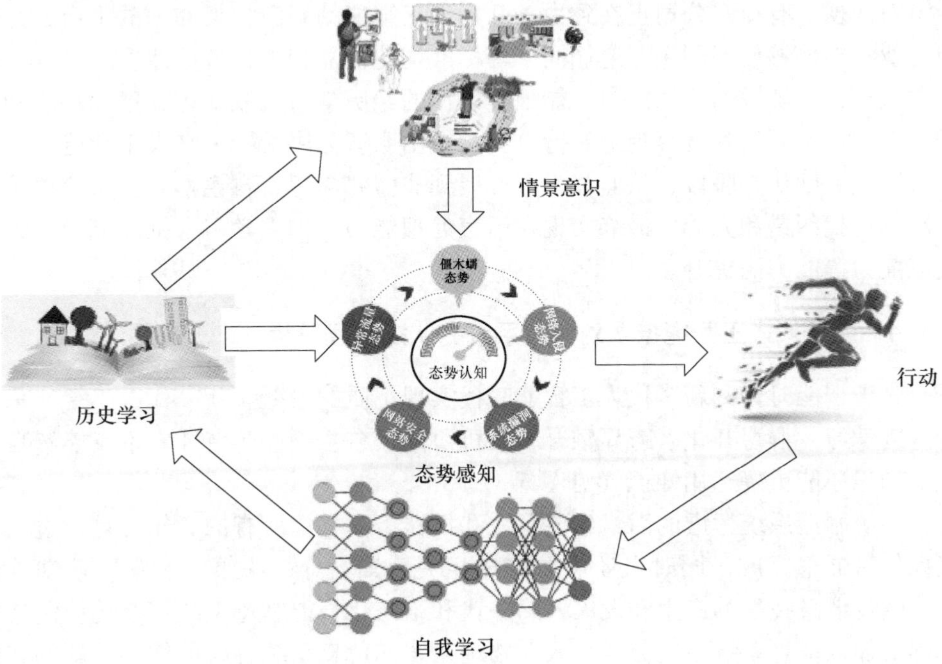

图 5-2 人工智能技术的认知系统

认知工程作为新兴技术，具有帮助机器进行感知、分析和学习以及情境化的能力[3]。许多智能制造行业都侧重于认知的某一个方面：知识、情境意识或情境智能。作为核心技术的人工智能技术，作用是将这三个方面进行协调统一。

认知系统的研究可以从以下方面开始：

交互模式：人机交互已经从按下按钮或打开应用程序的形式转化为手势、面部表情、语音指令或对情绪状态的解读等形式，因此对声音和图像处理工具有一定要求。正在研究中的增强学习算法理论上可以识别认知系统中不同的手势和表情，并对其进行响应，装配有先进机器视觉的机器人设备几乎可以消除生产线上的错误，但其核心难点在于如何对更广阔的输入和交互环境建立精确的模型。

决策制定：制造工厂生产线上的每一个传感器在任何一个工作阶段都将采集大量的数据，如何依靠有效的推理算法，做出快速的、精确的决策具有重要的研究意义。目前的研究思路是从建立云分析功能转向获得实时洞察力和分析能力的边缘计算，提升故障模型学习速度和快速跟踪的能力。在未来相当长一段时间内，这种故障模型库将应用于各种工厂的工艺和机械设备中。基于人工智能的故障模型的学习过程将反馈给认知系统，从而不断优化流程，提高生产效率，降低生产成本。

开放的标准：近年来，人工智能商业化模式快速发展，人工智能企业如雨后春笋般涌现，有很多公司正在致力于开发人工智能的开源框架和开放平台，开放的行业标准能够使不同企业遵循同一套标准构建机器智能，普适性强。

人类具有敏锐的感知能力，能根据以往的经历学习获取知识，感知环境和事物态势，从不同的角度客观地看待事物，做出明智的决策。未来人工智能将从感知阶段发展到认知阶段，从监督学习发展到非监督学习、自主学习，从简单重复发展到自我纠错和完善，最终实现在语言处理能力、知识学习与推理能力、人际交流能力等能力的提升。

5.1.4　新一代人工智能技术对制造系统的认知过程解析

人工智能时代到新一代人工智能时代实现了质的飞跃。新一代人工智能呈现了深度学习、群智开化、跨界融合、人机协同、自主操控等特征，不仅能够自主生产知识还能更好运用知识（见图 5-3）。

传统制造系统考虑的因素主要是人和机器，基本上所有的工作都是通过人直接操作机器来完成，同时人还需要完成相关感知、分析决策以及学习认知等活动。随着信息技术的产生和发展，第一代和第二代智能制造系统是在传统制造的基础上加入信息系统。充分考虑人、物理系统和信息系统各自的优势，新的智能制造系统在计算分析、精准控制以及感知能力都有非常明显的提高，主要体现在两方面：一方面，系统的质量、工作效率与稳定性都有显著提升；另一方面，信息系统可以收集并整合分析人的相关制造经验和知识的相关信息，在更好传承知识的同时提高了对知识的利用率[4]。

与传统制造系统相比，第一代和第二代智能制造系统的根本变化是在传统制

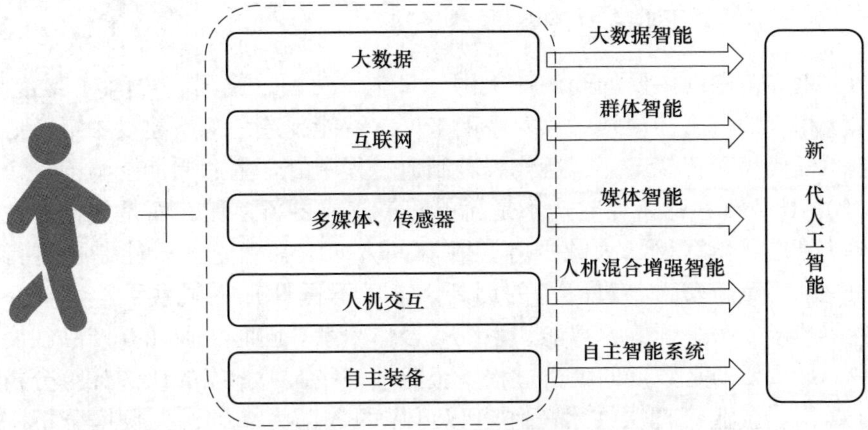

图 5-3 新一代人工智能技术

造系统的基础上融入了信息系统。信息系统的作用是获取了人的部分感知、分析、决策功能等迁移信息并通过这些信息系统来控制机器生产，辅助人类完成更多的体力劳动。

新一代智能制造在拥有之前智能制造所有特征的基础上，还具有认识和学习能力，使得系统不仅具有强大的感知、计算、分析与控制能力，还具备了提升、产生知识的能力。在新一代智能制造的发展过程中，将使“人”到“信息”再到“物理系统”赋予更多意义。图 5-4 显示了新一代人工智能技术对制造系统的认知过程。在认知过程中使用带有反馈机制的混合增强智能，借助于人机深度融合的方式，制造系统处理复杂性、不确定性问题的能力从本质上将会得到提高，并且改进了制造系统的性能。

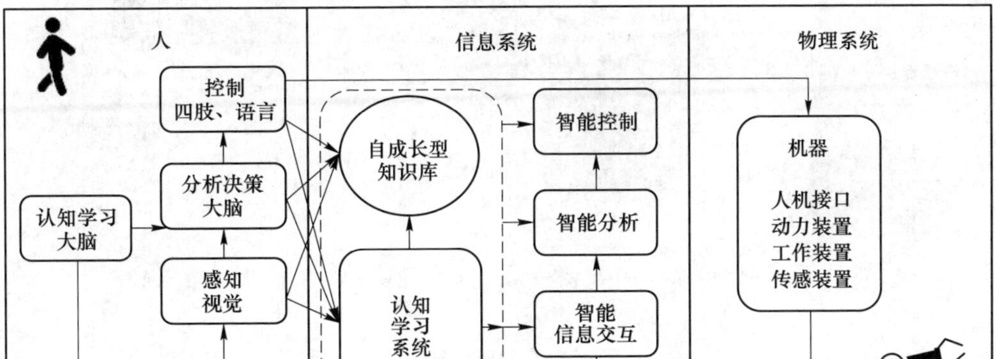

图 5-4 新一代人工智能技术对制造系统的认知过程

5.1.5 人工智能对工业 4.0 的解析

当前世界范围内主要的经济体美国、日本、法国、德国、中国对于工业 4.0 都提出了相应的概念和规划。从宏观上来讲，智能制造是工厂建设中最核心的部分，它不仅代表着智慧工厂，还代表着制造过程中的全生命周期。与前一个工业 3.0 时代相比，现在的工业时代不是简单的集成或更新换代，而是凭借新技术手段（热工智能、物联网、大数据等）在不同方向上都对企业智能制造进行了实质性的整合、重新塑造与进一步的创新。工厂不再具有“黑盒子”特征，而是清晰透明的形成一个开放、智能、系统的合作体系。同时工业 4.0 产品在变革的过程中，最重要的是数据的解析过程。企业做一些人工智能的认知计算分析都要依赖于数据。企业管理层技术工作者以可靠的数据为基础，大数据分析、云计算、物联网、移动互联网等为辅助手段，能更快、更准确地做出决策。只有通过这些新技术协同作用，才能及时把握住新工业背景下科技带来的机遇，以数据解析为核心驱动力，把这些新技术结合到工业生产过程中，实现全球化复杂网络系统的互联互通。达到最终的目标，制造与服务完美融合的新型智慧工厂价值体系。

图 5-5 为工业 4.0 时代的演化过程。在演化的过程中主要靠认知技术来加快工业 4.0 时代智慧工厂的生产周转速度、提高产品质量、进行预测性维护[5]。随着认知技术不断发展并不断演化出新应用，它们往往被用来配合工作，帮助工人

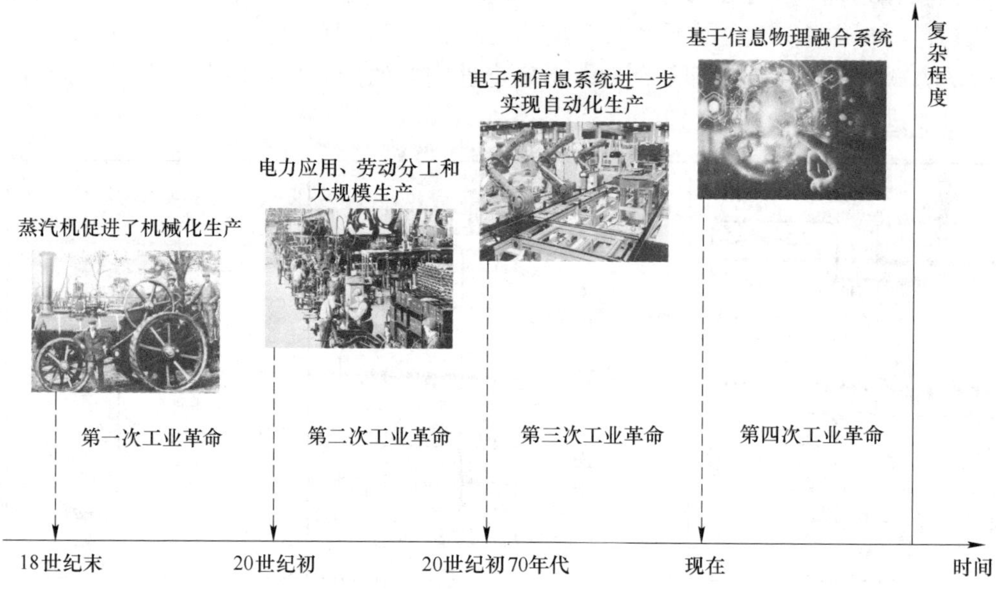

图 5-5 工业 4.0 时代的演化过程

提高生产效率并得到更好的结果。认知技术应用并非完全消除人类劳动力，而是开发一些能有效弥补技能缺失的认知技术能力，进而提升智慧工厂的生产效率，降低意外损失。

5.2 国家层面

5.2.1 应用人工智能技术推动制造业发展已成为全球共识与趋势

新一轮信息革命与产业变革蓬勃兴起，制造业的智能化发展成为全球关注重点与趋势。世界主要发达国家政府及组织高度重视，积极出台相关战略政策，促进人工智能在生产制造及工业领域的应用发展，如图 5-6 所示。美国于 2016 年 10 月和 2018 年 10 月陆续发布了《国家人工智能研究和发展战略规划》和《美国先进制造领导力的战略报告》，其中重点提及了产品全生命周期优化、先进机器人发展、大数据挖掘、制造系统网络安全等内容。日本从 2015 年起，发布了 4 份与工业智能相关的政策文件，包括《新机器人战略》《2015 年制造业白皮书》《日本高级综合智能平台计划（AIP）》《人工智能产业化路线图》，聚焦先进机器人及大数据挖掘领域，推动设备故障智能预测系统的发展。欧盟 2016 年 5 月发布了《数字化工业战略》，重点关注先进机器人和工业自治系统的研发。

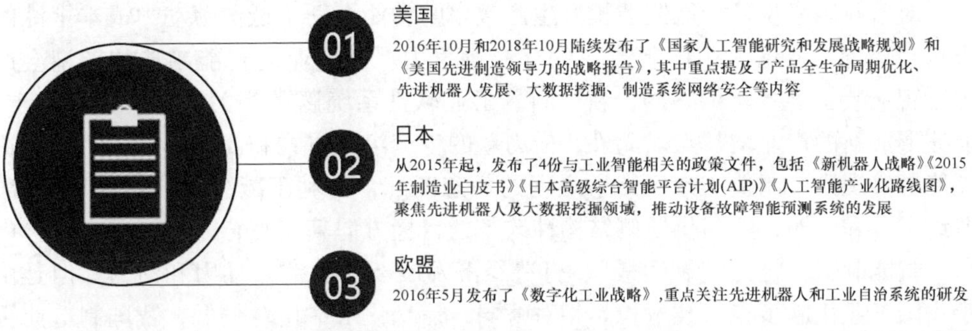

图 5-6 世界发达国家政府出台的人工智能促进智能制造相关政策

我国政府双侧发力，推动人工智能与制造业的融合发展，如图 5-7 所示。一方面，积极推动人工智能技术为制造业发展注入新动力，在《智能制造发展规划（2016—2020）》《国务院关于积极推进“互联网+”行动的指导意见》《国务院关于深化“互联网+先进制造业”发展工业互联网的指导意见》《增强制造业核心竞争力三年行动计划》等 20 个政策文件中均强调推动人工智能等技术在工业制造领域的应用与融合。另一方面，将制造业作为人工智能落地的重点行业，在《互联网+人工智能三年行动实施方案》《新一代人工智能发展规划》《促进新一代人工智能产业发展三年行动计划》等 10 余个文件中均提出将制造业作为开展人工智能应用试点示范的重要领域之一。同时，辽宁、四川、河南等各地方纷纷出台相关文件，推动大数据、云计算、人工智能等新一代信息技术与实体经济或制造业融合。

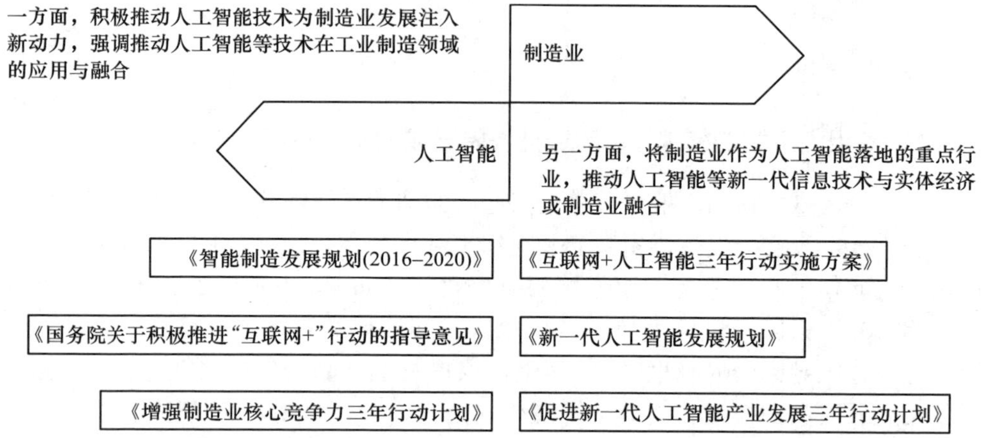

图 5-7　我国政府出台的人工智能促进智能制造相关政策

5.2.2　我国制造业的智能化转型升级所面临的挑战

对于我国来说，智能制造提升生产效率的功能有助于抵消劳动力成本上涨的影响，保持并强化“中国制造”的综合竞争力。制造业向智能制造的转型会产生对智能装备、智能传感器、新材料、工业软件系统以及相关服务的大量需求，能够形成新的产业增长点。此外，借力新的生产组织方式和商业模式，智能制造还能够实现生产制造与市场需求之间的动态匹配，有利于减少过剩产能和库存，节约资源和能源，这与供给侧结构性改革的目标方向高度契合。

智能制造业将为“补短板”、打造经济发展新动能注入动力和活力。但是由于我国工业化起步晚，技术积累相对薄弱，信息化水平相对较低，我国制造业智能化升级面临着严峻的挑战，如图 5-8 所示。

图 5-8　我国制造业的智能化转型升级面临的挑战

（1）“两化”融合的整体水平有待进一步提升。我国地区间、行业间以及企业之间信息化发展不平衡的现状没有改变。一些企业已经开始智能化探索，但更多的企业尚处于电气化、自动化甚至机械化阶段，半机械化和手工生产在一些欠发达地区仍然存在。《中国企业两化融合发展报告 2015》的数据显示，截至 2015 年，我国企业信息化应用水平较高的企业仅占 14.6%，在综合集成基础上实现跨企业业务协同和模式创新的只占 3%，但尚未开展信息化建设的占比却高达 40%。我国制造业全面实现数字化、网络化、智能化还有很长的路要走。

（2）智能制造的基础研发能力相对较弱。我国产、学、研的整体科技水平与美日欧等先进国家仍有较大差距。近几年来我国智能制造装备整体发展迅速，但高端装备及应用系统创新能力不足，芯片、工业机器人、高档数控机床、工业软件等关键技术装备与软件系统仍然依赖国外。目前，我国近 90% 的芯片、70% 的工业机器人、80% 的高档数控机床和 80% 以上的核心工业软件依赖进口。这造成国内智能制造企业成本居高不下，产品缺乏市场竞争力，严重制约我国智能制造的发展。

（3）智能制造生产模式尚处于起步阶段。我国企业长期依靠低廉劳动力成本形成的成本洼地，惯于在国际国内市场上拼价格，导致全球价值链低端锁定，多数企业使用智能设备替代人工的动力不足。现阶段，即使一些引入智能设备的企业，也仅停留在初级应用阶段，以智能制造整合价值链和商业模式的企业屈指可数，更没有形成构建智能制造体系的战略思维和总体规划。

（4）智能制造标准、工业软件、网络信息安全基础薄弱。标准是产业特别是高技术产业领域工业大国和商业巨头的必争之地，主导标准制定意味着掌握市场竞争和价值分配的话语权。目前，德国除了在国内及欧盟层面推广工业 4.0 标准化工作外，还在国际标准化组织设立了与工业 4.0 相关的咨询小组。我国虽然是制造大国，但是由我国主导制定的制造业国际标准数量并不多，国际上对中国标准的认可度也不高，中国在全球制造标准领域缺少话语权及影响力。在工业软件领域，世界上用于产品生命周期管理（PLM）的主流软件主要是由德国西门子公司、美国 PTC 公司和法国达索公司开发的，我国在工业软件开发方面缺少自主知识产权，明显处于劣势。

（5）高素质复合型人才严重不足。从经营管理层面来看，我国企业缺少具有预见力的领军人物，以及在高水平的研发、市场开拓、财务管理等方面的专门人才。从员工队伍层面来看，我国企业存在初级技工多，高级技工少，传统型技工多，现代型技工少，单一技能的技工多，复合型的技工少的现象。员工综合素质偏低，直接制约了智能制造系统的应用和推广。而在国家战略层面，涉及智能制造标准制定、国际谈判、法律法规等方面的高级专业人才更是明显的“短板”。

当前，人工智能以及其颠覆性技术的应用场景主要还是集中于商业领域，因受专用性限制和数据量规模约束，人工智能与制造业的融合场景主要是在非制造的研发、营销和售后服务环节。因此，我国人工智能与制造业的深度融合主要面临以下问题：

（1）人工智能与制造业深度融合所需的制造环节数据难以开发利用。人工智能与制造业深度融合发展需以大数据为基础，而相对于消费环节，制造环节数据的可获得性、可通用性、可开发性明显更弱。消费者相关的数据，如对某类产品的喜好等，较容易搜集、整理和读取，而制造业机器设备生成的数据通常较为复杂，多达40%的数据是没有相关性的。此外，相对于消费环节数据可由电子商务平台以较低成本获取，制造环节的数据需要安装大量高精度传感器，不仅前期投入需要巨额资金，后期的日常维护也会产生检修成本和人工成本等。而且即便是在数据获取之后，制造环节数据经过人工智能处理分析的结果被决策者认知的难度也很大。根据统计，制造业企业的数据中约有90%是“扁平的”，这些数据不能进行关联，也无法被人工智能系统读取和使用。另外，信息安全难以保障、缺乏相应的互联网技术支撑等问题同样严重制约制造环节大数据的开发和利用，对人工智能与制造业深度融合产生不利影响。

（2）人工智能与制造业深度融合不能采用可复制的系统和整体解决方案。人工智能必须根据制造业部门的具体场景进行定制，简单照搬模版式的制造业商业化人工智能解决方案是不可行的，也不存在一个能够被绝大多数制造业部门接受的统一的人工智能系统。与商业环节的人工智能应用不同，不同制造业之间技术、流程差异巨大，对人工智能有不同需求，一个人工智能系统难以胜任所有制造业部门的需要。事实上，在制造业自动化、信息化升级时，制造业间的差异性就决定了不同制造部门会引进不同的自动化和信息化系统，最常见的方式是由行业领军企业自主开发或与信息化公司合作开发一套软硬件体系，再逐步扩散到整个行业，这与商业领域采用较为统一的信息平台进行信息化升级的方式有明显不同。

（3）缺乏人工智能核心技术及人工智能与制造业深度融合发展创新模式。虽然我国人工智能在商业应用领域的发展走在世界前列，但支撑人工智能与制造业深度融合发展的最关键和核心的技术仍然被发达国家控制，器件、生产装备也多为发达国家研发和生产。如人工智能处理器市场几乎被国外公司垄断，其中，人脸识别人工智能处理器的产品市场以英伟达、英特尔、赛灵思公司的供应为主，而英伟达公司同时还是全球最先进无人驾驶处理器的供应商。相比较，我国人工智能企业产品在制造业很多领域的市场占有率非常低。如在目前公布的39家进行人工智能芯片开发的中国企业中，绝大多数的研发面向安防和消费应用，只有一家在进行自动驾驶方向的研究。同时，智能制造、工业互联网、工业大数据的应用模式和解决方案主要源自美国、日本和欧洲的领先制造企业，而我国虽有全球最大规模制造业体系，但在人工智能和制造业深度融合模式上仍缺乏创新，尚未形成完善的人工智能与制造业深度融合的中国模式。

（4）缺乏能够引领全球人工智能与制造业深度融合发展趋势的制造业企业。我国人工智能与制造业融合仍有较大发展空间，需要影响力较大的制造业企业引领带动。我国制造业信息化始于20世纪90年代末，虽发展较快，但与发达国家跨国制造企业比较，在信息化的广度和深度上还有明显差距。实现人工智能和制造业深度融合的基础较为薄弱，且缺乏能够引领全球人工智能与制造业深度融合发展趋势的制造业企业。中国社会科学院工业经济研究所近年来对国内若干制造业企业的调研发现，超过90%企业的领导者对人工智能的理解是不准确的，在如何实现人工智能与制造业深度融合方面没有具体的计划和措施。

（5）人工智能与制造业深度融合所需的复合型人才严重缺乏。复合型人才严重缺乏是国际上人工智能与制造业深度融合发展存在的普遍问题。一直以来，人工智能高端人才通常集中于软件和互联网行业，而制造业部门负责信息化的人员对人工智能概念的理解、对技术的掌握总体上看还很不准确、不全面，难以支撑制造业企业智能化改造升级。从人才供给看，现阶段既了解制造业技术和发展规律，又掌握人工智能关键技术，还能够进行应用开发的复合型人才严重缺乏。虽然国内外一些高校已经开始设立人工智能专业或课程，但是针对制造业的人工智能教学内容还很少。

5.2.3 强化政策引导，推动人工智能与制造业的深度融合

作为一项极具发展前景的前沿领域，人工智能与制造业的融合发展尚需政府和产业界多方发力。从国家层面来看，一是要进一步完善人工智能产业发展政策体系，通过政策引导，务实推动人工智能在实体经济重点领域的应用。二是构建人工智能产业支撑体系，支持建设并开放多种类型的人工智能训练资源库、测试数据集和云服务平台。三是坚持创新驱动，突破关键技术产品。四是深化人工智能与制造业融合，推进智能制造关键技术的集成应用，加大重点领域生产线智能化改造力度，如图5-9所示。

（1）编制制造业人工智能技术路线图。由行业主管部门主导，其他政府部门、产业界和学术界专家共同编制制造业人工智能技术路线图，可以帮助制造业企业及时、准确地把握人工智能技术、产业发展现状及未来发展趋势。在编制制造业人工智能技术路线图过程中，需要更为关注制定技术战略图及预测过程本身，因为在这一过程不仅可以形成对人工智能技术发展趋势的共识，更为重要的是可以形成学术界与产业界之间的知识互动，推动学术界与产业界之间、不同领域之间围绕人工智能技术和人工智能与制造业深度融合的发展方向及可能出现重大突破的领域进行深入交流和探讨，在知识互动过程中形成多学科知识融合、专

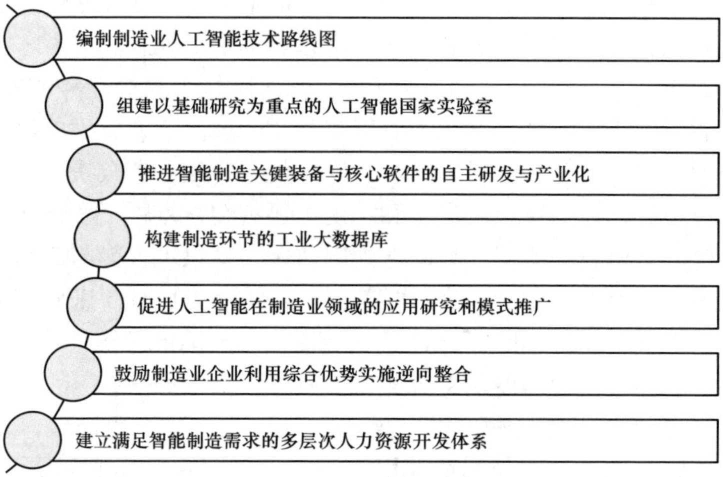

图 5-9　推动人工智能与制造业的深度融合的政策引导

业知识扩展，而这正是未来人工智能技术创新与应用发展的一个重要基础。制造业人工智能技术路线图制定完成后，需要定期和不定期根据技术和产业发展情况、趋势进行调整，从而更好地指导下一阶段的技术创新和产业化应用。

（2）组建以基础研究为重点的人工智能国家实验室。以官办研究机构为基础，联合领先互联网企业和制造企业组建人工智能国家实验室。人工智能国家实验室应聚焦于任务导向型、战略性前沿基础技术的研究，依靠跨学科、大协作和充沛资金支持开展人工智能领域的协同创新和战略性研究，加强在大数据智能、人机混合智能、群体智能、自主协同等方面的基础理论研究，并前瞻性布局高级机器学习、类脑智能计算、量子智能计算等跨领域基础理论研究。加强国家实验室与制造业企业的联系，建立理论研究与市场应用的对接渠道。

（3）推进智能制造关键装备与核心软件的自主研发与产业化。国家应加大对智能制造软、硬件基础研究的支持力度，突破制约智能制造发展的关键核心技术；推动官、产、学、研、用合作和组建产业创新联盟，加快推进中国智能制造标准的制定，工业软件特别是智能制造操作系统的开发以及推广应用；研发具有自主知识产权的工业机器人、增材制造装备、智能传感与控制装备等关键技术装备，全面提升智能制造的产业化水平。

（4）构建制造环节的工业大数据库。电子商务是人工智能技术最初的应用领域之一，其中一个原因是消费环节已经形成大数据，使得机器学习有迹可循。相比较，工业领域主要以企业私有数据库为主，且数据规模有限、数据质量不高，严重制约人工智能在工业领域的“自主学习”。要实现人工智能与制造业深度融合，就必须在制造业领域加强数据获取和整合，以企业私有数据库为基础，打造全球领先和规模最大的制造业大数据库，并逐步形成自主标准体系，提高人工智能的安全性和稳定性。

(5) 促进人工智能在制造业领域的应用研究和模式推广。鼓励支持企业层面建立人工智能与智能制造创新中心。创新中心聚焦于人工智能在制造业应用中共性技术的研发与推广。人工智能与智能制造创新中心可采取“公私合作”，运营经费来自财政、政府的竞争性采购和市场。在治理机制方面，由技术专家、政府官员、企业家代表和学者共同组成专业委员会作为最高决策机构，创新中心最高管理者采取公开招聘的方式，通过专业委员会和管理社会化减少政府的行政干预，保证创新中心的高效运营和专业管理。

(6) 鼓励制造业企业利用综合优势实施逆向整合。充分利用我国在制造环节人工智能应用场景优化及其相应商业布局方面所具有的显著优势，整合利用全球创新资源，尤其是整合利用人工智能基础技术、核心技术及关键零部件、装备领域方面的创新资源。具体看，鼓励国内优势制造企业以应用技术上的优势、庞大的国内市场、巨大的潜在利润空间与较强大的资本力量为后盾，加强与国际领先人工智能企业在核心技术、关键技术方面的研究开发合作。对于发达国家封锁、我国企业不能通过引进方式获得的人工智能关键核心技术与装备，可通过主动走出去的方式尽可能融入发达国家的本地创新网络，逐渐积累相关的核心技术能力。鼓励我国领先制造企业通过在海外联合设立人工智能研发机构，加强科技合作与信息交流，以充分利用国际技术、资本、人才等创新资源，提升核心技术、关键技术领域的研发能力。鼓励有实力的本地企业“走出去”获取国际高端技术要素，兼并具有技术实力的外国中小技术公司，转移和消化吸收国际新兴技术。

(7) 建立满足智能制造需求的多层次人力资源开发体系。循序渐进构建专业人才培养体系，通过基础教育、高等教育、职业培训、校企合作、人才引进等方式，培育更多能够符合“人工智能+制造业”发展潮流的复合型人才，扩大高端人才规模，为促进人工智能与制造业的持续融合发展提供关键支撑与源源不断的动力。加强智能制造人才培训，培养一批能够突破智能制造关键技术、带动制造业智能转型的高层次领军人才，一批既擅长制造企业管理又熟悉信息技术的复合型人才，一批能够开展智能制造技术开发、技术改进、业务指导的专业技术人才，一批门类齐全、技艺精湛、爱岗敬业的高技能人才。

5.3 产业层面

针对智能制造中的人工智能产业的发展，其重点领域、关键技术和发展思路如图 5-10 所示。

5.3.1 重点领域

(1) 智能汽车：着力突破新能源汽车整车智能化技术、“车网融合”技术、

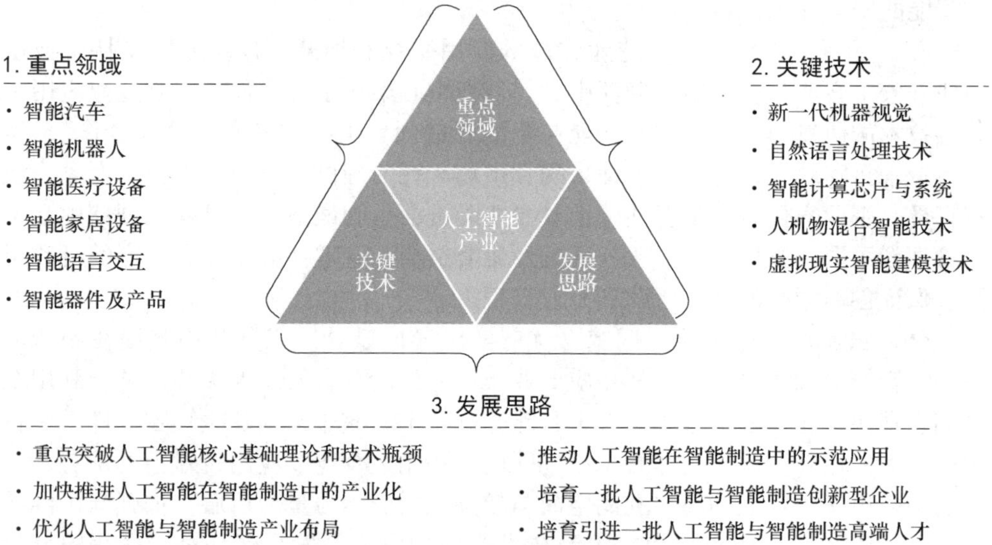

图 5-10　智能制造中的人工智能产业发展建议

智能汽车芯片、自动驾驶操作系统、智能感知、智能决策与控制等重点技术，推动智能驾驶、复杂环境智能感知、智能车载设备等产品的研发与应用。建立可靠、实时性强、更加安全的网联汽车智能化平台和试验基地，加快培育智能汽车产品市场。

（2）智能机器人：结合制造大数据，重点需要开发基于深度神经网络的机器人软硬件系统，研发具有自主知识产权的智能焊接机器人、智能搬运机器人、智能磨削机器人等工业机器人产品。

（3）智能医疗设备：基于深度学习、图像感知与理解、自然语言识别等技术，与医疗数据相结合，重点研发机器人辅助的智能手术平台、基于人机协同的临床智能诊疗系统、智能康复训练与陪护机器人等产品，探索建设智慧医院体系。

（4）智能家居设备：基于智能传感、安全通信、人机交互、数据挖掘、深度学习等关键技术的突破，需要重点研发智能开关、智能灯具、智能摄像机、智能路由器、智能家电、智能厨卫和智能安防系统等产品，从而为用户提供更加个性化的生活服务，提升家居产品的整体智能化水平。

（5）智能语言交互系统：基于深度学习和自然语言理解技术，实现对语音的知识构建和自主智能识别和通信，重点构建和研发具有自主知识产权的智能语言交互产品。

（6）智能器件及产品：针对制造业智能转型的需求，需要重点加快智能传感器件和芯片等物联网基础器件的发展，以及面向生产安全的智能网络安全产品。

5.3.2 发展思路

（1）突破智能制造中人工智能的核心理论和技术瓶颈。根据现有研究基础和制造业的发展需求，积极推进面向智能制造的人工智能的核心理论和方法，实现在新一代机器视觉、物联网核心芯片、智能计算芯片等相关技术领域瓶颈的突破。

（2）加快推进人工智能在智能制造中的产业化示范应用。推动人工智能与制造业各领域的深度融合创新，加强人工智能在智能制造方向的应用试点示范，不断推动人工智能在智能制造中的产业化进程。

（3）优化人工智能与智能制造产业布局。依托国内智能制造领域的示范区和高新技术产业开发区，加快培育建设智能制造的创新集群，形成以智能制造产业园区为核心的产业链，为人工智能与智能制造的融合发展和产业布局优化提供保障。

（4）培育一批人工智能与智能制造创新型企业。在国内的高新技术发展园区，将人工智能在智能制造中的应用作为优化支持领域，积极推动人工智能在智能制造中的成果转化，培育一批人工智能与智能制造创新型企业。

（5）培育引进一批人工智能与智能制造高端人才。在人工智能和智能制造的人才保障方面，需要充分利用国内高校在人工智能与智能制造领域的资源，吸引国际人工智能与智能制造知名专家、学者建立长效科技人才合作机制。支持人工智能与智能制造领域高端人才赴海外开展前沿技术、标准等学术交流，推进人工智能与智能制造领域人才队伍建设。

5.4 企业层面

5.4.1 智能制造中的人工智能技术是制造企业发展的驱动力

当前，人工智能在制造业中的应用已经展现出巨大的作用。借助于人工智能技术，制造企业的竞争优势转变为算法和数据资产。制造企业整体上对人工智能技术都表现出欢迎和期待的态度，绝大多数企业都将智能制造纳入了企业的战略规划当中，智能制造正在成为我国企业发展的重要驱动力。人工智能在企业开发模型及应用指导方面取得的进展使得企业智能化转型的动力呈现多元化特点，如图 5-11 所示。

（1）智能模型开发与加工带动企业产品质量不断改进。随着市场对各种制造产品功能的多样性需求以及个性化需求的提高，制造企业在产品加工上的难度也不断增加。由于产品的生产过程通常都具有非线性和大滞后的特点，并且工艺复杂，使得难以获得这些生产过程的精确机理模型。而神经网络等机器学习方法

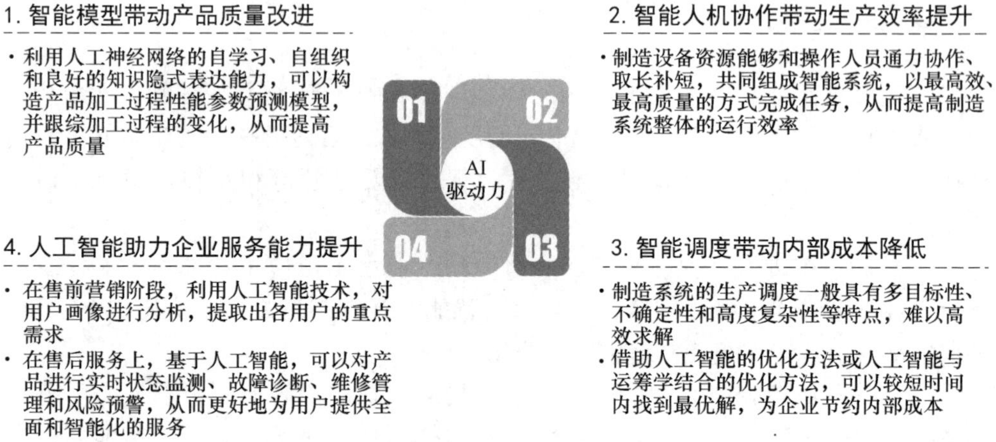

图 5-11 智能制造中的人工智能技术是制造企业发展的驱动力

是一种端对端的学习方法，它们不需要对生产过程的内部机理进行了解，仅需要数据和相应的标签就可以建立对生产过程的预测模型，并且所建立的模型具有自学习能力，从而能够更好地跟踪生产过程的变化，对产品质量进行实时的准确预报，从而可以有效帮助企业不断提升产品质量。

（2）智能人机协作带动企业生产效率持续提升。智能制造的目标不是实现无人化，而是通过人工智能技术实现人机的高效融合，即通过人工智能技术显著提升设备运行效率以及操作人员的效率和决策的智能优化，形成智能化的人机协作平台，提高制造系统整体的运行效率和优化水平，进而提高企业在产品生产过程中的生产效率。

（3）智能生产调度及智能管理带动企业内部成本不断降低。智能制造环境下由于数据实时反馈，使得生产调度除了传统的多目标和复杂性之外，还具有动态变化的特点，因而使用传统的优化求解算法难以进行高效求解。因此，将人工智能技术与生产调度相结合，构建人工智能决策平台，可以帮助企业进行实时优化决策，从根本上为企业节约了内部成本，提高企业综合竞争力。

（4）人工智能助力制造企业提升服务能力。利用人工智能技术，可以帮助制造企业优化营销能力，提升售后服务水平，改进用户体验。首先，在售前阶段，可以通过人工智能技术对用户画像进行分析，提取出不同用户群体的不同层次需求，从而进行更实时、更精准的广告投放；其次，在产品的售后方面，基于物联网、大数据和人工智能技术，可以对产品进行远程的实时状态监测、故障诊断，从而更好地为用户提供远程运维服务，提升制造企业的服务能力。

5.4.2 国内企业发展智能制造的制约因素

目前，为了引导我国智能制造领域的技术和产业的高效发展，我国已经完成了相关的顶层设计，例如：国务院和相关部门已经相继出台了《智能制造发展规划（2016—2020年）》《智能制造工程实施指南（2016—2020）》《新一代人工智能发展规划》《国家增材制造产业发展推进计划（2015—2016年）》，形成了以《中国制造2025》为统领的一系列智能制造发展规划。在这些规划的指引下，工业和信息化部等部门联合组织开展了智能制造领域的相关试点示范专项行动，在流程制造、离散制造、智能装备、智能制造新模式、智能管理与服务等方面进行了应用试点示范。这些项目的实施使得我国制造企业中的关键智能部件、装备和系统，以及制造过程中的设计、生产、服务、管理等业务领域的智能化水平得到了大幅提升，初步建设完成了智能制造的相关标准化体系。

虽然我国已经开始将人工智能等新兴技术融入了工业发展之中，但是与国外发达国家相比，我国的差距还是比较大，我国制造企业在发展智能制造过程中依然存在以下问题（如图5-12所示），严重制约了企业智能化转型的速度[2,3]。

（1）智能装备中的核心部件，如传感器、控制系统、工业机器人及系统等，当前还主要依赖进口，其价格、服务、软件的适用性等将严重制约和限制我国智能制造的发展与推广，因此迫切需要解决在核心部件上“卡脖子”的关键技术问题。

（2）国内制造企业的大部分生产现场设备并没有实现数字化的接口，难以进行数据的采集与处理；同时，在具有数字化接口的生产线，由于不同设备多是由不同厂家提供的，存在通信接口与信息接口不统一的问题，给数据采集、存储和处理等集成工作造成困难。

（3）当前多数制造企业仍然沿用传统的分级管理系统，各级系统之间的信

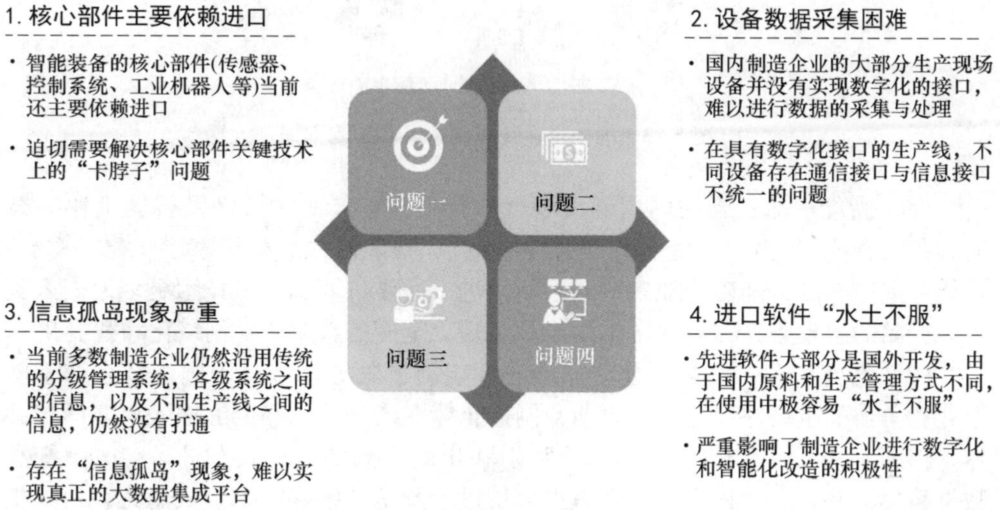

图5-12 我国智能制造技术向智能化发展过程中存在的主要问题

息，以及不同生产线之间的信息，仍然没有打通，存在较为严重的“信息孤岛”现象，难以实现真正的大数据集成和优化决策平台。

（4）当前企业使用的先进软件大部分是国外开发，其成本较高并且维护困难，此外，由于国内制造企业在生产原料和管理方式上与国外不同，使得这些软件在实际使用中极容易出现“水土不服”的情况，这也会严重影响制造企业进行数字化和智能化改造的积极性。

5.4.3　国内企业智能制造关键技术的研究方向

根据以上分析，只有充分利用人工智能技术，不断发展和完善我国的智能制造技术，使得制造业在产品的设计、制造、管理和服务等各个环节能够逐步实现智能化转型升级，才能显著提升我国制造企业在国际市场的竞争力。因此，中国企业在智能制造技术的研发上，要重点在以下方向进行技术突破和应用推广，如图 5-13 所示[3]。

图 5-13　国内企业智能制造关键技术方向

（1）智能产品：当前国内外市场上的相关智能产品主要涉及智能工业（智能装备、智能仪表）、智能交通（智能汽车）、智能医疗、智能家居、智能物流、智能穿戴等产品，随着智能制造的不断推进，需要将人工智能技术更多地嵌入到智能产品的研发中，需要使未来的产品呈现出全面的数字化、网络化和智能化。

（2）智能服务：当前，建立完善的智能制造服务体系是国内制造企业重塑企业竞争力的重要路径之一。当前，制造企业在产品中已经能够嵌入更多的传感器，借助于物联网（IoT）技术，可以对售出的产品的运行状态进行实时感知和数据采集，并在此基础上基于大数据分析进行预防性维修维护，从而为客户提供更好的服务。因此，国内制造企业在智能制造建设过程中，应该面向用户的共性需求，建立智能制造综合服务发展模式及平台运营机制，打通上下游产业链与服务链，支持面向智能制造领域的服务定制和服务交易，支持各类环节实时信息交互、需求判断与功能选择的在线服务，打造贯通智能制造全行业、全流程、全要素的服务体系，实现智能服务。

(3) 智能装备：智能装备是智能制造的重要载体，通常由感知系统、智能决策系统、控制系统和机械执行系统构成。感知系统具有检测功能，通过传感器能够实现对装备运行状态各种数据的感知和采集；智能决策系统是基于人工智能技术，依据各种感知系统收集的信息，进行复杂的建模、优化与决策，从而给出优化的操作指令，指挥控制系统来驱动执行系统，从而最终实现复杂的智能行为；控制系统主要是根据智能决策系统给出的操作指令，驱动执行系统完成复杂的操作，保障指令的精准执行，提高作业效率；机械执行系统主要是发动机等驱动和机械设备，其功能是在控制系统的指挥下实现各类精准操作。其中，由建模与优化技术所构成的智能决策系统是目前智能装备发展的重要瓶颈，也是各类制造企业需要进行重点研发的关键技术。

(4) 智能产线：以往国内的钢铁、化工、汽车等制造企业的技术改造重点通常都是聚集于实现生产线、装配线和检测线的自动化，其目的是通过自动化生产来保障产品的大批量生产，以提高整体的生产效率。与这种传统方式不同，制造企业在发展智能制造过程中所建立的智能产线，并非是简单的自动化，而是需要具有以下特点：首先，通过传感器等感知系统进行数据的采集，并向操作人员进行实时生产状态的展示，以实现生产和装配过程的智能化；能够通过机器视觉等人工智能技术进行产品质量的在线智能检测、质量缺陷溯源、生产状态监测和设备故障诊断等；生产的组织模式更加柔性，能够支持当前市场上对于多品种、小批量以及个性化定制等需求。

(5) 智能车间：智能车间建设是制造企业向中高端产品迈进的重要推手，它是建立在“MES 系统+智能装备”多种软硬件结合的基础上，基于对车间内生产状态、设备状态、能耗消耗、产品质量、物料消耗、库存水平等制造要素的全面感知，进行高效的智能排产，实现从订单到排产和发货，以及质量检查的全流程信息化管控，从而提高车间内的设备利用率和整体生产效率，降低生产成本。国内制造企业在智能车间的建设过程中，需要以产品生产的整体水平提高为核心，重点关注于生产管理、产品质量、客户个性化需求满足、按时交付、产品检化验、安全生产等核心能力的提升。

(6) 智能工厂：智能工厂是实现智能制造的重要载体，它不仅要求实现生产过程的自动化、可视化与精益化，还要求构建智能化的生产系统，实现产品检测、质量检验和分析、生产物流的闭环集成。此外，在工厂内的多个车间之间也要能够实现信息的实时共享、准时配送、协同生产，进而实现生产过程的智能化。国内制造企业在智能工厂的建设过程中，要以工厂整体生产管理水平的提升为核心，构建覆盖整个工厂的大数据采集与分析系统，并关注产品及行业全生命周期管理技术的研发。

（7）智能研发：智能研发主要是借助基于建模和仿真技术的“数字孪生”系统等计算机建模与仿真工具软件，将实际的工厂物理系统映射到虚拟的数字化空间中，对产品、制造过程乃至整个工厂进行全生命周期过程的虚拟仿真，通过对制造过程中的各种可能性进行模拟，实现对新产品、新工艺等技术的开发与测试，为实际生产提供更全面和智能化的决策支持，从而帮助制造企业提高产品研发和制造的生产效率。

（8）智能物流与供应链：与传统的生产物流系统的自动化不同，智能物流要求通过物联网、大数据、人工智能等技术，将从生产过程中采集的信息与物流信息连接起来，以实现整个物流流程的自动化与智能化。智能供应链则要求通过一个端到端的平台，让整个供应链上的每一个元素都参与进来，实现整条供应链的协同和优化。因此，国内制造企业应该更多地从强化供应链战略、建设智能物流系统、打造智慧物流供应链平台等方面入手，进行智能物流与供应链的研发与应用。

（9）智能决策：在制造业向智能制造转型升级的过程中，离不开制造业大数据的应用，而制造业大数据应用的核心内容都离不开智能决策，因而智能决策的能力和水平将是决定制造企业智能制造的智能化水平的关键因素。在企业的信息化系统中，汇聚各类数据源，但是目前国内制造企业对于这些数据的利用率不高，其主要原因是企业内部各层级之间的需求不同，同时企业各层级之间的数据没有完全打通，存在着较为严重的“信息孤岛”现象，并且基于模型和优化的数据解析技术没有获得广泛应用。因此，国内制造企业在智能决策领域还需要在两个方面进行重点突破，即各层级数据的真正集成，以及基于模型和优化的数据解析技术，从而实现真正的智能决策。

5.4.4 国内企业发展智能制造的路径

从国内制造企业在进行智能制造建设过程中所需要突破的关键技术可以看出，制造企业向智能化转型的路径需要经过以下三个步骤[5]，如图 5-14 所示。

首先，制造企业需要实现对产品生产过程全生命周期的全面数字化感知，即通过将种类繁多的工业传感器布置到生产与流通的各个环节，在生产流程上打通设计、制造、检测、库存、物流、管理、服务等产品制造全生命周期的数据连接，从而构建数字化的生产过程，实现对海量实时生产过程数据的采集、处理与

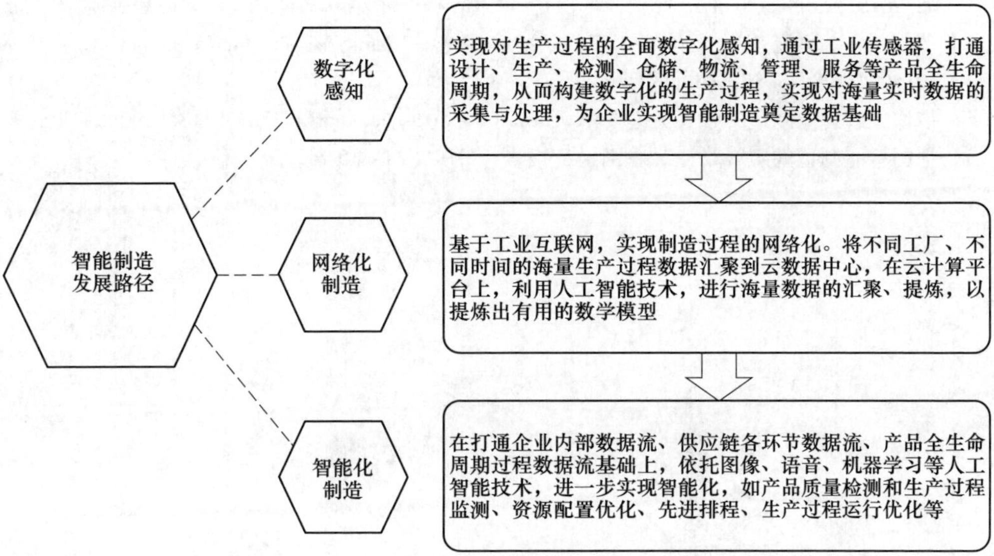

图 5-14 国内企业发展智能制造的路径

分析，为企业实现智能制造的转型升级奠定良好的数据基础。

其次，制造企业需要充分利用工业互联网，实现产品制造过程的全面网络化。即基于先进的工业通信技术，将不同工厂、不同车间、不同工序、不同时间的海量生产过程数据汇聚到企业所建设的云数据中心，在数据中心的云计算平台上，利用人工智能技术，进行海量生产过程数据的汇聚、处理与分析，提炼出有价值的数据模型，从而实现数据驱动的智能生产的能力。

最后，制造企业需要打通企业内部数据流、供应链各环节数据流、产品全生命周期过程数据流，在此基础上，依托区块链和图像、语音、机器学习等人工智能技术，进一步实现智能化，如依托区块链技术进行供应链管理，依托图像技术进行自动产品质量检测和生产过程监测，依托语音技术进行物流优化，依托机器学习进行产品质量预报、监测，以及进行设备的预测性维护等，再结合基于运筹学和数据解析相融合的智能建模与优化技术，实现制造企业各种制造资源的配置优化、先进排程、生产过程的运行优化等。

参 考 文 献

[1] 新一代人工智能发展规划，国发〔2017〕35 号.

[2] 宋华振. 智能制造六大制约因素. 控制工程网，http://im.cechina.cn/16/1123/

08/20161123081605. htm.
[3] 智能制造发展现状及企业实现的关键因素. https://tech. china. com/news/net/156/20150928/20478755 _ all. html.
[4] 带你了解智能制造的十大关键技术. https://www. sohu. com/a/228539118 _ 100069715.
[5] 中国智能制造的发展路径. 中国经济报告, 2019 (2): 36~43.